上海外国语大学教材基金资助

国际航空货物运输承运人责任制度研究

沈志韬/著

法律出版社
LAW PRESS·CHINA
—— 北京 ——

图书在版编目(CIP)数据

国际航空货物运输承运人责任制度研究 / 沈志韬著
. -- 北京 : 法律出版社, 2022
ISBN 978 -7 -5197 -7127 -0

Ⅰ. ①国… Ⅱ. ①沈… Ⅲ. ①国际海运-承运人责任-海商法-研究 Ⅳ. ①D996.19

中国版本图书馆 CIP 数据核字(2022)第 173652 号

国际航空货物运输承运人责任制度研究
GUOJI HANGKONG HUOWU YUNSHU CHENGYUNREN ZEREN ZHIDU YANJIU

沈志韬 著

策划编辑 解 锟
责任编辑 解 锟
装帧设计 贾丹丹

出版发行 法律出版社
编辑统筹 重大项目办公室
责任校对 王 丰
责任印制 吕亚莉
经　　销 新华书店
开本 710 毫米×1000 毫米 1/16
印张 15 **字数** 205 千
版本 2022 年 10 月第 1 版
印次 2022 年 10 月第 1 次印刷
印刷 北京虎彩文化传播有限公司

地址:北京市丰台区莲花池西里 7 号(100073)
网址:www. lawpress. com. cn
投稿邮箱:info@ lawpress. com. cn
举报盗版邮箱:jbwq@ lawpress. com. cn
销售电话:010-83938349
客服电话:010-83938350
咨询电话:010-63939796

书号:ISBN 978-7-5197-7127-0
定价:78.00 元
凡购买本社图书,如有印装错误,我社负责退换。电话:010-83938349

目录

第一章 国际航空货物运输公约的发展

人类的航空活动具有很强的国际性，因为航空器在飞行途中往往要经过多个国家，而且航空器上也常常载有来自不同国家的旅客和货物。航空实践具有国际性，相关案件的涉外因素较多，在国际社会没有制定国际统一的实体规范之前，法院可能需要根据冲突规范的指引，适用各国国内法来处理纠纷。但由于各国法律制度的差异，国际航空运输案件的法律适用存在着较大的困难。如在 1978 年美国“巴黎空难案”中，一架土耳其航空公司航班于 1974 年从土耳其伊斯坦布尔飞往英国伦敦，经停法国巴黎。航班从巴黎国际机场起飞不久后就在空中爆炸，机上人员全部遇难。[1] 事故发生后，大量遇难者的家属在美国法院以承运人、制造商为共同被告提出诉讼。据美国加利福尼亚州联邦法院统计，共有来自 25 个国家的 1,123 名原告，提起了 211 件诉讼。[2] 但在事故发生时，土耳其没有加入 1929 年《统一国际航空运输某些规则的公约》（以下简称《华沙公约》），土耳其至英国的国际航行不在《华沙公约》调整范围内，相关案件不能适用公约审理，而只能依据冲突规范适用各国国内法处理。原告的国籍、诉讼请求和法律依据各不相同，因此这一系列案件的法律适用问题

---

〔1〕 In re Paris Air Crash of March 3, 427 F. Supp. 701 (C. D. Cal. 1977).

〔2〕 参加赵维田：《国际航空法》，社会科学文献出版社 2000 年版，第 200 页。

十分复杂。尽管大部分案件经法院调解结案，但法院仍花费了3年半时间才完成全部案件的处理。[1] 在这一案件中，如果土耳其在案发时加入了《华沙公约》，则法院可以适用公约审理全部案件。这将大大提高审判工作的效率，也有利于法院在同类案件中做出一致的判决。所以，建立统一的国际航空承运人责任制度，对于各国有效解决国际航空运输纠纷意义重大。国际社会也已认识到了这一问题。1929年，各国外交代表在波兰华沙召开了第二次国际航空私法会议，会议的重要成果是各国订立了《华沙公约》。《华沙公约》建立统一的国际航空承运人责任制度，法院能够直接适用公约规定作出裁判，而无须再适用冲突法规范选择各国实体法。[2]

《华沙公约》的制定，对于国际航空实践以及国际航空法的发展都起到了积极作用。但随着国际航空运输行业的不断发展，公约中的一些规定已逐渐不能满足发展的需要。在此背景下，国际社会对《华沙公约》作了8次修订，修订形成的条约与《华沙公约》共称为"华沙体制"。[3] 除了《华沙公约》之外，"华沙体制"还包括《1955年9月28日于海牙签署修正1929年10月12日于华沙签订的统一国际航空运输某些规则公约后议定书》(以下简称《海牙议定书》)、1961年《统一非缔约承运人从事国际航空运输某些规则以补充〈华沙公约〉的公约》(以下简称《瓜达拉哈拉公约》)、1966年《有关〈华沙公约〉与〈海牙议定书〉的责任限额有关的协议》(以下简称《蒙特利尔协议》)、1971年《修订经1955年9月28日在海牙修订1929年10月12日在华沙签订的〈统一国际航空运输某些规则的公约〉议定书的议定书》(以下简称《危地马拉城议定书》)、1975年蒙特利尔第1号至第4号议定书8个条约。此外，日本的几家航空公司于1992年

---

〔1〕 参见赵维田：《国际航空法》，社会科学文献出版社2000年版，第200页。

〔2〕 See Paul Stephen Dempsey, *International Air Cargo & Baggage Liability and the Tower of Babel*, George Washington International Law Review, 36, 2004, p. 246.

〔3〕 Pablo Mendes De Leon, *The Montreal Convention: Analysis of Some Aspects of the Attempted Modernization and Consolidation of the Warsaw System*, Journal of Air Law and Commerce, 66, 2000, p. 1155.

制定的《国际航空承运人协定》,[1]国际航空运输协会(International Air Transport Association, IATA)于1995年制定的《国际航空承运人关于旅客责任的协定》[2]和于1997年制定的《关于实施国际航空运输协会承运人间协议的措施的协议》,[3]以及欧盟1997年10月9日《关于航空承运人对乘客及行李运输责任的第2027/97号理事会条例》等法律文件,[4]均对《华沙公约》的承运人赔偿责任限额作了修改。但这些法律文件不具备国际条约的法律地位,不属于"华沙体制"范畴。

"华沙体制"中的修订条约不断增多,在一定程度上造成了条约适用关系混乱;同时,部分条约的规定滞后于国际航空运输实践,不能完全满足发展需要。因此,国际民用航空组织(International Civil Aviation Organization, ICAO)[5]自1997年开始着手整合"华沙体制",推动国际航空承运人责任制度的现代化发展。1999年5月10日,国际社会于加拿大蒙特利尔召开了各国外交代表会议,在吸收"华沙体制"立法经验的基础上,对国际航空承运人责任制度作了改革,最终制定了1999年《统一国际航空运输某些规则的公约》(以下简称《蒙特利尔公约》)。《蒙特利尔公约》建立了现代化的国际航空承运人责任制度,已成为国际航空领域最为重要的国际条约之一。

---

〔1〕《国际航空承运人协定》由10家日本航空公司于1992年11月20日制定,也被称为"日本倡议"(Japanese Initiative),加入该协定的航空公司自愿放弃了《华沙公约》规定的赔偿责任限额。

〔2〕《国际航空承运人关于旅客责任的协定》(Intercarrier Agreement on Passenger Liability, IIA)规定,航空旅客承运人应当放弃《华沙公约》第22条第1款规定的赔偿责任限额。

〔3〕《关于实施国际航空运输协议承运人间协议的措施的协议》(Agreement on Measures to Implement the IATA Intercarrier Agreement, MIA)进一步规定,航空承运人除了放弃《华沙公约》第22条第1款规定的赔偿责任限额以外,还要放弃该公约第20条规定的赔偿责任抗辩事由。

〔4〕1997年10月9日《关于航空承运人对乘客及行李运输责任的第2027/97号理事会条例》[Council Regulation of 9 October 1997 on air carrier liability in the event of accidents (No 2027/97/EC)]规定,对于航空运输中发生的旅客伤亡,欧盟航空承运人的赔偿责任不应设定限额。

〔5〕《国际民用航空公约》(Convention on International Civil Aviation)签订于1944年12月7日,并于1947年4月4日生效。在《国际民用航空公约》生效当日,国际民用航空组织成立,负责管理和发展国际民用航空事务。1947年5月13日,国际民航组织正式成为联合国的一个专门机构。

第一节 对《华沙公约》的评述

1929 年 9 月,第二次国际航空私法会议在波兰华沙召开。国际社会于同年 10 月 12 日签署了《华沙公约》;该公约于 1933 年 2 月 13 日生效,至今已有 152 个缔约方。1958 年 7 月 20 日,中国批准了《华沙公约》;该公约于同年 10 月 18 日对中国生效。[1] 本书以国际航空货物承运人责任制度作为研究对象,故下文着重评述《华沙公约》与航空货物承运人责任相关的规定。

一、《华沙公约》的订立背景

在《华沙公约》制定前,国际社会缺乏统一的航空承运人责任规则,因此在国际航空运输案件的审理中,法院可能要适用不同国家的国内法,法律适用的难度较大。与此同时,在 20 世纪 20 年代,航空运输业还处在发展初期,航空承运人的经济实力还不够强大,很可能在一次复杂的诉讼中无力承担高额的赔偿责任,甚至面临破产等灾难性后果。[2] 基于上述考虑,1925 年 10 月,法国组织各方代表在巴黎举行了第一次航空私法会议,来自 41 个国家的外交代表参加了会议。在这次会议上,法国政府提出了一项关于统一国际航空承运人民事责任的条约草案,但与会方认为草案尚未成熟,未予以批准,还认为应当设立一个特别委员会来处理立法的问题。[3] 1926 年,法国政府成立了一个由各方专家组成的委员会,即航空法专家国际技术委员会(Comité International Technique d'ExpertsJuridiqueAeriens,

[1] See ICAO, "Contracting Parties to the Convention for the Unification of Certain Rules Relating to International Carriage by Air Signed at Warsaw on 12 October 1929 and the Protocol Modifying the said Convention Signed at the Hague on 28 September 1955", Accessed December 20, 2021. https://www.icao.int/secretariat/legal/List%20of%20Parties/WC-HP_EN.pdf.

[2] See Pablo Mendes De Leon, "The Montreal Convention: Analysis of Some Aspects of the Attempted Modernization and Consolidation of the Warsaw System", *Journal of Air Law and Commerce*, 66, 2000, p. 1156.

[3] 参见赵维田:《国际航空法》,社会科学文献出版社 2000 年版,第 200-202 页。

CITEJA),专门研究制定国际航空私法条约。

在航空法专家国际技术委员会的努力下,各方外交代表共制定了两份条约草案:一是于1926年在比利时布鲁塞尔制定的关于国际航空旅客承运人责任的条约草案;二是于1928年在西班牙马德里制定的关于国际航空货运承运人责任的条约草案。1929年9月,法国召集了第二次国际航空私法会议,来自30个国家和地区的外交代表审议了上述两份草案后,决定将两份草案合并形成《华沙公约》。在立法目的方面,《华沙公约》力图解决当时最紧迫的两个问题:一是建立国际统一的航空承运人责任制度,减少在相关案件中的适法困难;二是建立责任限额制度,避免航空业因为巨额的赔偿责任而遭受毁灭性打击,根据当时的航空水平,人们往往认为航空事故是无法预测和控制的。[1] 在立法技术上,《华沙公约》受到1924年《统一提单的若干法律规则的国际公约》(以下简称《海牙规则》)的影响,公约的许多条款参考了《海牙规则》的规定。但是,《华沙公约》也吸收了各方,尤其是大陆法系国家合同法中的规定,对航空承运人责任作了有针对性的安排。[2]

二、《华沙公约》的主要内容

《华沙公约》分五章共计51个条文,第一章为范围和定义,第二章为航空货运单规则,第三章为承运人责任制度,第四章为关于联合运输的规定,第五章为一般条款和最后条款。

(一)《华沙公约》的适用范围

依据《华沙公约》第1条,公约调整"国际航空运输",即根据当事人订立的合同,运输出发地和目的地分别位于两个公约当事方境内;或者是在同一当事方境内,而在另一方境内(无论是否《华沙公约》的当事方)有一个约定经停地。《华沙公约》以运输的"始发地""目的地""约定经停

---

〔1〕 See Paul B. Larsen, Joseph C. Sweeney, and John E. Gillick, *Aviation Law: Cases, Laws, and Related Sources*, Transnational Publishers, 2006, p.268.

〔2〕 参见赵维田:《国际航空法》,社会科学文献出版社2000年版,第202页。

地”作为判断“国际航空运输”的标准,而不考虑当事人的国籍等因素。一般来说,“始发地”“目的地”“约定经停地”的确定,应以航空运输凭证(如旅客机票或航空货物运输单)的记载为准。[1] 因此,《华沙公约》主要以航空运输“地点”作为公约是否适用的标准。有观点将这一标准称为“地点标准”,认为该标准充分考虑了国际航空运输的特点,摒弃了运输活动当事人的国籍、住所、身份等因素,为国际航空条约的强制性适用奠定了基础。[2]

此外,《华沙公约》还规定了直接运输、连续运输等运输形式。该公约第1条第3款规定:“几个连续的航空承运人所办理的运输,如果被合同各方认为是一次运输活动的,则无论它是以一个合同或几个相互联系合同的方式订立的,为本公约目的,都应当作一项不可分割的运输。”显然,当运输合同当事人同意多航段运输构成一次完整的国际运输时,就应当将整个运输活动视为一次国际航空运输,每个航段都是运输活动的一部分,都受《华沙公约》的调整。

(二)《华沙公约》的货物航空货运单规则

《华沙公约》第5条至第16条规定了航空货物航空货运单规则。其中,公约第8条规定了航空货运单应当记载的内容。该条第1项至第9项规定,承运人应当在航空货运单记载航空货运单填写地点和日期、起运地和目的地、约定的经停地点、托运人的名称和地址、第一承运人的名称和地址、收货人的名称和地址、货物的性质等事项;第17项规定,航空货运单应当载明一项声明,即本次运输受《华沙公约》调整。公约第9条明确了承运人违反上述规定的法律后果:“航空货物承运人如没有出具航空货运单或出具的航空货运单没有包括公约第8条第1至9项以及第17项内容的,承运人就需承担不利后果,其无权引用《华沙公约》关于免除或限

---

〔1〕 See Jennifer Mckay, *The Refinement of The Warsaw System: Why the* 1999 *Montreal Convention Represents the Best Hope for Uniformity*, Case Western Reserve Journal of International Law, 34, 2002, p. 73.

〔2〕 参见董念清:《论国际航空私法条约适用的强制性》,载《中国法学》2020年第1期。

制承运人责任的规定。”因而，如果托运货物在航空运输中遭受损失，而承运人又未在航空货运单上记载《华沙公约》第 8 条规定的事项，则承运人将无权援用公约中的责任限额规定，而应当全额赔偿货物损失。

此外，《华沙公约》第 11 条规定了航空货运单的法律地位，即航空货运单是一项表面证据，用以证明货运运输合同已订立、承运人已接收货物等事项。所谓“表面证据”，一般是指该证据具有一定的充分性与有效性，法院可以根据该证据认定事实并作出裁判。[1] 综上所述，依据《华沙公约》第 11 条，如果没有相反的证据，法院有权根据航空货运单的记载事项，判断当事人间的合同关系，承运人接收货物的情况，以及货物在交付运输时的状态。

（三）货物承运人责任

《华沙公约》的核心内容是国际航空承运人的责任制度，本书主要介绍、评述公约关于货物承运人责任的规定。

1. 货物承运人的责任事由。根据《华沙公约》第 18 条和第 19 条，承运人应当对货物在航空运输中的损失承担赔偿责任。第一，货物损坏、灭失、遗失责任。《华沙公约》第 18 条第 1 款规定，在航空运输期间，货物遭受毁灭、遗失或损坏等损失，承运人应负赔偿责任。该条第 2 款进一步规定了“航空运输期间”的定义，即货物在承运人控制之下的时间，不论是在航空站内、在航空器上或在航空站外降落的任何地点。根据上述规定，如果货物在航空运输期间以外受有损失的，承运人无须赔偿。第二，货物运输迟延责任。《华沙公约》第 19 条规定，货物在运输中发生延误并造成权利人损失的，承运人应当赔偿。司法实践一般认为，如果承运人未能在合理的时间内完成运输，货物即发生运输延误；[2] 如果延误造成托运人、收

---

〔1〕 参见赵维田：《国际航空法》，社会科学文献出版社 2000 年版，第 308 页。

〔2〕 参见［英］彼得·马丁等修订：《肖克罗斯和博蒙特航空法》，徐克继摘译，法律出版社 1987 年版，第 120 页。

货人或其他权利人损失的，承运人应当赔偿。[1]

货物在航空运输中发生损失时，法院应采用何种归责原则来确定承运人的赔偿责任，学界观点并不统一。有学者认为，《华沙公约》要求承运人对货物的毁灭、遗失和损坏承担严格责任。但大部分学者认为，从《华沙公约》立法目的来看，承运人应当对货物的损失承担过错推定责任。[2]在1925年的第一次国际航空私法会议上，会议报告人对承运人归责原则的论述如下："会议报告团曾讨论过，应该采用何种责任制度……在承运人对旅客和货物的责任方面，应该采用过错责任原则……举证责任由谁承担？这种繁重的举证责任不应强加于受害方，因此，采用推定承运人有过错的归责原则更加公平。同时，由承运人承担全部的赔偿责任也是不公平的，如为了避免损害，承运人已采取了合理与正当措施时，则免除或减轻其责任是公平的。"[3]从上述观点来看，立法者更倾向于采用过错推定原则，即当货物发生损失时，由受损方提供初步证据，法院随即有权推定承运人对损失有过错，但承运人可以提供反证，证明其为了防止损害发生已采取了合理措施，法院应当免除或减轻其责任。

2. 货物承运人的抗辩事由。根据《华沙公约》，货物承运人有权援用若干抗辩事由，以减轻或免除责任。第一，承运人已采取了一切必要措施。《华沙公约》第20条第1款规定，如承运人证明其与代理人为了避免损失已采取了一切必要的措施，或不可能采取这些措施的，则无须对货物的损失负责。可以看出，如果承运人及其代理人对货物损失没有过错，就无须赔偿。第二，因驾驶过失导致的货物损害。《华沙公约》第20条第2款规定，承运人证明损失是驾驶、航空器操作或领航过失造成的，而承运人及其代理人在其他方面已经采取必要措施以避免损失时，承运人无须负责。这一规定的立法背景为，在各国签订《华沙公约》时，人类还无法非

---

〔1〕 参见[英]彼得·马丁等修订：《肖克罗斯和博蒙特航空法》，徐克继摘译，法律出版社1987年版，第122页。

〔2〕 参见赵维田：《国际航空法》，社会科学文献出版社2000年版，第253页。

〔3〕 参见赵维田：《国际航空法》，社会科学文献出版社2000年版，第253页。

常精确地操控航空器，因此，如果承运人驾驶过失而导致货物损失的，可以免除承运人的责任。但在实践中，很少有承运人援用这一抗辩事由。[1] 第三，收货人没有及时提出异议。《华沙公约》第26条规定，如果货物受到损害，收货人最迟应于收到货物后7日内向承运人提出异议；如果货物运输发生延误的，收货人最迟应于货物交付收货人支配之日起14日内提出异议；如收货人没有在规定期限内提出异议，就不得向承运人提起诉讼，除非承运人有欺诈行为。可以看出，如果货物权利人没有在规定期限内提出异议，就不得起诉要求承运人承担赔偿责任。

3. 承运人的责任限额。《华沙公约》规定了货物承运人的赔偿责任限额，以及若干突破责任限额的情形。第一，责任限额的一般规定。《华沙公约》第22条第2款规定，承运人对货物的赔偿责任以每公斤250金法郎为限。根据公约第22条第4款的解释，"金法郎"是指含有900‰成色的65.5毫克黄金的法国金法郎。当《华沙公约》于1933年生效时，12.5万金法郎约折合人民币5万元。[2] 第二，承运人责任限额的例外。有些情况下，承运人不能援用责任限额规定，而应当赔偿货物的实际损失。一是托运人声明了货物价值。《华沙公约》第22条第2款规定，如果托运人将货物交付承运人时曾特别声明货物价值，并支付了额外的运费，则承运人的赔偿责任不超过声明价值，除非承运人证明托运人的声明价值高于货物运到后的实际价值。可见，在托运人声明价值并支付额外运费的情况下，承运人的赔偿责任可能高于责任限额，但一般不高于声明价值金额。二是承运人违反了航空货运单规则。《华沙公约》第9条规定，如果承运人没有出具航空货运单或出具单证不符合要求的，便无权援用责任限额规定，即承运人在这种情况下应当赔偿货物的实际损失。三是承运人实施了有意的不良行为并造成货物损失。《华沙公约》第25条规定，如

〔1〕 参见[荷]I. H. Ph. 迪德里克斯 - 范思赫：《国际航空法》（第9版），黄韬等译，上海交通大学出版社2014年版，第109页。

〔2〕 See Kevin Kyser, *Tarnished But Still Valuable: A History and Present State of the Gold Franc*, SUM Currents: International Trade Law, 16, 2007, p. 84 - 89.

果货物损失是由于承运人或其代理人的有意不良行为所致，承运人也无权援用责任限额规定，即承运人也应当赔偿货物的实际损失。

《华沙公约》规定承运人责任限额条款的主要理由在于：一是保护航空业发展。在《华沙公约》订立时，航空业仍处于发展初期，航空承运人的经济实力较弱，抗风险能力不足。若不规定承运人的赔偿责任限额，承运人就有可能因为发生重大事故而承担巨额赔偿，从而面临破产风险。因此，规定承运人的赔偿责任限额，有利于保护和扶持航空业发展。二是平衡当事人利益。在归责原则方面，《华沙公约》规定承运人应对货物损失承担过错推定责任，承运人的举证责任较重。而在赔偿范围方面，《华沙公约》规定承运人承担赔偿责任限额，在一定程度上减轻了承运人的赔偿责任，平衡了承运人与货物权利人间的诉讼利益。三是引导分散事故风险。《华沙公约》规定承运人的赔偿责任限额，可能会使得货物权利人得不到承运人的全额赔偿。但是，这样的规定也会促使货物权利人在托运货物时，及时投保，通过保险制度来保障自身权益，分散运输风险。[1]

（四）管辖法院与诉讼时限

在国际航空货物运输纠纷中，当事人可以根据《华沙公约》的规定向法院提起诉讼，也可以向仲裁机构申请仲裁。

1. 管辖权的法院。《华沙公约》第 28 条规定了四个有管辖权的法院，其中包括承运人住所地、承运人主要营业地、订立合同的承运人营业机构所在地和目的地法院，原告有权选择其中一个法院提起诉讼，但其选择的法院应当位于公约的当事方境内。《华沙公约》第 32 条第 1 款还规定，当事人不得协议变更公约关于管辖权的规定。这意味着，公约关于管辖权的规定具有强制适用性，其目的是保证《华沙公约》在各当事方统一适用。[2]

2. 提起诉讼的时限。《华沙公约》第 29 条规定："权利人应当在航空

〔1〕 See H. Drion, *Limitation of Liability in International Air Law*, Martins Nijhoff, Hague, 1954, p. 12 –44.

〔2〕 参见赵维田：《国际航空法》，社会科学文献出版社 2000 年版，第 354 页。

器到达目的地之日、应到达之日、运输停止之日起两年内,向承运人提出索赔的诉讼,否则将丧失追诉权。"就上述规定中"两年期间"的法律性质,各方代表素有争论。在1929年第二次国际航空私法会议上,意大利代表指出,各方国内法中有关诉讼时效中止、中断的规定各不相同,但是,如果认为公约第29条规定的两年期间是"可变期间",就可能造成诉讼时间过长、当事人权利不确定等问题。[1] 最后,各国代表们经过讨论共同认为,公约规定的"两年期间"应当为不可变期间,[2]这似乎更类似于普通法国家规定的"除斥期间"。另外,《华沙公约》第32条还规定:"……在本公约的范围内,货物运输可以有仲裁条款,如果这种仲裁在第28条第1款所规定的法院管辖地区进行。"根据上述规定,货物运输的当事人有权约定仲裁条款,并将争议提交仲裁机构处理,但仲裁应当在承运人住所地、承运人的主要营业地、订立合同的承运人营业机构所在地和运输目的地进行。

三、对《华沙公约》的评述

《华沙公约》订立至今已近百年,长期保持着强大的生命力,对国际航空承运人责任制度的统一作出了巨大的历史贡献。当然,限于20世纪20年代的社会背景和立法技术,《华沙公约》在制度设计方面也存在一些瑕疵。同时,随着航空技术的进步、世界经济的发展,《华沙公约》的某些规定也逐渐滞后于实践需要。

(一)《华沙公约》的积极意义

在《华沙公约》订立前,各国在审理国际航空货物运输案件时,只能适用间接调整的方法,即首先识别航空运输的纠纷性质,再适用本国冲突规范,最后确定准据法审理案件。但是,国际航空运输案件具有很多涉外因

---

〔1〕 See ICAO, *Minutes of the Second International Conference on Private Aeronautical Law* (*October* 4 - 12, 1929), trans. by Robert C. Horner and Didier Legrez, South Hackensack, New Jersey: Fred B. Rothman & Co., 1929, p. 21.

〔2〕 参见赵维田:《国际航空法》,社会科学文献出版社2000年版,第366页。

素,如出发地、目的地、约定经停地点常在不同国家和地区,又如承运人、旅客、托运人、收货人、代理人或辅助人等也常具有不同的国籍,因此,适用间接方法审理国际航空运输案件十分困难。[1]《华沙公约》订立后,建立了一项规则统一的国际航空承运人责任制度,使各方法院在审理国际航空运输案件时,无须再适用间接方法,而可以直接适用《华沙公约》规定处理纠纷。

为保证公约规定在各方的有效适用,《华沙公约》第 24 条规定:"如果遇到公约第 18 条、第 19 条规定的情况,无论其根据如何,有关责任的诉讼只能按照本公约所列条件和限额提出。"上述条款规定了公约的"优先适用性",即如果国际航空运输活动属于公约调整范围,则法院在审理相关案件时,应当优先适用公约规定。《华沙公约》还是一项开放的公约。立法者们认识到,《华沙公约》不可能涵盖国际航空运输中的所有法律问题,特意留有一些法律空白,允许各方适用内国法处理。[2] 例如,公约没有明确定义"有意不当作为"(法文为 dol,英文为 misconduct)、"事故"(accident)等一些内涵模糊的术语,各当事方的法院可以结合本国的立法和司法实践,讨论并解释这些术语的含义和适用条件。通过这样的立法技术,一方面,《华沙公约》能够避免各当事方在一些模糊概念上进行反复的争论,促使当事方早日形成共识、签订公约;另一方面,各当事方可以在司法实践中进一步阐释公约规定,促进公约不断完善。

(二)《华沙公约》的缺憾

《华沙公约》并不是完美的,其中一些条款不能完全适应后来的航空实践发展,致使公约在运行中也暴露出一些问题。

1. 承运人责任限额过低。自 1933 年生效以来,《华沙公约》规定的承运人责任限额多年来没有提高。第二次世界大战后,在一些经济发达国家的国内航空事故中,尤其是在航空旅客伤亡案件中,索赔人获得的赔偿

---

〔1〕 参见唐明毅、陈宇:《国际航空私法》,法律出版社 2004 年版,第 4 页。

〔2〕 参见唐明毅、陈宇:《国际航空私法》,法律出版社 2004 年版,第 5 页。

金额远远高于《华沙公约》的限额。一些发达国家和地区认为,《华沙公约》规定的承运人赔偿责任限额过低,与其的航空实践发生脱节。1965年5月15日,美国向波兰政府(《华沙公约》的存档国)发出照会,提出其将在6个月内退出《华沙公约》。但美国政府也表示,如果在1966年5月15日前,有望达成一项协议,将《华沙公约》中承运人对旅客的赔偿责任限额提高至10万美元;或者世界上的主要航空企业有望达成一项临时协议,将对旅客的赔偿责任限额提高至75,000美元,美国可以撤回通知。[1]

为了将美国留在"华沙体制"内,1966年5月13日,国际航空运输协会、协会的部分会员承运人与美国民航委员会在加拿大蒙特利尔签订了《蒙特利尔协议》(全称为《有关〈华沙公约〉与〈海牙议定书〉的责任限制有关的协议》, Agreement Relating to Liability Limitation of The Warsaw Convention And The Hague Protocol)。根据1966年《蒙特利尔协议》,一方面,如果国际航空运输以美国为出发地、目的地或约定经停地,且在此类运输中发生旅客人身伤亡事故,国际航空运输协会及其会员承运人自愿放弃《华沙公约》第20条的抗辩事由,即承运人已采取"一切必要措施"而主张免责的抗辩事由。另一方面,此类国际航空运输中,承运人对旅客伤亡的赔偿责任限额将提高至75,000美元(包括法律费)或58,000美元(不包括法律费)。1966年《蒙特利尔协议》并非由国家等国际法主体签订,因而不是一项国际条约,而是世界主要航空公司与美国民航委员会达成的民事协议。但该协议在事实上提高了出入或经停美国的国际航空运输中承运人对旅客赔偿限额。[2] 在主要航空公司对美国作了重大让步后,美国撤回了退出《华沙公约》的通知。

在此之后,部分国家和地区、国际组织和航空承运人也认为《华沙公

〔1〕 参见赵维田:《国际航空法》,社会科学文献出版社2000年版,第215－216页。See Brian F. Havel and Gabriel S. Sanchez, *The Principles and Practice of International Aviation Law*, Cambridge Press, 2014, p. 269.

〔2〕 See Michael Milde, *Warsaw System and Limits of Liability: Yet Another Crossroad*, Annals of Air and Space Law, XVIII, 1993, p. 211.

约》中的承运人责任限额过低，并尝试修改责任限额。

第一，从航空承运人的实践看，较典型的做法有，10 家日本航空公司于 1992 年 11 月 20 日发起了"日本倡议"行动（JapaneseInitiative）。这些航空公司联合签订了《国际航空承运人协定》，修改了运输条件，放弃了《华沙公约》中的旅客承运人责任限额，并将旅客承运人的赔偿责任划分为两个档次：一是 10 万特别提款权以内，[1]承运人对旅客的损失承担严格责任；二是 10 万特别提款权以上，承运人对旅客的损害承担过错推定责任。[2]

第二，从非政府间国际组织的实践看，较典型的做法有，国际民用航空协会于 1995 年、1996 年分别订立了两项协议，在签订协议的承运人间推行有别于《华沙公约》的承运人责任制度。1995 年 10 月 30 日，国际航空运输协会在马来西亚吉隆坡召开"航空公司责任大会"，订立了《国际航空承运人关于旅客责任的协议》。该协议的主要内容有：一是放弃责任限额。该协议第 1 条规定，对于旅客在运输中遭受的损失，承运人放弃《华沙公约》第 22 条规定的赔偿责任限额，即承运人的赔偿责任不再以每位旅客 12.5 万金法郎为限。二是放弃抗辩事由。根据该协议第 2 条，原则上，承运人享有《华沙公约》规定的抗辩权利，但可以自愿放弃全部或部分抗辩，包括赔偿责任限额、对损失承担过错推定原则等。三是变更准据法。该协议第 1 条还规定，在确定承运人对旅客的赔偿金额时，可以适用旅客住所地法，而非法院地法。1996 年 2 月，国际航空运输协会在美国迈阿密和瑞士日内瓦召开会议，制定了《关于实施国际航空运输协会承运人间协议的措施的协议》，要求承运人制定相应的运输和运价条件，进一步

---

〔1〕 特别提款权（Special Drawing Right，SDR）是国际货币基金组织于 1969 年设立的国资产储备和记账单位。自 2016 年 10 月 1 日起，特别提款权的价值是由美元、欧元、人民币、日元、英镑 5 种货币构成的一篮子货币的当期汇率确定，所占权重分别为 41.73%、30.93%、10.92%、8.33% 和 8.09%。

〔2〕 See Joseph Asselta, Lee Kreindler, *The Japanese Initiative: Absolute Unlimited Liability in International Air Travel*, Journal of Air Law and Commerce, 60, 1995, p. 453.

落实《国际航空承运人关于旅客责任的协议》。[1]《关于实施国际航空运输协会承运人间协议的措施的协议》的主要内容与《国际航空承运人关于旅客责任的协议》十分相似，主要包括：一是放弃责任限额。该协议第 1 条第 1 款规定，旅客承运人不得援用《华沙公约》第 22 条第 1 款规定的对旅客损失的赔偿责任限额。二是放弃免责事由。该协议第 1 条第 2 款规定，对于不超过 10 万特别提款权的赔偿金额，承运人放弃《华沙公约》第 20 条第 1 款规定的"采取一切必要措施"免责事由，即承运人对旅客损失承担"无过错责任"，不得以其为了避免损失已经"采取一切必要措施"为由，来主张免责。三是变更准据法。该协议第 2 条第 1 款规定，在确定承运人对旅客损失的赔偿金额时，可以适用旅客住所地或永久居住地的法律。

第三，从部分国家和地区、政府间国际组织的实践来看，各方较有代表性的做法有，意大利宪法法院于 1985 年裁定，《华沙公约》中的旅客承运人责任限额过低，与《意大利宪法》相抵触。[2] 在大部分欧洲国家，承运人对旅客损失的赔偿限额为 15 万美元；在澳大利亚，赔偿限额更是高达 35 万美元。[3] 比较有代表性的政府间国际组织的实践是，1997 年 10 月 9 日，欧盟理事会制定了《关于航空承运人对乘客及行李运输责任的第 2027/97 号理事会条例》[Regulation (EC) No 2027/97]，并于 2003 年 5 月 13 日修订了上述条例，形成了《修订关于航空承运人事故责任的第 2027/97 号条例的第 889/2002 号条例》[Regulation (EC) No 889/2002]。这两项条例吸收了《国际航空承运人关于旅客责任的协议》和《关于实施国际航空运输协会承运人间协议的措施的协议》中的部分规定，取消了欧盟成员国对航空旅客承运人赔偿责任限额的规定，并规定"欧盟共同体承

---

〔1〕 参见郑派：《国际航空运输承运人责任制度研究》，法律出版社 2016 年版，第 49 页。

〔2〕 See Bernard Wood, *Yet Another Look at the Warsaw Convention*, Air and Space Law: De Lege Ferenda, Martinus Nijhoff Publishers, Leiden, 1992, p. 151.

〔3〕 See FredericoOrtino, JirgemsR. E. Gideon, *The IATA Agreements and the European Regulation: The Latest Attempts in the Pursuit of a Fair and Uniform Liability Regime for International Air Transportation*, Journal of Air Law and Commerce, 64, 1998, p. 377.

运人”在10万特别提款权以内,对旅客的损失承担严格责任。在上述承运人间协议、国家和地区或区域立法的共同冲击下,“华沙体系”的统一适用性已受到极大的破坏。有观点认为,以《华沙公约》为核心的“国际承运人责任制度”已经名存实亡。[1]

2. 承运人责任体系不够完善。《华沙公约》规定了承运人对托运货物损失的赔偿责任,但未规定承运人的受雇人与代理人的法律责任,也未区分承运人的缔约承运人与实际承运人的法律地位。

第一,承运人受雇人与代理人的法律责任。《华沙公约》没有明确规定承运人的受雇人、代理人对托运货物损失的赔偿责任,也未明确受雇人、代理人是否也有权援用公约的责任限额条款以及责任抗辩规定。一方面,大陆法系国家通常认为,《华沙公约》不调整承运人受雇人和代理人责任。例如,在1977年法国“朗格多克公司诉庇隆”案中,原告起诉要求承运人的代理人赔偿托运货物损失,但法院认为,原告与承运人的代理人之间不存在合同关系,代理人既不能从合同中得利,也无须承担合同责任。[2] 但另一方面,普通法系国家往往认为,承运人受雇人、代理人在职权范围内的行为也应受到《华沙公约》的调整。例如,在1979年美国“朱利叶斯-杨珠宝制造有限公司诉三角航空公司”案中,原告起诉承运人及其地面代理人,要求被告共同赔偿托运货物的损失。法院认为,当代理人为了承运人的利益而履行航空运输合同时,其行为的法律效果应当及于承运人,这符合《华沙公约》的立法本意。[3]

第二,《华沙公约》没有区分缔约承运人与实际承运人的法律地位。在航空货物运输中,托运人有时不直接与承运人签订运输合同,而与承运人的货运代理人签约,再由代理人将货物交付承运人运输。《华沙公约》

---

〔1〕 参见郑派:《国际航空旅客运输承运人责任制度研究》,法律出版社2016年版,第52页。

〔2〕 Cie Le Languedoc c. StéHernu – Peron, (1976) 30 R. F. D. A. 109. See Georgette Miller, *Liability in International Air Transport*, Kluwer, The Netherlands, 1977, p. 265.

〔3〕 Young Jewelry v. Delta Air Lines, 67 A. D. 2d 148, 414 N. Y. S. 2d 528 (N. Y. App. Div. 1979).

并未规定在这种运输模式中货物在运输中发生损害时，应当如何认定承运人、货运代理人的法律责任。而根据《蒙特利尔公约》第 39 条的规定，符合特定条件的货运代理人可以被认定为缔约承运人，对整个运输活动负责；承运人可以被认定为实际承运人，对其负责的运输区段负责；在实际承运人的运输区段中，两者承担连带责任。可见，《华沙公约》缺少关于缔约承运人与实际承运人法律地位的规定，导致法院在审理相关问题时缺乏国际条约层面的依据。

3. 货物航空货运单规则过于严格。《华沙公约》第 9 条规定，如果承运人没有按规定填写航空货运单，或者航空货运单没有包括公约第 8 条第 1 项至第 9 项，以及第 17 项的，承运人就无权援用免除或限制其责任的规定。《华沙公约》第 9 条通常被称为"惩罚性条款"，即承运人如果不按公约要求出具航空货运单，就无权适用限制责任或免除责任的条款，而应当赔偿托运货物的实际损失。[1] 上述惩罚性条款似乎过于严苛。从大陆法系的观点来看，在航空货物运输合同中，承运人妥善运输和掌管货物是主给付义务，而出具航空货运单是从给付义务。当货物在运输中发生损失后，承运人的赔偿责任系因不适当履行主给付义务而产生的次给付义务，即因不适当履行而产生的赔偿义务，与主给付义务具有同一性。而根据《华沙公约》第 9 条的规定，如果承运人未适当履行从给付义务（妥善出具航空货运单），就无法主张针对次给付义务（与主给付义务有同一性）的抗辩事由，两者间缺乏同一性，显得过于严格。

《华沙公约》关于航空货运单的个别条款含义不够明确，也对合理确定承运人责任产生了不利影响。例如，《华沙公约》第 8 条第 3 款规定，航空货运单上应当载明运输的"约定经停地"。但是，如果一次运输中有多个约定经停地，航空货运单上是否应当全部列明？如果未全部列明的，承运人是否有权援用责任免除和限额条款？对此，《华沙公约》并未明确规定，司法实践的观点也不同。部分法院认为，航空货运单上应列明所有经

〔1〕 参见黄力华：《国际航空运输法律制度研究》，法律出版社 2007 年版，第 239 - 240 页。

停地，否则承运人便不能援用责任免除和限额条款。[1] 也有法院认为，《华沙公约》的立法本意是要求承运人列举能够说明航空运输具有国际性特征的经停地，而非所有的约定经停地，即便承运人未在运输凭证上载明所有的经停地，也不妨碍其援用《华沙公约》的责任免除和限额条款。[2]

第二节 修订《华沙公约》货物承运人责任制度的条约

自 1955 年开始，国际社会为了修订《华沙公约》签订了多个国际条约，其中包括 1955 年《海牙议定书》、1961 年《瓜达拉哈拉公约》、1971 年《危地马拉城议定书》、1975 年蒙特利尔第 1 号至第 4 号议定书等。另外，国际航空运输协会各会员承运人还与美国民航委员会签订了 1966 年《蒙特利尔协议》。上述 8 项法律文件与《华沙公约》共同被称为"华沙体制"。下文将简述各法律文件中与货物承运人责任有关的内容，由于 1966 年《蒙特利尔协议》只涉及旅客承运人的责任，因此本文不再着重阐述。

一、1955 年《海牙议定书》

1955 年 9 月，来自 44 个国家的外交代表，以及来自不同国际组织的 8 位观察员在荷兰海牙举行外交会议，制定了《海牙协定书》(全称为《1955 年 9 月 28 日于海牙签署修正 1929 年 10 月 12 日于华沙签订的统一国际航空运输某些规则公约的议定书》)。《海牙议定书》于 1963 年 8 月 1 日生效，截至目前，共有为 137 个当事方。《海牙议定书》于 1975 年 8 月 20 日获得中国政府的批准，并于同年 11 月 18 日起对中国生效。[3] 《海牙议

---

[1] Warner Lambert Co. v. LEP Profit International, Inc., 517 F. 3d 679 (3d Cir. 2008).

[2] Brink's Limited v. South African Airways, 93 F. 3d 1022 (2d Cir. 1996).

[3] See ICAO, *Contracting Parties to the Convention for the Unification of Certain Rules Relating to International Carriage by Air Signed at Warsaw on* 12 *October* 1929 *and the Protocol Modifying the said Convention Signed at the Hague on* 28 *September* 1955, Accessed December 20, 2021. https://www.icao.int/secretariat/legal/List%20of%20Parties/WC-HP_EN.pdf.

定书》保留了《华沙公约》的基本框架，但修订了其中的部分规定，经《海牙议定书》修订后的《华沙公约》常被称为"《海牙－华沙公约》"。[1]

（一）《海牙议定书》的主要内容

《海牙议定书》对《华沙公约》货物承运人责任制度的修改，主要体现在以下几个方面。

1. 简化航空货物航空货运单规则。《华沙公约》第8条规定，航空货运单应当记载17项内容。有批评意见认为，上述条款规定的多数记载事项是没有必要的，要求当事人完全记载这些事项是不合理的。[2]《海牙议定书》第6条将航空货运单的记载事项简化为3项，包括运输出发和目的地、约定经停地，还包括承运人对托运人的一项声明："如果运输的最终目的地或经停地点不在起运地所在国家内时，《华沙公约》可以适用于此项运输，而且该公约规定并在一般情况下限制承运人对货物遗失或损坏所承担的责任。"这样的修改，有效减轻了当事人制作航空货运单的负担。

此外，《华沙公约》第9条还规定，承运人在不遵守货物航空货运单规则的情况下，无权援用公约关于免除或限制承运人责任的规定。但上述条款并未明确"免除或限制承运人责任的规定"具体是指哪些条款，因而容易造成公约在适用上的困难。为澄清这一问题，《海牙议定书》议定书第7条修改了《华沙公约》第9条，规定如果承运人违反航空货运单规则的，将"无权援用《华沙公约》第20条第2款的规定"。《华沙公约》第20条第2款规定了承运人航行过失的免责事由，即"如果承运人证明损失的发生缘于驾驶上、航空器的操作上或领航上的过失，而在其他一切方面承运人和他的代理人已经采取一切必要的措施以避免损失时，就不负责任"。结合上述规定可知，《海牙议定书》明确了《华沙公约》第9条所称的"免除或限制承运人责任的规定"，即如果货物承运人不能妥善出具航

---

〔1〕 See Paul Stephen Dempsey, *International Air Cargo & Baggage Liability and the Tower of Babel*, George Washington International Law Review, 36, 2004, p. 250.

〔2〕 See Rene H. Mankiewicz, *Hague Protocol to Amend the Warsaw Convention*, The American Journal of Comparative Law, 5, 1956, p. 84.

空货运单的，将不得援用《华沙公约》第 20 条规定的航行过失免责事由。

2. 修改货物承运人责任制度。《海牙议定书》对《华沙公约》承运人责任制度的修改主要体现在以下方面。

第一，明确承运人责任限额的例外。《华沙公约》规定了承运人的责任限额。同时，该公约第 25 条还规定了一种例外情况，即如果损失是承运人或其代理人有意的不良行为所致，承运人无权援用责任限制规定。上述规定所称的“有意的不良行为”，在《华沙公约》法文版中被表述为“dol”，在英文版中则被表述为“willful misconduct”。“dol”是法国法中的一个概念，通常指故意造成损害的不法行为。[1] 但是，其他大陆法系国家往往认为“故意”和“严重过失”的含义均不够明确，故将“重大过失”等同于“dol”，并没有专门规定“dol”这一术语。[2] “willful misconduct”是普通法中的概念，一般指行为人知道并认识到，在当时情况下，其作为或不作为是一种不良行为，但不顾后果地有意作为或不作为。[3] 在 1929 年第二届国际航空私法会议上，英国代表认为，英语中的“willful misconduct”一词可以包含“dol”的含义，因为“willful misconduct”不仅包括故意的行为，也包括不计后果的行为。[4] 最终，《华沙公约》英文版中使用了“willful misconduct”一词，但在事实上，“willful misconduct”的含义与“dol”仍有一定差别。这也导致各方对《华沙公约》相关规定的理解存在差异。

《海牙议定书》第 13 条将《华沙公约》第 25 条修改为：“如经证明，损失系承运人、受雇人或代理人出于故意或明知可能造成损失而漠不关心的行为或不行为，则不适用第 22 条规定的责任限额；如系受雇人或代理

---

〔1〕 参见赵维田：《国际航空法》，社会科学文献出版社 2000 年版，第 207 – 208 页。

〔2〕 See H. Dorin, *Limitation of Liabilities in International Air Law*, MartinusNijhoff, 1954, para. 179.

〔3〕 See Shawcross and Beaumont, *Air Law* (*Fourth Edition*), Butterworth, 1977, p. 449.

〔4〕 See ICAO, *Minutes of the Second International Conference on Private Aeronautical Law* (October 4 – 12, 1929), trans. by Robert C. Horner and Didier Legrez, South Hackensack, New Jersey: Fred B. Rothman & Co., 1929, p. 40.

人有上述行为或不行为，还必须证明他是在执行其受雇职务范围内行事。”该规定不再使用“willful misconduct”或“dol”的术语，而是直接阐明了承运人不能援用责任限额的行为的含义，有利于各国对公约条款形成统一理解。

第二，明确诉讼费用责任。就货物权利人是否有权要求承运人支付诉讼相关费用（如律师费、诉讼费等）的问题，《华沙公约》未作明确规定。《海牙议定书》第 11 条修改了《华沙公约》第 22 条第 4 款，回应了上述问题。修改后的条款规定：“本条规定的限额并不妨碍法院按其法律另外加判全部或一部分法院费用及对起诉人所产生的其他诉讼费用。”根据上述规定，各方法院有权根据法院地法判决承运人支付诉讼相关费用。

第三，完善承运人抗辩事由。《海牙议定书》还修改了《华沙公约》关于货物承运人的抗辩事由。首先，取消了航行过失免责事由。《华沙公约》第 20 条第 2 款规定，如果承运人证明货物损失的发生缘于驾驶上、航空器的操作上或领航上的过失，而在其他一切方面承运人和他的代理人已经采取一切必要的措施以避免损失时，就可以免责。意即，承运人可对驾驶过失造成的货物损失免责。《海牙议定书》第 10 条删除了上述条款，意味着承运人不能再要求驾驶过失免责。其次，允许当事人在一定条件下约定减轻承运人责任。《华沙公约》第 23 条规定，“当事人订立免除承运人的责任或低于公约责任限额的条款无效，但运输合同仍有效”。意即，当事人不得约定减轻承运人的赔偿责任。《海牙议定书》第 12 条将《华沙公约》第 23 条修改为第 23 条第 1 款，并补充规定了第 23 条第 2 款。根据新规定，如果货物的遗失或损坏是货物的本身属性或质量缺陷造成的，原《华沙公约》第 23 条可不适用。因此，根据《海牙议定书》第 12 条，如果货物本身性质或质量瑕疵而造成货物损失，当事人可以约定减少或者免除承运人的责任。

第四，规范货物赔偿责任的计算标准。《华沙公约》第 22 条规定，货物承运人对货物损失的赔偿责任限额为，每公斤货物 250 金法郎。但是，上述条款没有规定应当根据托运货物的总重量，还是根据受损部分的货物重量来确定赔偿数额。《海牙议定书》第 11 条修改了《华沙公约》第 22 条，经修订后条款规定，“如果货物的一部分或货物中的任何物件发生遗失、损坏或延误，用以决定承运人责任限额的重量，仅为该一包件或该数包件的总重量。但如因货物的一部分或货物中的物件发生遗失、损坏或延误以致影响同一份航空货运单所列另一包件或别数包件的价值时，则在确定责任限额时，另一包件或另数包件的总重量也应考虑在内”。根据上述规定，在计算赔偿责任时，原则上应当以受损货物的重量为基础；但如果受损货物也损害了其他货物的价值，则还应当计算其他受损货物的重量。

第五，规定承运人的受雇人、代理人的法律责任。《华沙公约》主要规定了承运人的赔偿责任，而对承运人的受雇人、代理人的责任未作非常明确的规定。有观点认为，如果国际公约不规定承运人受雇人、代理人的法律责任，同时又不允许受雇人、代理人援用承运人的责任限额抗辩，那么，货物权利人如果起诉承运人，可能只能获得限额赔偿；但如果起诉承运人的受雇人、代理人，则可能获得全额赔偿。[1] 如果法院判决承运人受雇人、代理人赔偿货物损失，那么受雇人和代理人因为无法援用承运人责任限额条款，应当赔偿货物的全部损失；但赔偿后，受雇人、代理人可能会根据雇佣合同或代理合同向承运人追偿，这意味着承运人最终可能要承担完全赔偿责任，在实际上突破了《华沙公约》的承运人责任赔偿限额制度。[2]

为了解决上述问题，《海牙议定书》第 14 条在《华沙公约》中加入了第 25 条（甲）项，以明确承运人受雇人、代理人的责任。该条款规定：“1. 如因本公约所指的损失而对承运人的受雇人或代理人提起诉讼，而该受雇人或代理人能证明他是在其受雇职务范围内行事，则有权援用承运

---

〔1〕 See Rene H. Mankiewicz, *Hague Protocol to Amend the Warsaw Convention*, The American Journal of Comparative Law, 5, 1956, p. 82.

〔2〕 See Rene H. Mankiewicz, *Hague Protocol to Amend the Warsaw Convention*, The American Journal of Comparative Law, 5, 1956, p. 82.

人根据第22条所得援用的责任限额。2. 在此种情况下,承运人及其受雇人和代理人的赔偿总额不得超过上述限度。3. 如经证明造成损失系出于受雇人或代理人故意,或明知可能造成损失而漠不关心的行为或不行为,则不适用本条第1、2两款的规定。"根据上述规定,其一,如果货物损失是承运人的受雇人或代理人的行为造成的,货物权利人有权起诉承运人,也有权起诉承运人受雇人或代理人,即承运人应当与其受雇人、代理人共同承担损失赔偿责任。其二,承运人及其受雇人或代理人均有权援用《华沙公约》的责任限额规定,赔偿总额不得超过限额,即无论货物权利人向承运人、受雇人或代理人主张赔偿,其获得的赔偿金总额不应超过承运人的责任限额。这样的制度安排在事实上避免了承运人责任限额条款被突破。其三,如果受雇人、代理人的有意不良行为导致了货物损失,则其将不得援用责任限额,而应当赔偿货物的全部损失。

(二)《海牙议定书》的缺憾

《海牙议定书》对《华沙公约》作了有益的修改和补充,在一定程度上完善了承运人的责任体系,使《华沙公约》能够适应运输实践的发展,但也仍然存在一些不足之处。

1. 承运人责任限额仍未令一些国家满意。《海牙议定书》第11条修改了《华沙公约》第22条,修改后的第22条第1款规定:"(1)载运旅客时,承运人对每一旅客所负的责任以25万金法郎为限。"根据上述规定,《海牙议定书》将旅客承运人的赔偿责任限额提高了一倍,但并没有提高货物承运人的赔偿责任限额,仍没有完全满足发达国家要求全面提高承运人赔偿责任限额的主张。例如,美国对《海牙议定书》没有更大幅度地提高承运人责任限额感到不满,因而在1956年6月28日签署该议定书之后,直至2003年9月15日才作出批准,而该议定书直至2003年12月14日才对美国生效。在《海牙议定书》订立之时,美国的航空运输量占据世界总量的一半以上,但美国迟迟没有批准《海牙议定书》,大大削弱了该议定书的作用。

2. 国际条约并存增加了法律适用的困难。《海牙议定书》对《华沙公约》的部分内容作了修改,修改后的内容与《华沙公约》的其余条款结合在一起,形成了一个具有独立法律效力的国际条约,常被称为"《海牙－华沙公约》"。[1]《海牙议定书》第19条也规定,该议定书与《华沙公约》被视为一个统一的法律文件,名为《经1955年在海牙修订的〈华沙公约〉》。因此,在法律性质上,《海牙议定书》是具有独立效力的国际条约。《海牙议定书》在事实上增加了法院适用公约的难度。法院在审理国际航空案件时,应当首先确定出发地、目的地和经停地加入《华沙公约》和《海牙议定书》的情况,以便适用正确的国际条约,可分几种情况讨论:

第一,如果两国仅共同加入了《华沙公约》,或仅共同加入了《海牙议定书》,应当适用共同加入的条约。另外,如果两方同为《华沙公约》和《海牙议定书》的当事方,对两个条约有不同规定的,应当优先适用《海牙议定书》。《海牙议定书》第18条规定:"经本议定书修改的公约适用于公约第1条所确定的国际运输,但以出发和目的地点须在本议定书的两个当事方的领土内,或在本议定书的一个当事方领土内,而另一国家领土内有一约定的经停地点者为限。"可见,只要出发地、目的地均为《海牙议定书》当事方,或出发地国和目的地国为同一当事,经停地为另一当事方的,所涉国际运输就应当适用《海牙议定书》规定,无论上述国家参与《华沙公约》的情况如何。

第二,如果一国仅加入了《华沙公约》,而另一国仅加入了《海牙议定书》,法院在相关案件中应当适用哪项国际条约,是一个棘手的问题。例如,在1983年"韩国航空公司空难"案中,韩国大韩航空公司的航班从美国飞往韩国,航班在飞行途中偏航,最终被苏联战斗机击落。遇难乘客家属分别在美国与韩国起诉承运人请求赔偿。当时,美国是《华沙公约》的当事方,但尚未批准《海牙议定书》;而韩国是《海牙议定书》的当事方,但没有加入《华沙公约》。两国法院在法律适用问题上发生了分歧。一方

---

[1] See Richard Gardiner, *Revising the Law of Carriage by Air: Mechanisms in Treaties and Contract*, The International and Comparative Law Quarterly, 47, 1998, p. 281.

面,美国法院认为,韩国于1967年加入了《海牙议定书》,可以认为其加入了《华沙公约》,本案应适用《华沙公约》。另一方面,韩国法院则认为,美国是《华沙公约》的当事方,可视美国自动加入了《海牙议定书》,故本案应当适用《海牙议定书》审理。[1] 事实上,《华沙公约》《海牙议定书》均为独立的国际条约,美国、韩国没有共同加入某一条约,因此,理论上,两国法院在审理案件时都应当适用各自的国内法。

二、1961年《瓜达拉哈拉公约》

1961年9月18日,国际民用航空组织在墨西哥瓜达拉哈拉市召开外交会议,制定了《瓜达拉哈拉公约》(全称为《统一非缔约承运人从事国际航空运输某些规则以补充〈华沙公约〉的公约》)。《瓜达拉哈拉公约》于1964年5月1日生效,至今有86个缔约方。[2]

(一)《瓜达拉哈拉公约》的立法背景

在《华沙公约》订立时,航空公司通常既是货物航空运输合同的缔约人,也是实际承运人。在当时的航空运输实践中,较少出现"缔约承运人"和"实际承运人"的角色区分。第二次世界大战后,为了追求运输效率,货物运输当事人更多地采用包租飞机方式进行运输,并大量委托货运代理人参与运输活动。这导致"缔约承运人"与"实际承运人"的角色功能逐渐发生区分。根据法理,由"缔约承运人"与托运人订立运输合同,由"实际承运人"履行运输义务;"缔约承运人"也可履行部分运输义务,并将剩余的运输义务交由"实际承运人"履行。但是,《华沙公约》《海牙议定书》没有明确规定"缔约承运人"和"实际承运人"的定义和法律地位,导致了实践中存在两种不同的认识:一是认为承运人是"缔约承运人",即国际航

---

〔1〕 See Tae Hee Lee, *The Current Status of the Warsaw Convention and Subsequent Protocols in Leading Asian Countries*, Air Law, 11, 1986, p. 242 - 243.

〔2〕 See ICAO, *Convention, Supplementary to the Warsaw Convention, for the Unification of Certain Rules Relating to International Carriage by Air Performed by A Person other than the Contracting Carrier Signed at Guadalajara on 18 September* 1961, Accessed December 20, 2021. https://www.icao.int/secretariat/legal/List%20of%20Parties/Guatemala_EN.pdf.

空运输合同约定的履行运输义务的人；二是认为承运人是“实际承运人”，即实际履行航空运输义务的人。[1] 为解决对“缔约承运人”“实际承运人”认识不清的问题，国际民用航空组织法律委员分别在1957年和1960年起草了两个公约草案，最终形成了《瓜达拉哈公约》的议定文本。[2]

《瓜达拉哈拉公约》明确地区分了国际航空运输中缔约承运人和实际承运人的法律地位，[3] 为各方区分两者的法律地位、法律责任提供了实体法依据。试举一例，货运代理人以承运人的身份，与货主签订了运输合同并出具分运单，货运代理人又以托运人的身份，将货物交付航空公司托运，并取得了后者的总运单。可见，货运代理人与货主签订了运输合同，但并不实际负责运输；而航空公司并未直接签订运输合同，却实际承担运输责任。在这种情形中，如何认定运输各方的法律地位，《华沙公约》未能明确；而根据《瓜达拉哈拉公约》的规定，可以认为货运代理人是缔约承运人，对全部运输承担责任；航空公司是实际承运人，对其实际承担的运输承担责任，而两者对实际承运人负责的运输负连带责任。

（二）《瓜达拉哈拉公约》的主要内容

《瓜达拉哈拉公约》全文共有18条。其中，第1条至第10条详细规定了航空运输缔约承运人与实际承运人的法律地位与责任，而第11条至第18条则是程序性规定。第一，规定缔约承运人与实际承运人的法律地位。《瓜达拉哈拉公约》第1条和第2条规定，“缔约承运人”是以本人名义与旅客或托运人，或与旅客或托运人的代理人订立一项受《华沙公约》调整的运输合同的人，其应对合同规定的全部运输承担责任。而“实际承运人”是指缔约承运人之外的，根据缔约承运人授权履行运输的人，且非连续承运人，应当对其办理的运输承担责任。第二，规定缔约承运人与实际承运人的连带责任。对于实际承运人负责的运输部分，缔约承运人与

---

〔1〕 参见吴建端：《航空法学》，中国民航出版社2005年版，第37页。

〔2〕 参见赵维田：《国际航空法》，社会科学文献出版社2000年版，第211页。

〔3〕 See I. P. H. Diederiks - Verschoor, *An Introduction to Air Law*(*8th ed*), Alphenaan den Rijn, The Netherlands: Kluwer Law International, 2006, p. 130 - 152.

实际承运人应当承担连带责任。《瓜达拉哈拉公约》第7条规定:"对实际承运人所办运输的赔偿诉讼,应按原告的意愿,同时或分别向实际承运人和缔约承运人提出。如只向这些承运人之一提出诉讼,则该承运人应有权要求另一承运人参加应诉,诉讼程序和效力应以受理法院的法律为依据。"因此,如果货物在实际承运人负责的运输区段内发生了损失,权利人可以分别或同时向实际承运人、缔约承运人主张赔偿,两者应当对权利人承担连带责任。《瓜达拉哈拉公约》第6条还规定:"实际承运人和缔约承运人及其受雇人和代理人在雇佣代理范围内行事时,对实际承运人所办运输的赔偿总额不应超过根据本公约可能判定缔约承运人或实际承运人赔偿的最高数额。"上述条款意味着,就实际承运人所负责的运输区段而言,实际承运人和缔约承运人共同承担的赔偿责任,合计不得超过公约规定的责任限额。

三、1971年《危地马拉城议定书》

1971年2月,国际民用航空组织在危地马拉首都危地马拉城举行外交会议。同年3月8日,各方外交代表签订了《危地马拉城议定书》(全称为《修订经1955年9月28日在海牙修订1929年10月12日在华沙签订的〈统一国际航空运输某些规则的公约〉议定书的议定书》)。《危地马拉城议定书》第20条规定,议定书应自第三十份批准书交存后第90日起生效。但是,到目前为止,只有7个国家批准了该议定书,故该议定书还没有生效。[1]

(一)1966年《蒙特利尔协议》的订立

签订《危地马拉城议定书》与1966年《蒙特利尔协议》有密切关系。

---

〔1〕 See ICAO, *Protocol to Amend the Convention for the Unification of Certain Rules Relating to International Carriage by Air Signed at Warsaw on* 12 *October* 1929 *as Amended by the Protocol Done at the Hague on* 28 *September* 1955 *Signed at Guatemala City on* 8 *March* 1971, Accessed December 20, 2021. https://www.icao.int/secretariat/legal/List%20of%20Parties/Guatemala_EN.pdf.

正如前面所提到的,1965 年 5 月,美国政府认为《华沙公约》和《海牙议定书》规定的承运人责任限额过低,要求退出《华沙公约》,除非国际社会达成国际协议,将承运人对旅客的赔偿责任限额提高至 10 万美元,或者主要航空企业达成临时协议,将承运人对旅客的赔偿责任限额提高到 75,000 美元。[1] 有学者称这一事件为"1965 年《华沙公约》危机"。[2] 但是,许多国家和地区反对将承运人的赔偿责任限额提高到 10 万美元。因为在当时的社会环境下,各方的经济发展水平不平衡,如果贸然提高承运人的赔偿责任限额,一方面,将使经济不发达国家和地区的航空公司对旅客支付更高额的经济赔偿,不利于这些国家和地区航空业的发展;另一方面,在经济不发达国家和地区中,法院判决航空公司支付的赔偿通常比发达国家和地区的赔偿要低,意即经济不发达国家和地区的旅客一般无法获得高额的赔偿,因此,提高承运人赔偿责任限额对这些国家和地区的旅客意义不大。[3]

考虑到各方无法制定一项新的国际条约来提高承运人的赔偿责任限额,国际航空运输协会于是提出了一项折中方案,即由美国民航委员会为一方当事人,由世界各大航空公司为另一方当事人,先签订一项临时性的协议即 1966 年《蒙特利尔协议》,以后再尝试签订正式的国际条约。根据《蒙特利尔协议》,对于以美国为出发地、目的地和经停地的国际旅客运输,航空公司放弃了《华沙公约》第 20 条规定的"一切必要措施"免责抗辩,即航空公司对旅客损失承担无过错责任。同时,《蒙特利尔协议》还将旅客伤亡的赔偿责任限额提高到 75,000 美元(包括法律费)或 58,000 美元(不包括法律费)。

1966 年《蒙特利尔协议》在本质上是一项过渡性的民间协议,该协议

[1] See Brian F. Havel, Gabriel S. Sanchez, *The Principles and Practice of International Aviation Law*, Cambridge Press, 2014, p. 269.

[2] See Michael Milde, *The Warsaw System of Liability in International Carriage by Air: History, Merits and Flaws and the New Montreal Convention*, Annals of Air and Space Law, 24, 1999, p. 162.

[3] 参见赵维田:《国际航空法》,社会科学文献出版社 2000 年版,第 216 - 217 页。

签署之后,国际社会经过5年的反复磋商,最终签订了《危地马拉城议定书》,把《蒙特利尔协议》中的各项规定以国际条约的形式加以确定。由于《危地马拉城议定书》一直未能生效,《蒙特利尔协议》目前仍是调整进出、经停美国的国际航班承运人赔偿责任的主要规定。

(二)1971年《危地马拉城议定书》的主要内容

《危地马拉城议定书》修订了《华沙公约》和《海牙议定书》关于旅客承运人责任的规定,而在总体上保留了《海牙议定书》中货运承运人责任的规定,只对诉讼费的问题作了调整。

1.关于旅客承运人责任的修改。《危地马拉城议定书》对旅客承运人责任制度的修改主要包括以下几方面。第一,简化客票记载内容。《海牙议定书》第3条规定,旅客的客票上应记载出发地和目的地、约定的经停地点,以及承运人关于适用国际航空条约的声明3项内容。而《危地马拉城议定书》简化了客票的记载内容.该议定书第3条第1款规定,旅客运输凭证仅需包括2项事项,即出发地和目的地,以及至少一个约定经停地,而无须载明承运人关于适用国际航空条约的声明。同时,《危地马拉议定书》还丰富了航空客票的形式。该议定书第3条第2款规定,凡能记载前款内容的任何方法都可代替该款中指的运输凭证。意即,承运人有权出具电子形式的客票与行李票,电子票据与纸质票据具有同等的法律效力。第二,明确取消客票惩罚措施。《海牙议定书》第3条第2款规定,客票的存在缺陷、内容不符合规定,或者当事人遗失客票,均不影响运输合同的存在或效力,运输合同仍受议定书的约束。这表明,客票是航空运输合同的表面证据,客票本身存在缺陷的,不影响运输合同的实际效力。即便承运人未妥善出具客票的,也有权继续免责或限制责任的规定。第三,提高旅客承运人的责任限额。《华沙公约》第22条规定,承运人对旅客伤亡的责任限额为每位旅客12.5万金法郎,即含有900‰成色的65.5毫克黄金的法国法郎。《海牙议定书》第10条将上述责任限额提高为每位旅客25万金法郎。《危地马拉城议定书》第8条进一步将承运人对旅客伤亡的责任限额提高为150万法郎。同时,《危地马拉城议定书》还规定了“补充赔偿制度”。例如,该议定书第 14 条在《华沙公约》第 35 条后插入了第 35 条甲,允许“一方在其领域内制定并实行一种补充赔偿制度,对依据公约有关旅客人身伤亡的规定主张索赔的人进行赔偿”。根据议定书本意,“补充赔偿制度”允许各当事方通过建立保险制度等方式,对旅客的伤亡损失进行补充性赔偿。第四,规定承运人对旅客伤亡事故的严格赔偿责任。《危地马拉城议定书》第 11 条修改了《华沙公约》第 20 条,修改后的《华沙公约》第 20 条第 1 款规定,承运人在运送旅客和行李时,如果证明其与其受雇人、代理人已经采取了一切必要措施避免损害或者不可能采取这些措施,承运人对因迟延造成的损害不负赔偿责任。根据修改后的规定,在旅客运输迟延的情形中,承运人可以通过证明自己及受雇人、代理人没有过错,而主张免除赔偿责任;但在旅客伤亡的情形中,承运人应当承担严格赔偿责任,无法通过证明自己没有过错而免责。第五,新增客运纠纷管辖法院。《华沙公约》第 28 条第 1 款规定了 4 种管辖法院,《危地马拉城议定书》第 12 条新增了一种关于旅客运输案件的管辖法院,即“对于旅客因死亡、身体损害、延误以及行李因毁灭、遗失、损坏或延误而产生的损失……或者在旅客有住所或永久居所的当事方内,向在法院辖区内承运人设有机构的该法院提起”。根据上述规定,只要承运人在旅客住所地(或永久居所)设有机构,旅客即可在其住所地的法院提起诉讼。

2. 关于货物承运人责任的修改。《危地马拉城议定书》基本上保留了《海牙议定书》关于货物承运人责任的规定,仅在诉讼费用方面作了一些修改。《海牙议定书》第 11 条规定,审理法院可依其国内法判决承运人承担诉讼费用。这表明,如果货物权利人在诉讼中向承运人主张诉讼费用,法院应当以法院地国的法律作为裁判依据;没有充分的国内法依据的,法院有权驳回货物权利人的诉请。与上述规定不同,《危地马拉城议定书》第 8 条规定:“当事方法院如根据其各自的法律无权判给诉讼费……则在适用本公约的诉讼案中有权自由裁量,在其认为合理时,将全部或部分诉讼费……判给原告。”意即,即便法院地的国内法没有规定诉讼费用问题,法院也有权依据《危地马拉城议定书》的规定行使自由裁量权,酌情判令承运人承担诉讼费用。

四、1975 年蒙特利尔议定书

1975 年 9 月，国际民用航空组织于加拿大蒙特利尔订立了 3 项“附加议定书”：一是 1975 年《蒙特利尔第 1 号附加议定书》，[1] 于 1996 年 2 月 15 日生效，目前有 51 个当事方；二是《蒙特利尔第 2 号附加议定书》，[2] 于 1996 年 2 月 15 日生效，目前有 52 个当事方；三是《蒙特利尔第 3 号附加议定书》，[3] 目前有 33 个签署方，22 个批准方，尚未生效。同时，国际民用航空组织还订立了一项“议定书”，即《蒙特利尔第 4 号议定书》，[4] 于 1998 年 6 月 14 日生效，目前有 61 个当事方。中国并未加入上述“附加议定书”和“议定书”。

（一）1975 年蒙特利尔议定书的订立背景

《华沙公约》订立时，为防止通货膨胀对公约适用造成影响，各方决定使用金法郎作为承运人责任的计算单位。例如，《华沙公约》第 22 条第 4 款规定，上述法郎是指含有 900‰成色的 65.6 毫克黄金的法国法郎，可以折合成任何国家的货币取其整数。1944 年 7 月，44 个国家在美国新罕布什尔州的布雷顿森林举行了“联合国与联盟国家国际货币金融会议”，建立了“布雷顿森林体系”。该体系改革了国际货币体系，直接影响是使美元与黄金挂钩，各方可以按照 35 美元一盎司的价格向美国兑换黄金，形成了“金本位－美元”体制。[5] 但从 20 世纪 60 年代起，美国国内黄金储

---

〔1〕 该议定书的全称为《修改 1929 年 10 月 12 日在华沙签订的统一国际航空运输某些规则的公约的第一号附加议定书》。

〔2〕 该议定书的全称为《修改经 1955 年 9 月 28 日在海牙签订的议定书修正的 1929 年 10 月 12 日在华沙签订的统一国际航空运输某些规则的公约的第二号附加议定书》。

〔3〕 该议定书的全称为《修改经 1955 年 9 月 28 日在海牙签订的议定书修正的 1929 年 10 月 12 日在华沙签订的统一国际航空运输某些规则的公约的第三号议定书》。

〔4〕 该议定书的全称为《修改经 1955 年 9 月 28 日在海牙签订的议定书修正的 1929 年 10 月 12 日在华沙签订的统一国际航空运输某些规则的公约的第四号议定书》。

〔5〕 See Michael Milde, *The Warsaw System of Liability in International Carriage by Air: History, Merits and Flaws and the New Montreal Convention*, Annals of Air and Space Law, 24, 1999, p. 160 – 163.

备日益减少,各国争先向美国挤兑黄金,造成了"美元危机"。1971 年,美国宣布实行"新经济政策",不再接受各方政府以美元兑换黄金。1973 年,美国宣布美元贬值,其他国家和地区也对美元实行了浮动汇率制,以取代原来的固定汇率制。至此,"布雷顿森林体系"所建立的"金本位 - 美元"体制崩溃。这也导致黄金无法继续作为国际航空承运人责任的计算单位。[1] 鉴于上述政治和经济背景,国际民用航空组织于 1975 年 9 月在蒙特利尔召开了外交会议,会议通过了 3 个附加议定书,即蒙特利尔第 1 号至第 3 号附加议定书,分别将《华沙公约》、《海牙议定书》和《危地马拉城议定书》中规定的承运人责任计算单位从"金法郎"修改为"特别提款权"。

另外,《蒙特利尔第 4 号议定书》,在借鉴《危地马拉城议定书》一些立法成果的基础上,对《华沙公约》和《海牙议定书》中货物承运人责任制度作了部分修订。因此,该议定书也通常被称为"货物承运人责任"的《危地马拉城议定书》。[2] 由于该议定书对《华沙公约》和《海牙议定书》的条款作了实质修订,因此,在其名称中没有使用"附加"一词。

(二)1975 年蒙特利尔议定书的主要内容

根据蒙特利尔第 1 号至第 3 号附加议定书规定,应以"特别提款权"取代黄金作为计算承运人责任的货币单位,而《蒙特利尔第 4 号议定书》修订了《华沙公约》和《海牙议定书》中货物承运人责任制度的部分具体规定。虽然加入上述 4 项议定书的国家数量较少,且《蒙特利尔第 3 号附加议定书》至今尚未生效,但 4 项议定书中的一些条款具有较强的前瞻性,在一定程度上推动了"华沙体制"的现代化发展。下文就 4 项议定书中关于货运承运人责任的内容进行评述。

1. 修改承运人责任的计算单位。《蒙特利尔第 1 号附加议定书》第 2

---

〔1〕 See Michael Milde, *The Warsaw System of Liability in International Carriage by Air: History, Merits and Flaws and the New Montreal Convention*, Annals of Air and Space Law, 24, 1999, p. 165.

〔2〕 参见赵维田:《国际航空法》,社会科学文献出版社 2000 年版,第 228 页。

条修改了《华沙公约》第22条，修改后的《华沙公约》第22条第2款规定："在托运行李和货物运输中，承运人的责任以每公斤17特别提款权为限……"《蒙特利尔第2号附加议定书》第2条修改了《海牙议定书》第11条，《蒙特利尔第3号附加议定书》第2条修改了《危地马拉城议定书》第8条，《蒙特利尔第4号议定书》第7条修改了《华沙公约》第22条，均将货物承运人的责任限额规定为每公斤17特别提款权。上述条款虽然均是关于货物承运人责任限额的规定，但也充分表明，承运人责任的计算单位已变更为"特别提款权"。同时，《蒙特利尔第1号附加议定书》第22条第4款明确了特别提款权的定义："特别提款权，指国际货币基金组织所规定的特别提款权。发生诉讼时，此项金额与各国货币的折算，应当按照判决之日以特别提款权所代表的本国货币的价值进行。"因此，如两国共同加入了1975年《蒙特利尔第1号附加议定书》《蒙特利尔第2号附加议定书》，或《蒙特利尔第4号议定书》的，即应当适用"特别提款权"确定承运人的赔偿责任，再折算为本国货币。

2. 简化货物航空货运单规则。《蒙特利尔第4号议定书》第3条修改了《海牙－华沙公约》第5条至第16条，有效地简化了货物航空货运单规则。

第一，简化必要记载事项。《海牙－华沙公约》第8条规定，航空货运单必要记载事项有3项，包括出发地和目的地、约定经停地、运输适用《华沙公约》的声明。经修订的《海牙－华沙公约》第8条规定，航空货运单应载明：出发地和目的地、约定经停地、货物重量。根据修改后的规定，航空货运单无须记载运输适用《华沙公约》的声明，而应补充记载货物重量。这一修改符合航空运输实践需要：一方面，货物重量是计算承运人赔偿责任的重要依据，如果航空货运单明确载明货物重量，一旦发生空运事故，当事人就可以更方便地计算承运人的责任。另一方面，国际航空运输争端所适用的条约，主要取决于条约的具体规定，运输出发地、目的地和经停地加入条约的情况，而不取决于当事人的声明。所以，在航空货运单上记载适用《华沙公约》的声明，其法律意义并不明显。

第二,取消运输凭证惩罚措施。未经修订的《海牙 - 华沙公约》第 9 条规定,如果承运人不出具航空货运单,或出具航空货运单不符合要求的,则不得援用公约关于承运人责任限制的条款。而修订后的第 9 条规定,即使当事人出具航空货运单不符合规定,“运输合同仍然受本公约规则的约束,包括责任限制条款”。这意味着,《蒙特利尔第 4 号议定书》取消了针对承运人的运输凭证惩罚措施。此项修订有利于进一步明确航空运输凭证的法律性质,即航空货运单等运输凭证是航空运输合同的表面证据。即便承运人出具运输凭证有瑕疵的,也不必然影响运输合同的效力。因此,没有必要对承运人施加过于严厉的处罚。

第三,丰富运输凭证形式。《海牙 - 华沙公约》没有明确规定承运人出具航空运输凭证的形式。一般认为,承运人应当以纸质等书面形式出具凭证。《蒙特利尔第 4 号议定书》第 3 条对《海牙 - 华沙公约》第 5 条作了修订,丰富了航空运输凭证的形式。经修订后的《海牙 - 华沙公约》第 5 条规定,经托运人同意,承运人可以其他任何能够保存运输记录的方法代替出具航空货运单。上述规定所称的“其他方法”,即包括电子形式等形式。这一修订符合运输实践的发展,随着信息技术在航空运输活动中的广泛应用,承运人也越来越频繁地用电子形式出具诸如货物空运单、旅客机票等运输凭证。《蒙特利尔第 4 号议定书》第 3 条为承运人出具电子运输凭证提供了法律依据。

3. 变更货物承运人赔偿责任的归责原则。未经修订的《海牙 - 华沙公约》第 20 条规定,承运人证明其本人和受雇人、代理人为避免损失已采取了一切必要的措施,或者不可能采取此类措施的,则无须承担赔偿责任。根据上述规定,旅客承运人、货物承运人赔偿责任的归责原则为过错推定原则,意即,承运人可以通过证明自己对运输中的损失没有过错,而要求免除责任。《蒙特利尔第 4 号议定书》第 5 条修订了《海牙 - 华沙公约》第 20 条,经修订的条款规定:“在旅客和行李运输中,以及在货物运输中因延误造成损失时,承运人如果证明他及其受雇人为避免损失的发生,已经采取一切必要的措施,或者不可能采取这种措施时,则不承担责任。”

这一修订变更了承运人赔偿责任的归责原则:一方面,旅客承运人仍应承担过错推定责任。但另一方面,货物承运人只有在货物延误时,才能要求承担过错推定责任。而在货物毁灭、遗失和损坏的情形下,货物承运人应当承担严格责任,不论其对于货物毁灭、遗失和损坏是否具有过错。

五、“华沙体制”的适用困境

在《华沙公约》生效后,国际社会共制定了 8 个法律文件对其进行修订,《华沙公约》以及修订文件被共同称为“华沙体制”。除了 1996 年《蒙特利尔协议》为一份民间协议外,“华沙体制”的其他文件都是独立的国际条约。“华沙体制”的发展和运行,为国际社会制定了统一的航空承运人赔偿责任规则,有力地促进了航空产业的发展。总体上,20 世纪的国际航空运输活动是在“华沙体制”框架下进行的,《华沙公约》也因此被称为采用国际法统一规则的成功范例。[1] 鉴于世界各国在政治、经济、法律等领域长期存在差异与冲突,“华沙体制”缔约方在条约适用、条约规定含义以及航空承运人责任制度等方面的矛盾也常常难以调和,给“华沙体制”的统一适用带来了挑战。[2]

1.“华沙体制”适用关系复杂。除 1966 年《蒙特利尔协议》以外的“华沙体制”文件都明确规定,其本身具有独立的国际条约地位。例如,《海牙议定书》第 19 条规定:“在本议定书各当事方之间,公约与议定书应被视为并解释为一个单一的文件。”《瓜达拉哈拉公约》第 11 条至第 18 条详细规定了该公约的签署、批准、生效、保留等程序性事项。《危地马拉城议定书》第 17 条,1975 年蒙特利尔第 1 号、第 2 号、第 3 号附加议定书第 4 条,《蒙特利尔第 4 号议定书》第 15 条都规定,该(附加)议定书被视为并被解释为一个单一的文件。随着“华沙体制”中的条约数量不断增加,而各条约的当事方各不相同,导致了不同国家和地区间的条约适用关系十

---

〔1〕 参见赵维田:《论国际航空运输的责任限制》,载《江海学刊》(上)1985 年第 4 期。

〔2〕 参见王瀚等:《国际航空法专论》,法律出版社 2007 年版,第 58 –59 页。

分复杂。因为，在审理案件时，法院要首先考察航空运输的出发地、目的地和经停地所在地，根据各方加入“华沙体制”各条约的情况，选择适用对各方均具有拘束力的条约。如果还要考察各方间订立的双边协定，以及航空公司与政府签订的民间协议，法律适用情况就会更加复杂。[1] 据统计，在“华沙体制”条约、各类特别协议以及国内法的框架下，法院最多可能适用44种不同的承运人责任制度。[2] “华沙体制”条约的适用关系错综复杂，在事实上形成了不同内容的国际航空承运人责任制度，严重削弱了《华沙公约》的统一适用性。

2. 部分条款含义模糊。“华沙体制”中一些条款的含义比较模糊，常导致各国对规定的认识、司法裁判标准大相径庭。[3] 甚至有观点提出，《华沙公约》几乎每一条都存在缺陷或含义不清；这不仅是一个理论或立法问题，而且会给法律实践带来困难。[4] 一个典型的例子是各方对于“货物”一词含义的理解。《华沙公约》第1条规定：“本公约适用于航空器运载的取酬的旅客、行李或货物的所有国际运输……”各方对上述规定中“货物”一词的理解并不一致。公约法文版将“货物”表述为“marchandises”。法国法院认为，“marchandises”是指任何可以进行交易的物品，而“goods”仅指没有生命的物品，不包括活体动物；此外，尸体也不属于公约规定的货物。但是，公约英文版将货物表述为“goods”，美国、加拿大等国的法院认为，“goods”既包括没有生命的物品，也包括活体动物，甚至尸体也可能成为公约规定的货物。[5] 另一个典型的例子是各方对于“两年期间”含义的理解。《华沙公约》第29条规定：“诉讼应该在航空器到达目的地之日起，或应该到达之日起，或从运输停止之日起两年内

---

〔1〕 See Chubb Son, Inc. v. Asiana Airlines, 214 F. 3d 301 (2d Cir. 2000).

〔2〕 参加唐明毅、陈宇：《国际航空私法》，法律出版社2004年版，第24页。

〔3〕 参见[荷]I. H. Ph. 迪德里克斯－范思赫：《国际航空法》(第9版)，黄韬等译，上海交通大学出版社2014年版，第179页。

〔4〕 See K. M. Beaumont, *Need for Revision and Amplification of the Warsaw Convention*, Journal of Air Law and Commerce, 16, 1949, p. 411－412.

〔5〕 See Lawrence B. Goldhirsch, *The Warsaw Convention Annotated: A Legal Handbook* (2nd *edition*), Kluwer, Hague, 2000, p. 8.

提出……"各国对上述条款规定的"两年期间"的理解也不一致。美国、西班牙、以色列、瑞士、比利时等国的法院认为,"两年期间"是原告提起诉讼的前提条件,该期间是不能改变的,但是,法国、澳大利亚等国的法院则认为,"两年期间"实际上属于诉讼期间,可以通过中断、中止等方式进行变更。[1] 上述例证表明,对"华沙体制"规定的理解不同,会导致不同法院对类似案件作出的判决结果出现差异。

3. 缔约方间的矛盾丛生。有学者指出,在"华沙体制"的运作和发展中,各缔约方之间、航空运输当事人之间主要存在着三组矛盾:[2] 其一,发达国家与发展中国家间的矛盾。许多发达国家都主张取消承运人的赔偿责任限额,而发展中国家则认为取消限额将对国内航空业和承运人产生不利影响。[3] 随着航空业的发展,大部分发展中国家也逐步同意提高承运人的赔偿责任限额。20 世纪 90 年代后,发达国家与发展中国家间的矛盾就演变为另一个问题,即怎样合理地提高承运人的赔偿责任限额。其二,大陆法系与英美法系的差异。《华沙公约》的部分规定参照了 1924 年《海牙规则》,而《海牙规则》受到英美法国家法律制度的深刻影响。因此,《华沙公约》具有浓厚的英美法系色彩。同时,《华沙公约》中的航空承运人责任制度,主要由法国等大陆法系国家的代表负责制定,从而使《华沙公约》融合了两大法系法律制度的特点。这也在一定程度上造成各国对公约中某些法律条款和术语的理解不统一。其三,航空承运人与旅客、货物权利人间的矛盾。按照《华沙公约》的规定,承运人对旅客和货物的损失承担过错推定责任,但为了平衡当事人间的利益,公约又对承运人的赔偿责任设定了限额。学者认为,虽然《华沙公约》在归责原则上加重

---

〔1〕 See Lawrence B. Goldhirsch, *The Warsaw Convention Annotated: A Legal Handbook* (*2nd edition*), Kluwer, Hague, 2000, p. 154 – 156.

〔2〕 关于三组矛盾的详细论述,参见王瀚等:《国际航空法专论》,法律出版社 2017 年版,第 61 – 65 页。

〔3〕 See Ludwig Weber and Aire Jakob, *Reforming the Warsaw System*, Air and Space Law, 11, 1996, p. 75.

了承运人的责任，但赔偿责任限额是一项补偿物或交换物。[1] 多年来，《华沙公约》的上述制度设计受到了批评。究其原因，一方面，由于航空产业的发展、航空技术的进步，以及航空保险制度的完善，承运人承担经营风险的能力日益增强，所以，应当适当提高承运人的赔偿责任限额；另一方面，随着人们生活水平的提高，各方的法律越来越注重对个人人身、财产利益的保护，"华沙体制"的立法者们也应当提高承运人赔偿责任限额。

4. 对承运人责任制度现代化改革的呼吁。虽然经过多次修改，《华沙公约》仍然没有完全满足各方航空实践发展的需要。一是承运人赔偿责任的限额标准。《华沙公约》规定，承运人对旅客伤亡的责任限额为每人125,000 金法郎，对旅客行李的责任限额为每人 5,000 金法郎，对货物及托运行李的责任限额为每公斤 250 金法郎。1975 年蒙特利尔第 1 号至第 3 号附加议定书修改了承运人责任限额的计算标准，将承运人对旅客伤亡的赔偿限额改为每人 8,300 特别提款权，对行李损失的赔偿限额改为每人 332 特别提款权，对货物及托运行李的赔偿限额改为每公斤 17 特别提款权。但是，上述责任限额标准并没有让所有国家和地区，特别是发达国家满意。二是承运人赔偿责任的归责原则。在《华沙公约》订立时，航空业处于发展初期，为了保护承运人的利益，公约规定承运人对运输所造成的损失承担过错推定责任，并规定了多种有利于承运人的免责事由。而随着航空业不断发展，人们逐渐重视航空旅客、货物权利人的利益，进而要求承运人承担更加严格的赔偿责任。尽管 1955 年《海牙议定书》取消了承运人因驾驶失误而免责的事由，1975 年《蒙特利尔第 4 号议定书》规定货物承运人应当对货物的毁灭、遗失和损坏等损失承担严格责任，但上述条约仅对加入的当事方具有拘束力。如果航空运输涉及的国家和地区没有加入这些条约的，承运人仍然应当根据《华沙公约》承担赔偿责任。这不符合人们的期待。

---

〔1〕 See H. Drion, *Limitation of Liability in International Air Law*, Martins Nijhoff, Hague, 1954, p. 100.

第三节　1999 年《蒙特利尔公约》

在“华沙体制”的实施和修订过程中,国际民用航空组织逐渐认识到,这一体制的完整性和一致性已经遭到破坏。从 20 世纪 70 年代起,国际民用航空组织就决定制定一项新的国际航空条约,将“华沙体制”的文件整合起来,从而推动国际航空承运人责任制度的一体化、现代化改革。为了完成这项任务,国际民用航空组织专门成立了“华沙体制现代化及统一化特别工作小组”(The Special Group on Modernization and Consolidation of the Warsaw System, SGMW)。经过多年努力,国际民用航空组织于 1999 年 5 月 10 日至 28 日在加拿大蒙特利尔举行了航空法国际会议[1],会议通过了《蒙特利尔公约》[全称为《统一国际航空运输某些规则的公约》(Convention for the Unification of Certain Rules for International Carriage by Air Signed at Montreal on 28 May 1999)]。公约于 2003 年 11 月 4 日生效,目前已有 137 个当事方。中国于 2005 年 6 月 1 日批准了《蒙特利尔公约》,该公约于同年 7 月 31 日对中国生效。[2]

一、《蒙特利尔公约》主要内容

“华沙体制”是现代国际航空承运人责任制度的重要立法成果,而《蒙特利尔公约》是对“华沙体制”的继承与发展。一方面,《蒙特利尔公约》共有 7 章 57 条,基本上沿袭了《华沙公约》的框架,“华沙体制”各文件中合理、有效的规定也被《蒙特利尔公约》吸收借鉴;另一方面,《蒙特

〔1〕 See ICAO, *Minutes of International Conference on Air Law* (*Convention for the Unification of Certain Rules for International Carriage by Air*, *Montreal* 10 – 28 *May*, 1999), Accessed December 20, 2021, http://www.icscc.org.cn/upload/file/20190102/Doc.9775 – EN%20International%20Conference%20on%20Air%20Law%20Volume%20I%20 – %20Minutes.pdf.

〔2〕 See ICAO, *Minutes of International Conference on Air Law* (*Convention for the Unification of Certain Rules for International Carriage by Air*, *Montreal* 10 – 28 *May*, 1999), Accessed December 20, 2021, http://www.icscc.org.cn/upload/file/20190102/Doc.9775 – EN%20International%20Conference%20on%20Air%20Law%20Volume%20I%20 – %20Minutes.pdf.

利尔公约》根据国际航空产业的发展情况，对“华沙体制”进行了现代化修订，明确了“华沙体制”中一些内容模糊的术语，对承运人施加了更为严格的赔偿责任，强化了对航空旅客与货物权利人的保护。[1]《蒙特利尔公约》中关于货物承运人责任的内容评述如下。

(一)修改货物航空货运单规则

《蒙特利尔公约》在借鉴1955年《海牙议定书》和1975年《蒙特利尔第4号议定书》相关规定的基础上，简化了货物航空货运单规则，取消了货物运输凭证惩罚措施，进一步明确了运输凭证的法律性质。

1.简化货物航空货运单规则。《蒙特利尔公约》第5条规定：“航空货运单或者货物收据应当包括：对出发地和目的地的记载；出发地和目的地是在一个当事方的领土内，而在另一方的领土内有一个或者几个约定的经停地的，至少对其中一个此种经停地的记载；以及对货物重量的记载。”可见，这一规定与1975年《蒙特利尔第4号议定书》第3条的规定相同，将航空货运单的记载事项调整为出发地及目的地、约定经停地(如有)，以及货物重量三项，大大简化了《华沙公约》第8条要求航空货运单记载17项内容的规定。《蒙特利尔公约》也顺应了电子技术的发展趋势，允许承运人出具电子运输凭证。该公约第4条第1款规定：“就货物运输而言，应当出具航空货运单。任何保存将要履行的运输的记录的其他方法都可以用来代替出具航空货运单。”可见，这一条款规定了电子单据等其他形式运输凭证的法律地位，以提高运输效率。

2.取消运输凭证惩罚措施。《蒙特利尔公约》第9条规定：“未遵守第4条至第8条的规定，不影响运输合同的存在或者有效，该运输合同仍应当受本公约规则的约束，包括有关责任限制规则的约束。”以上条款取消了《华沙公约》第9条规定的运输凭证惩罚措施。这意味着，承运人即使出具航空货运单存在瑕疵，也有权援用公约关于责任限制的条款。因为

---

[1] 参见[荷]I. H. Ph. 迪德里克斯－范思赫：《国际航空法》(第9版)，黄韬等译，上海交通大学出版社2014年版，第179－180页。

航空货运单的本质是证明运输合同的证据,也是判断运输是否构成“国际运输”的依据,所以承运人未妥善出具航空货运单的,一般情况下不会严重影响运输合同当事人的主要权利义务。《华沙公约》将遵守凭证规则作为承运人援用责任限额的前提,有违运输凭证的本质特点。[1]《蒙特利尔公约》第 9 条规定有助于人们更加准确地认识航空运输凭证的法律性质。

(二)修改货物承运人责任制度

《蒙特利尔公约》整合、修订了“华沙体制”的国际航空货物承运人责任制度,主要包括修改承运人的赔偿责任限额,变更承运人责任的归责原则,区分缔约承运人与实际承运人的法律责任,明确承运人的受雇人和代理人的法律责任等。这些修订内容符合航空运输实践需要,有力地推动了国际航空承运人责任制度的现代化发展。

1. 修改货物承运人的责任限额。《蒙特利尔公约》主要从以下几个方面完善了国际航空货物承运人责任制度。

第一,以特别提款权计算承运人的赔偿责任。1975 年蒙特利尔第 1 号至第 3 号附加议定书已将承运人责任的计算单位修改为“特别提款权”,《蒙特利尔公约》保留了上述立法成果。例如,《蒙特利尔公约》第 22 条第 3 款规定,在货物运输中造成毁灭、遗失、损坏或者延误的,承运人的责任以每公斤 17 特别提款权为限。

第二,取消货物承运人的责任限额突破事由。《华沙公约》第 25 条规定,如果承运人的有意不良行为导致旅客、货物损失的,其无权援用免除或限制责任的规定。这意味着,承运人的“有意不良行为”是突破其责任限额的事由,在这种情形下,承运人应当赔偿索赔人的实际损失。而《蒙特利尔公约》取消了货物权利人的责任突破事由。该公约第 22 条第 5 款规定,如果旅客延误损失、行李运输损失是由于承运人、其受雇人或者代理人的故意或者明知可能造成损失而轻率地作为或者不作为造成的,承

〔1〕 参见赵维田:《国际航空法》,社会科学文献出版社 2000 年版,第 234 页。

运人不得主张责任限额。可见，旅客承运人的“有意不良行为”仍是突破其责任限额的事由，但上述规定不再适用于货物承运人，意即货物权利人不能通过证明承运人具有“有意不良行为”，而主张超出责任限额的赔偿。

第三，引入责任限额复审机制。《蒙特利尔公约》创造性地规定了“责任限额复审机制”，允许国际民用航空组织定期或临时审议承运人的责任限额，以使责任限额标准能够不断适应航空实践发展。在理论上，“责任限额复审机制”可分为“定期复审”和“临时复审”两种情况。一方面，《蒙特利尔公约》第 24 条第 1 款规定了“定期复审”机制，即国际民用航空组织一般每隔 5 年对责任限额进行 1 次复审。到目前为止，国际民用航空组织已经完成了 3 次责任限额复审，其中第三次复审结果于 2019 年 12 月 28 日起对各当事方生效，将承运人对货物毁灭、遗失、损坏以及迟延的责任限额提高至 22 特别提款权，对旅客行李损失的责任限额提高至 1,288 特别提款权，对旅客迟延损失的赔偿限额提高至 5,346 特别提款权，对旅客人身伤亡第一梯度的赔偿限额提高至 128,821 特别提款权。[1] 另一方面，《蒙特利尔公约》第 24 条第 3 款规定了“临时复审机制”，即如果 1/3 的当事方希望复审承运人责任限额的，且通货膨胀因素自上一次修订日起已超过 30% 的，则可以临时进行责任限额复审。有学者认为，承运人责任限额复审机制是《蒙特利尔公约》的一项重大创新，各方在签订条约时可以先达成一个较低的责任限额标准，待条约生效后，再通过复审机制逐步提高标准，以协调各当事方能够的不同利益诉求。[2]

2. 修改货物承运人的归责原则。在“华沙体制”中，货物承运人的归责原则发生了重大变化。起初，《华沙公约》第 20 条规定，承运人应对旅客、货物的损失均承担过错推定责任，即承运人证明自己和代理人“已采

---

〔1〕 See ICAO, 2019 *Revised Limits of Liability Under the Montreal Convention of* 1999, Accessed December 20, 2021. https://www.icao.int/secretariat/legal/Pages/2019_Revised_Limits_of_Liability_Under_the_Montreal_Convention_1999.aspx.

〔2〕 参见韩冰：《国际航空旅客承运人责任制度研究》，上海社会科学院出版社 2010 年版，第 48 页。

取了一切必要措施避免损失或不可能采取此类措施”,则不负赔偿责任。此后,1975 年《蒙特利尔第 4 号议定书》第 4 条和第 5 条规定,货物承运人应当对货物毁灭、遗失和损坏等损失承担严格责任,而对货物延误损失承担过错推定责任。

就货物承运人赔偿责任的归责原则问题,《蒙特利尔公约》的规定与 1975 年《蒙特利尔第 4 号议定书》相同。一是承运人对货物迟延损失承担过错推定责任。《蒙特利尔公约》第 19 条规定,对货物在航空运输中因延误引起的损失,承运人应当承担赔偿责任,但承运人有权通过证明其与受雇人、代理人“已经采取一切可合理要求的措施或者不可能采取此种措施的”而主张免责,即承运人对货物延误损失承担过错推定责任。二是承运人对货物毁灭、遗失或者损坏承担严格责任。《蒙特利尔公约》第 18 条第 1 款规定,对于因货物毁灭、遗失或者损坏而产生的损失,只要造成损失的事件发生在航空运输期间,承运人就应当承担赔偿责任。同时,公约第 18 条第 2 款规定了承运人的几种免责事由,包括货物固有缺陷、包装不良、战争或武装冲突、由公共当局实施的出入境管理等,但免责事由不包括承运人证明自己与代理人、受雇人“已采取了一切必要措施避免损失或不可能采取此类措施”,即承运人应对货物毁灭、损失或损坏应当承担严格责任,而非过错推定责任。

3. 区分实际承运人与缔约承运人的法律地位。《蒙特利尔公约》第五章借鉴了《瓜达拉拉哈拉公约》的规定,明确了实际承运人、缔约承运人的法律地位和责任。一是缔约承运人与实际承运人的法律地位。《蒙特利尔公约》第 39 条与《瓜达拉拉哈拉公约》第 1 条的规定相同,明确了缔约承运人、实际承运人的定义,为区分两者对航空运输损失的赔偿责任提供了基础。根据《蒙特利尔公约》第 39 条规定,“缔约承运人”是指,以本人名义与旅客、托运人或者与其代理人订立由公约调整的运输合同的人,而“实际承运人”是指,根据缔约承运人的授权,履行全部或者部分运输的人,且就该部分运输而言其并非连续承运人。二是缔约承运人与实际承运人的连带责任。《蒙特利尔公约》第 40 条规定,除非另有约定,实际承运人对其履行的运输负责,而缔约承运人对合同约定的全部运输负责,包括实际承运人履行的区段。因此,就实际承运人履行的运输区段,缔约承运人、实际承运人应当对外承担连带责任。《蒙特利尔公约》第41条还规定,就实际承运人负责的运输活动,缔约承运人与实际承运人的行为,均可被视为另一方的行为。该规定也进一步明确,两者应当对实际承运人的运输区段承担连带责任。三是共同的责任限额。《蒙特利尔公约》第44条规定,缔约承运人与实际承运人对外承担连带责任时,赔偿总额不超过公约规定的责任限额。该条规定可以避免索赔人向缔约承运人、实际承运人主张高于责任限额的赔偿。

4. 明确承运人受雇人与代理人的法律责任。根据"华沙体制"的规定,货物在国际航空运输中遭受损失后,对于索赔人是否可以起诉承运人的受雇人、代理人,以及受雇人、代理人能否援用承运人的责任限额条款等问题,各方的观点不一。例如,普通法系国家一般允许索赔人直接起诉承运人的受雇人、代理人,并允许受雇人、代理人援用承运人的责任限额条款。相反地,大陆法系国家一般不允许权利人直接起诉受雇人、代理人。[1]

《蒙特利尔公约》第30条回应了上述问题,明确了承运人受雇人、代理人的法律责任。该条款规定:"就本公约中所指损失向承运人的受雇人、代理人提起诉讼时,该受雇人、代理人证明其是在受雇、代理范围内行事的,有权援用本公约中承运人有权援用的条件和责任限额……经证明,损失是由于受雇人、代理人的故意或者明知可能造成损失而轻率地作为或者不作为造成的,不适用本条第1款和第2款的规定,但货物运输除外。"上述条款的含义可从以下几个角度加以理解:其一,如果承运人受雇人或代理人行使职权,造成旅客、货物损失的,索赔人有权根据公约直接起诉该受雇人或代理人;其二,受雇人或代理人在抗辩时,有权援用公约

---

[1] See Jennifer Mckay, *The Refinement of The Warsaw System: Why the* 1999 *Montreal Convention Represents the Best Hope for Uniformity*, Case Western Reserve Journal of International Law, 34, 2002, p. 99.

规定的承运人责任限额条款;其三,作为例外情况,如果旅客承运人的受雇人或代理人因故意或重大过失而造成旅客损失,则不得援用承运人责任限额规定,而应当赔偿旅客的实际损失;其四,货物承运人的受雇人或代理人具有故意或重大过失行为的,仍有权援用责任限额规定,即赔偿货物损失的数额不得超过责任限额。

二、《蒙特利尔公约》的立法价值

《蒙特利尔公约》是对“华沙体制”的继承与发展,也是国际航空承运人责任制度领域中最新的立法成果,有力地推进了承运人责任制度的现代化发展。目前,《蒙特利尔公约》已成为各国解决国际航空承运人责任纠纷的重要国际法依据。下文主要评述《蒙特利尔公约》关于货物承运人责任条款的先进性与局限性。

(一)《蒙特利尔公约》之先进性

长期以来,“华沙体系”一直致力于维护国际承运人责任制度的统一,但最终仍然陷入了制度的分裂。这其中的原因既有承运人与旅客、货物权利人之间的博弈,也有发达国家和发展中国家之间的竞争。[1]《蒙特利尔公约》在积极吸收“华沙体制”立法成果与国际共识的基础上,引入了符合实践发展的新规定,推动了国际航空承运人责任制度的现代化、统一化发展。[2]

1. 整合国际航空承运人责任制度。在《蒙特利尔公约》订立前,国际航空承运人责任主要规定于“华沙体制”各个文件中。因为各国加入“华沙体制”的情况不同,各文件在实践中适用关系较为混乱,大大影响了国际航空承运人责任制度的统一适用性。有学者甚至提出了“统一规则分裂论”,认为航空承运人间的民间协议,以及区域性国家组织的协议应当

〔1〕 See Michael Milde, *Warsaw System and Limits of Liability – Yet Another Crossroad*, Annals of Air and Space Law, XVIII, 1993, p.201.

〔2〕 See Bin Cheng, *A New Era in the Law of International Carriage by Air: From Warsaw (1929) to Montreal(1999)*, International Law and Commercial Law Quarterlly, 53, 2004, p.833.

成为调整国际航空承运人责任制度的主要依据,国际社会没有必要再制定航空私法条约。[1] 但是,《蒙特利尔公约》的生效有力地回击了上述观点。该公约将散乱的"华沙体制"整合起来,恢复了人们建立统一的国际航空承运人责任制度的信心。

2. 推动国际航空承运人责任制度的现代化。第一,价值取向的变化。《华沙公约》订立于1929年,当时航空运输业处于发展初期,立法者在制度规则时比较注重对承运人利益的保护,以避免承运人因难以承受赔偿责任而破产,进而损害整个航空产业的发展。随着航空技术的不断进步、承运人对商业风险的承受能力逐渐增强,航运中旅客、货物权利人的利益保护日益受到重视。人们观念的改变,促使《蒙特利尔公约》的立法价值取向也发生了变化。《蒙特利尔公约》序言第3段规定:"本公约的当事方认识到确保国际航空运输消费者的利益的重要性,以及在恢复性赔偿原则的基础上提供公平赔偿的必要性。"这表明,《蒙特利尔公约》不再一味强调保护航空承运人的利益,也重视给予旅客、货物权利人等航空消费者公平保护。第二,具体规定的完善。《蒙特利尔公约》引入了一系列新的规定。例如,在旅客承运人责任制度中,规定了承运人的双梯度责任、法院的第五种管辖权、承运人的先行赔付机制。在货物承运人责任制度中,改革了货物航空货运单规则、变更了承运人归责原则。在其他规定方面,引入了特别提款权作为计算承运人责任的单位,规定了责任限额的复审机制,并区分了缔约承运人和实际承运人的法律责任等。这些规则的创新,有力地推动了国际航空承运人责任制度的现代化发展,给予航空消费者更加全面的法律保障。[2]

(二)《蒙特利尔公约》之局限性

《蒙特利尔公约》也有不足之处。一方面,该公约并未完全解决"华

---

〔1〕 See Pablo Mendes Deleon, Werner Eyskens, *The Montreal Convention*: *Analysis of Some Aspects of the Attempted Modernization and Consolidation of the Warsaw System*, Journal of Air and Commerce, 66, 2001, p. 1158.

〔2〕 参见张超汉:《国际航空私法领域中弱者利益保护的体现与发展探析——以1999年〈蒙特利尔公约〉的创新为视角》,载《安徽大学法学评论》2009年第1期。

沙体制"各个文件适用关系复杂的问题。另一方面,该公约一些条款的含义也不十分明确,需要立法机关和司法实践进一步解释。

1. 未规定"华沙体制"的退出机制。《蒙特利尔公约》草案中曾规定了"华沙体制"的退出机制,"经40个国家批准公约后,所有的当事方必须退出其参加的华沙体制所有法律文件;各当事方或地区将公约批准书提交给保管人时,必须声明其退出华沙体制"。[1] 根据上述机制,无论各国加入"华沙体制"的情形如何,加入《蒙特利尔公约》后,应当退出"华沙体制"的所有文件。有学者认为,"华沙体制"退出机制具有积极意义:一是有利于解决"华沙体制"各文件之间,以及《蒙特利尔公约》与"华沙体制"之间的适用冲突;二是可以孤立那些拒绝加入《蒙特利尔公约》的国家或地区,促使其尽早退出"华沙体制"而加入《蒙特利尔公约》。[2] 然而,由于美国政府的强烈反对,《蒙特利尔公约》的正式文本并未采纳"华沙体制"的退出机制,即可以同时加入"华沙体制"与《蒙特利尔公约》。这将加剧不同条约间适用关系的复杂程度。据统计,如果混合适用《蒙特利尔公约》与"华沙体制"文件,可能会产生109种不同的承运人责任制度。[3]

为了解决条约间适用的难题,《蒙特利尔公约》规定了该公约具有优先适用性。《蒙特利尔公约》第55条规定:"当一项国际航空运输在本公约当事方之间履行,而这些当事方同为华沙体制条约(除1966年《蒙特利尔议定书》以外)的当事方时……本公约优先适用。"这一规定表明,无论各当事方加入"华沙体制"的情形如何,《蒙特利尔公约》应当在当事方间优先适用。目前,越来越多的国家加入《蒙特利尔公约》,并在相关案件中优先适用该公约。这将在事实上限制"华沙体制"的适用范围,进而化解

---

〔1〕 Special Group on the Modernization and Consolidation of the "*Warsaw System*" First Meeting (Montreal 14 – 18 Apr. 1998), Doc SGMW/1(18 Apr. 1998), ICAO.

〔2〕 See Bin Cheng, *A New Era in the Law of International Carriage by Air*: *from Warsaw* (1929) *to Montreal* (1999), International and Comparative Law Quarterly, 53, 2004, p. 858.

〔3〕 See Bin Cheng, *The Labyrinth of the Law International Carriage by Air*: *Has the Montreal Convention* 1999 *Slain the Minotaur*?, ZeitschriftfürLuft – und Weltraumrecht, 50, 2001, p. 172.

不同条约间的复杂适用情况。

2. 部分规定的可操作性还不强。第一,部分规定的含义模糊。“华沙体制”某些条款的含义模糊,而《蒙特利尔公约》也未作出清晰的解释。例如,《华沙公约》和《蒙特利尔公约》均在第17条、第18条规定,托运货物在运输中受到“毁灭”、“遗失”、“损坏”和“延误”损失时,承运人应当承担赔偿责任。但是两个公约均未明确上述4种情形的具体含义,导致各方司法实践有时无法有效地区分这几种情形。第二,部分规定的适用条件不明确。《蒙特利尔公约》第28条规定了承运人的“先行赔付制度”,即航空器事故造成旅客伤亡的,承运人应当根据其内国法,在法院作出判决之前,先行向索赔人支付一定的赔偿金。总体而言,这一制度较好地保护了航空旅客的利益,体现了在新的历史时期对航空运输消费者的人文关怀与尊重。[1] 然而,《蒙特利尔公约》并未明确规定承运人先行赔付的条件、时间期限、具体数额等问题,导致该制度的适用条件不明确,还需要各方的典型案例予以说明。第三,对部分新问题的规定不足。当前,各大航空公司为适应市场竞争的需要,经常联合组建“航空联盟”,[2] 通过“代码共享”协议提高运营效率。[3] 但《蒙特利尔公约》没有明确规定各承运人在“代码共享”中的法律地位和权利义务。另外,航空保险也已成为国际航空运输中不可或缺的组成部分,但《蒙特利尔公约》对处理航空保险费的相关问题也没有规定。[4]

---

〔1〕 参见王瀚、张超汉:《1999年〈蒙特利尔公约〉先行付款制度之检讨——以航空旅客运输消费者权益保护为视角》,载《时代法学》2011年第1期。

〔2〕 “航空联盟”,是指两家以上航空公司形成的商业合作协议。目前,全球最大的3个“航空联盟”为星空联盟(Star Alliance)、天合联盟(Sky Team)及寰宇一家(One World)。

〔3〕 “代码共享”,是指两个以上航空承运人使用国际航空运输协会为一个承运人设定的航班编号。

〔4〕 参见韩冰:《国际航空旅客承运人责任制度研究》,上海社会科学院出版社2010年版,第56页。

第二章　国际航空货物承运人主体地位

本章拟讨论3个问题:第一,“承运人”的概念和承运人在国际航空货物运输中的法律地位。关于上述问题,国际航空条约的规定较为模糊,还需要结合各国司法实践进行讨论。第二,货运代理人的法律地位。目前,越来越多的货运代理人参与到航空货物运输中,货运代理人的业务广泛、身份多变,有时是传统意义上的代理人,有时也直接以自己的名义成为运输合同当事人。在不同场景下,货运代理人的法律权利义务不同,需要做详细分析。第三,承运人的责任期间。国际航空条约规定,承运人应对“航空运输期间”的货物损失承担赔偿责任,但如何准确认定“航空运输期间”,也值得探讨。

第一节　国际航空货物承运人

各国在订立国际航空条约的过程中,对“承运人”术语的含义一直未达成共识。例如,在订立《华沙公约》时,各方代表就“承运人”的含义展开讨论,但由于当时航空运输业的发展水平较低,国家间的意见分歧较大,决定暂时不明确“(航空)承运人”的定义。[1] 又如,在订立《瓜达拉哈拉公约》和《蒙特利尔公约》时,各方也讨论了“承运人”的含义,但由于法律传统的不同,也始终不能对“(航空)承运人”的定义达成一致。[2] 鉴于此,国际航空条约也都没有明确“承运人”的定义。

在海商法领域,1924 年《海牙规则》(全称为《统一提单的若干法律规则的国际公约》)、1968 年《维斯比规则》(全称为《联合国海上货物运输合同公约》)、1978 年《汉堡规则》(全称为《联合国海上货物运输公约》),以及 2008 年《鹿特丹规则》(全称为《联合国全程或者部分国际海上货物运输合同公约》)均明确了“(海上)承运人”的定义。上述公约均在第 1 条规定,承运人是指其本人或以其名义与托运人订立海上货物运输合同的任何人。

本书主要论述国际航空货物承运人的责任。参考国际海商法条约的规定,本书认为可尝试将国际航空货物承运人定义为,其本人或以其名义,与托运人订立国际航空货物运输合同的人。但为明确这一定义中,仍有几个问题需要讨论:一是国际航空运输的含义;二是承运人的类型;三是承运人受雇人或代理人的法律地位。

一、国际航空运输的含义

《华沙公约》第 1 条第 2 款和《蒙特利尔公约》第 1 条第 2 款对“国际航空运输”作了相同的规定:国际运输是指依当事各方约定,不论该运输有无中断或转换,凡其出发地和目的地在两个当事方境内,或者在一个当事方境内,而在另一方(即使该方为非当事方)有一个约定经停地点的任何运输。可以看出,国际航空运输有两种情形:一是出发地、目的地分别

---

〔1〕 See ICAO, *Minutes of the Second International Conference on Private Aeronautical Law* (October 4 – 12, 1929), trans. by Robert C. Horner and Didier Legrez, South Hackensack, New Jersey: Fred B. Rothman & Co., 1929. p. 290.

〔2〕 See George N. Tompkins, Jr., *Liability Rules Applicable to International Air Transportation as Developed by the Courts in the United States: From Warsaw* 1929 *to Montréal* 1999, Kluwer Law International, 2010, p. 107.

在两个不同的当事方的航空运输;二是出发地与目的地在同一个当事方,但在另一个当事方有约定经停地的航空运输。因此,如果出发地、目的地同在一个当事方,但在其他当事方没有经停地的,则不属于国际航空运输。但是,何为“出发地”、“目的地”和“约定经停地”,国际条约并未明确解释,需要结合司法判例进一步分析。

(一)司法实践对“国际航空运输”的定义

在1936年英国“格林诉帝国航空公司案”中,法院详细解释了国际航空运输中“出发地”、“目的地”和“约定经停地”等词语的含义。[1] 法院认为,出发地,是指合同约定的运输开始的地方;目的地,是指合同约定的运输结束的地方;而约定经停地,是根据合同约定,航空器在履行约定运输途中的降落地点,无论航空器降落的目的是什么,也无论乘客是否有权在该地停止运输。[2] 上述解释为人们理解国际航空运输的含义提供了参考,并得到了航空法学界的广泛认可。在航空货物运输方面,只要相关运输的“出发地”、“目的地”和“约定经停地”符合上述案例的定义,该运输即为国际航空运输。如果货物在国际航空运输中发生损失,当事人提起诉讼向承运人主张赔偿的,案件便可能适用国际航空条约处理。

在司法实践中,在判断航空运输“出发地”、“目的地”和“约定经停地”的具体方位时,一般采取以下做法:其一,如果当事人在合同或航空货运单载明了上述地点方位的,可以尊重当事人的意思自治,以约定或记载为准;其二,如果合同或者航空货运单未载明具体地点,但承运人在所公示的运输条件、时刻表中已记载,且托运人明知的,以运输条件、时刻表的记载为准。[3] 例如,在2013年美国“丹尼斯-丹纳诉华盛顿国际货运公司等案”中,原告通过代理人将两箱狮子皮交付卢森堡货运航空公司(以下简称卢森堡货运公司),由此公司以空运方式从南非伊丽莎白港运到美

---

〔1〕 Grein v. Imperial Airways, Ltd., [1936] 55 Ll. L. Rep, 318.

〔2〕 Grein v. Imperial Airways, Ltd., [1936] 55 Ll. L. Rep, 318.

〔3〕 Danner v. International Freight System of Wash., LLC, Civil Action No. ELH-09-3139 (D. Md. 2013).

国西雅图,然后再由华盛顿国际货运公司(以下简称华盛顿货运公司)将货物运到美国比尤特,货物毛重为114公斤。华盛顿货运公司在西雅图接受了货物,但货物在该公司的运输段丢失。直到6个月后,狮子皮才被发现放在卢森堡货运公司位于加拿大温哥华的仓库里,但是已完全损坏。原告起诉卢森堡货运公司及其地面代理人和华盛顿货运公司,要求被告赔偿货物损失。法院在考察涉案运输的性质时认为,首先,本案中,航空货运单载明的出发地、目的地分别为南非、美国,两国均为《蒙特利尔公约》的当事方,因此涉案运输为该公约规定的国际航空运输;其次,尽管华盛顿货运公司负责的运输区段的出发地、目的地均在美国国内,但该运输区段属于整个运输的组成部分,不影响整个运输的法律性质。[1] 在上述案件中,法院以当事人的约定、航空货运单的记载为依据,在探寻当事人真实意思表示的基础上,确定了涉案航空运输的出发点、目的地,并进一步明确航空运输的法律性质。

(二)国际航空运输的例外情形

国际航空条约还列举了几种不属于国际航空运输的例外情形,即国际航空条约不调整这些情形。如果运输货物在例外情形中发生损害的,案件不应适用国际航空条约审理。

1. 国际邮件运输。《华沙公约》第2条第2款规定,国际航空条约不适用于按照国际邮政公约规定办理的运输。这表明,其一,如果邮政部门以航空方式运输邮政物品,不应认为邮寄人与邮政部门之间已建立了国际航空运输关系;其二,如果邮寄物品在空运邮递中遭受损失,当事人不应依据国际航空条约向邮政部门主张赔偿,而只能依据与国际邮政有关的国际条约或国内法主张权利。但是,1975年《蒙特利尔第4号议定书》第2条修改了《华沙公约》第2条第2款。修订后的条款规定:"在邮件运输中,按照适用于承运人与邮政管理部门之间的规则,承运人只对有关邮

[1] Danner v. International Freight System of Wash., LLC, Civil Action No. ELH-09-3139 (D. Md. 2013).

政管理部门承担责任。除此以外的情形,国际航空条约不适用。”这意味着,邮件在国际航空运输中遭受损失的,邮政部门作为托运人有权依据国际航空条约向承运人主张权利。《蒙特利尔公约》第2条第3款也作了相同的规定。

2. 试飞、超出正常范围的飞行。《华沙公约》第34条规定:“公约不适用于航空运输机构为了开设正式航线进行试飞性的国际航空运输,也不适用于超出正常航空运输业务以外的在非常情况下进行的运输。”可见,《华沙公约》不适用于试飞性质的运输,也不适用于非正常情况下的运输,如执行临时航空救援任务的运输等。[1] 但《华沙公约》的规定受到了司法实践的挑战。例如,在1950年比利时“德福诉比利时航空公司案”中,法院认为,应当限制《华沙公约》第34条的适用范围,即在一些事实比较模糊的案件中,也应当尽量适用《华沙公约》。[2] 1955年《海牙议定书》的规定与上述案件中法院的观点相似。《海牙议定书》第16条将《华沙公约》第34条修改为:“第3条至第9条所包含的关于运输凭证规定,不适用于航空承运人正常经营范围以外的在非常情况下进行的运输。”根据这一规定,《华沙公约》第34条的适用范围被限制,仅有公约的航空货运单规则不适用于试飞、非正常范围飞行等情形,而其他规定仍可以适用于这些情形。《蒙特利尔公约》采纳了《海牙议定书》的立法成果,也对《华沙公约》第34条的适用范围进行了限制。《蒙特利尔公约》第51条规定:“第3条至第5条、第7条和第8条关于运输凭证的规定,不适用于承运人正常业务范围以外的在特殊情况下履行的运输。”可见,虽然《蒙特利尔公约》的航空货运单规则不适用于试飞和非正常范围飞行,但其他规则可以适用这些情形。

3. 国家直接经营的民用航空运输。《华沙公约》第2条第1款、《蒙特利尔公约》第2条第1款规定,公约适用于国家或者依公法设立的公共机

---

〔1〕 参见赵维田:《国际航空法》,社会科学文献出版社2000年版,第244页。

〔2〕 See Defer c. Sabena, in Georgette Miller, *Liability in International Air Transport*, Kluwer, the Netherlands, 1977, p. 24.

构所履行的运输。但是,国际航空条约允许当事方对上述规定进行保留。如果当事方作出保留的,《华沙公约》与《蒙特利尔公约》将不适用于国家直接经营的民用航空运输。例如,《华沙公约》的"附加议定书"条款规定:"当事方在批准或加入时,得保留提出公约第2条第1款不适用于该国的声明。"又如,《蒙特利尔公约》第57条规定:"……但是当事方可以在任何时候向保存人提交通知,声明本公约不适用于:(一)由当事方就其作为主权国家的职能和责任为非商业目的而直接办理和运营的国际航空运输……"目前,各方作出保留的情况很少,仅有美国、加拿大依据1929年《华沙公约》"附加议定书"的规定做了保留,司法实践中也鲜有相关的案例。[1]

二、《华沙公约》对国际航空承运人含义的界定

关于《华沙公约》中"承运人"的含义,学者的认识不完全一致。有学者认为,《华沙公约》的"承运人"主要是指与客户订立运输合同的人。[2]也有学者认为,根据《华沙公约》,"承运人"应当符合下列条件:一是与旅客或托运人之间存在运输合同关系;二是履行了旅客或货物运输;三是航空运输活动符合公约关于"国际航空运输"的定义。[3] 一些法院在司法实践中则认为,《华沙公约》的"承运人"一般指实际负责运输的当事人。例如,在2005年美国"施罗博科夫诉捷克航空公司案"中,法院认为,《华沙公约》的"承运人"指实际履行运输活动的航空公司,而三角洲航空公司与被告捷克航空公司之间为"代码共享"关系,三角洲航空公司不负责实际运输,因此该公司不是承运人。[4]

综合上述理论与实践观点,《华沙公约》的"承运人"一般指,与客户订立了航空运输合同,并实际履行了空运义务的人。在《华沙公约》中,承

---

[1] 参见赵维田:《国际航空法》,社会科学文献出版社2000年版,第244页。

[2] See Goedhuis, *National Air Legislation and the Warsaw Convention*, Hague, 1937, p.94.

[3] 参见黄力华:《国际航空运输法律制度研究》,法律出版社2007年版,第65-67、192页。

[4] Shirobokova v. CSA Czech Airlines, Inc., 376 F. Supp. 2d 439 (S.D.N.Y. 2005).

运人主要有两种类型：一是全程承运人，指独立完成国际公约所规定的国际航空运输的承运人；[1] 二是连续承运人，主要指在整个运输活动中负责某一区段运输的承运人。早先，航空运输活动通常由一名承运人来完成，但由于航空运输业务日益复杂，许多运输活动需要多名承运人共同完成。在某些情况下，这是因为当事人为了获得更大的运输利益，而在另一些情况下，这是由于特定航线中的承运人数量受到限制。[2] 因此，要准确地探究《华沙公约》中承运人的含义，就必须分析全程承运人和连续承运人的含义。

1. 全程承运人。全程承运人独立完成航空运输活动，其主要的法律义务包括：第一，旅客承运人应妥善照管旅客和托运行李。《华沙公约》第17条规定，如果造成旅客伤亡的事故发生在航空器上或者登机或下机过程的任何阶段，或者造成毁灭、遗失或者损坏行李的事件发生在航空器上或者承运人掌管之下的任何期间内，承运人就应当承担责任。因此，承运人在航空运输期间应当妥善照顾，并安全地运送旅客及托运行李，否则应对旅客损失承担赔偿责任。第二，货物承运人应妥善掌管货物。《华沙公约》第18条规定，对于因货物毁灭、遗失或者损坏而产生的损失，只要造成损失的事件是在航空运输期间发生的，承运人就应当承担责任。这表明，承运人在航空运输期间应当妥善掌管托运货物，货物在运输中遭受损失的，承运人应当赔偿。例如，在2007年美国"威农场诉美国航空公司案"中，法院认为，货物在交付承运人时状况良好，但运抵目的地后则状态受损，导致了货物权利人的损失，证据确凿，承运人应当根据国际航空条约赔偿货物损失。[3] 第三，承运人应尽力避免运输迟延。《华沙公约》第19条规定，旅客、行李或者货物在航空运输中因延误引起的损失，承运人应当承担赔偿责任。因此，如果承运人未能按约定在合理时间内将旅客、行李或货物运抵目的地，并造成旅客或货物权利人损失的，在没有免责事

---

〔1〕 参见黄力华：《国际航空运输法律制度研究》，法律出版社2007年版，第67页。

〔2〕 See Trevor Philipson QC, *Carriage by Air*, Butterworths, 2001, p. 124.

〔3〕 Wea Farms v. American Airlines, Inc., 2007 WL 1173077 (S. D. Fla. 2007).

由的情况下,也应当进行赔偿。例如,在巴西"罗伯特-霍丁诉巴西航空公司案"中,原告旅客是一名杂技演员,计划乘坐被告航空公司的航班飞往葡萄牙,以便在葡萄牙总统的就职庆典上进行表演。但被告取消了当次的航班,延误了原告的形成,也使原告错失了演出机会。原告起诉被告赔偿损失,被告则抗辩称,运输延误系出于无法控制的原因,被告不应当赔偿原告损失。法院认为,被告的运输活动发生延误而导致原告遭受实际损失,被告没有举证证明其具有免责事由,因此其应当承担赔偿责任。[1]

2. 连续承运人。《华沙公约》第1条第3款规定了连续承运人的法律地位,该条规定:"几个连续的航空承运人所办理的运输,如果被合同各方认为是一个单一的业务活动……应作为一个单一的运输,并不因其中一个合同或一系列的合同完全在同一缔约方的……领土内履行而丧失其国际性质。"可见,一个完整的国际航空运输可以划分为连续的区段,负责各区段运输的承运人就是连续承运人。运输实践中,旅客、货物托运人不一定完全了解所有的连续承运人。例如,在某些情形下,旅客或货物承运人持有开放式的机票,只载明运输出发点、目的地和经停地点,但没有载明运输分为几个区段,各个区段由谁来履行。[2] 在英国"鹿特丹银行诉英国海外航空公司案"中,托运人将一批货物交付被告运输,整个运输活动分为若干区段,其中埃及开罗至布吉提的区段由亚丁航空公司承运。法院认为,机关托运人事先不知道这一段运输是由亚丁航空公司承运,但该航空公司也应被视为连续承运人,对其负责航段的货物损失承担赔偿责任。[3]

《华沙公约》第30条规定了连续承运人的法律责任:"第一承运人需对整个运输活动负责;每一连续承运人应对其负责运输的部分,作为运输合同的缔约一方并承担运输责任,除非事先约定由第一承运人为其承担

〔1〕 参见赵维田:《国际航空法》,社会科学文献出版社2000年版,第350页。
〔2〕 参见唐明毅、陈宇:《国际航空私法》,法律出版社2004年版,第75页。
〔3〕 参见赵维田:《国际航空法》,社会科学文献出版社2000年版,第246页。

责任。”因此,连续承运人对其负责的运输区段中发生的损失,应当与第一承运人承担连带责任。例如,在2008年美国“贝斯特诉西印度群岛航空有限公司案”中,原告购买了西印度群岛航空公司的机票,从美国飞往格林纳达。原告先乘坐西印度群岛航空公司的航班从美国飞往西班牙,然后换乘另一家航空公司——向风群岛航空公司的航班飞往格林纳达。原告在向风群岛航空公司的航班上,被强行带下飞机并受到人身伤害。原告向美国纽约州最高法院起诉,要求西印度群岛航空公司、向风群岛航空公司对原告的人身伤害负连带赔偿责任。法院认为,西印度群岛航空公司向原告出售了两个航班的客票,原告的行李也在两个航班间转运,两家航空公司系“连续承运人”关系;原告在向风群岛航空公司的运输区段遭受人身伤害时,该航空公司作为区段的连续承运人应承担赔偿责任,而西印度群岛航空公司为第一承运人,也应负连带责任。[1]

三、《蒙特利尔公约》对国际航空承运人含义的扩展

随着航空运输模式日益丰富,很多情况下,与客户签订运输合同的承运人与实际运输的承运人并不一样。为顺应运输实践的变化趋势,《蒙特利尔公约》在保留了《华沙公约》关于全程承运人、连续承运人规定的基础上,还借鉴了《瓜达拉哈拉公约》的规定,明确了缔约承运人、实际承运人的法律地位和法律责任,进一步丰富了承运人的含义。

1. 缔约承运人。根据《蒙特利尔公约》第39条规定,缔约承运人是其本人与旅客、托运人或者与旅客、托运人的代理人订立运输合同的人。可见,缔约承运人与客户直接签订运输合同,但并不一定亲自履行运输义务。鉴于缔约承运人无须亲自履行运输活动,因此没有航空运输能力的企业或个人,也可以成为缔约承运人。

根据《蒙特利尔公约》,缔约承运人主要的法律义务包括:其一,缔约

〔1〕 Best v. BWIA W. Indies Airways Ltd., 06 - CV - 4589 (CBA) (E. D. N. Y. Sep. 29, 2008).

承运人对整个运输活动负责。《蒙特利尔公约》第 40 条规定："约承运人对合同考虑到的全部运输负责，实际承运人只对其履行的运输负责。"这表明，缔约承运人与旅客或托运人订立航空运输合同后，对合同约定的整个运输活动负责，而实际承运人应对其实际履行的运输活动负责。其二，缔约承运人与实际承运人承担连带责任。《蒙特利尔公约》第 41 条还规定："对于实际承运人负责的运输，实际承运人或缔约承运人的作为及不作为均可视为另一方的作为及不作为。"因此，就实际承运人履行的运输活动，缔约承运人与实际承运人承担连带责任。如果货物在运输中受损，货物权利人有权分别或共同请求缔约承运人、相应区段的实际承运人赔偿。其三，共同赔偿限额。《蒙特利尔公约》第 40 条规定，对于实际承运人履行的运输，实际承运人和缔约承运人以及他们的受雇人、代理人的赔偿总额不得超过公约规定的承运人责任限额。这意味着，货物权利人可选择分别或共同向缔约承运人、实际承运人请求赔偿，但缔约承运人、实际承运人都有权援用公约规定的责任限额，意即货物权利人获得的赔偿总额不得超过责任限额。例如，在 2005 年我国"广州中远国际航空货运代理有限公司诉中山市宏源灯饰电器有限公司案"中，被告于 2002 年 10 月委托原告将一批货物从中国广州空运到挪威奥斯陆，运抵时间不应晚于同年 11 月 15 日。原告向被告签发了航空货运单，并将货物交付韩亚运输公司实际运输。因货物运输迟延，被告拒绝按约支付全部运费。原告遂起诉请求被告支付运费，被告则要求原告赔偿运输迟延导致的损失。就原告是否应当赔偿货物运输迟延损失的问题，法院认为，原告以自己名义承揽货物，但并不承担实际运输义务，为缔约承运人；韩亚运输公司实际履行运输，为实际承运人；原告应对整个运输活动负责，并对运输迟延承担连带责任。[1]

2. 实际承运人。根据《蒙特利尔公约》第 39 条规定，实际承运人是经缔约承运人的授权履行全部或者部分运输，而非不属于连续承运人的人。

---

〔1〕 参见(2005)穗中法民二终字第 743 号案判决书。

一般情况下,实际承运人并不直接与客户间建立运输合同关系,而是根据其与缔约承运人之间的法律关系来履行运输活动。按照《蒙特利尔公约》第40条,实际承运人的主要法律义务在于,对其实际履行的部分运输负责,并与缔约承运人就该部分运输承担连带责任。例如,在2007年美国"威农场诉美国航空公司案"中,原告委托货运代理人将一批芦笋从秘鲁利马运到美国迈阿密,被告为实际承运人;货物运抵目的地后,被告未及时通知报关员报关,也没有采取适当的冷冻方法保存芦笋,导致芦笋因温度过高而毁损。原告向被告主张货物损失,但被告抗辩称其与原告之间没有运输合同关系,无须向原告承担赔偿责任。法院认为,案件证据表明,货物在交付承运人时状况良好,但当实际承运人交付货物时,货物已经毁损,可以推断认为货物是在航空运输期间受损;被告为涉案运输的实际承运人,应当与缔约承运人一起,对运输的货物损失承担连带责任。[1]

四、国际航空承运人受雇人与代理人

在国际航空货物运输中,承运人经常指示其受雇人、代理人履行运输义务。就货物在运输中遭受损失时,权利人是否有权直接向承运人的受雇人、代理人求偿,《华沙公约》并未明文规定。1955年《海牙议定书》则规定,货物权利人有权直接向受雇人与代理人求偿。《蒙特利尔公约》吸收了《海牙议定书》的立法成果,作了同样的规定。

(一)承运人受雇人与代理人的含义

《华沙公约》法文版第16条、第20条以及第25条使用了"préposés"这一术语,公约英文版将该术语翻译为"servants and agents",而中文译本根据英文版的表述,将该术语翻译为"受雇人与代理人"。在文义上,法文"préposés"与英文"servants and agents"的含义不完全一致。在法国,"préposés"的词义包括承运人的受雇人、代理人,也包括独立的承运人;而

〔1〕 Wea Farms v. American Airlines, Inc., 2007 WL 1173077 (S. D. Fla. 2007).

在英美国家,“servants and agents”的词义并不包括独立的承运人。[1] “华沙体制”其他文件的英文版,以及《蒙特利尔公约》的英文版中均使用了“servants and agents”这一术语,在一定程度上结束了人们关于“préposés”与“servants and agents”含义的争议。例如,《海牙议定书》第14条在《华沙公约》第25条后插入了第25条甲,该条第1款规定,“如因本公约所指的损失而对承运人的受雇人或代理人提起诉讼,而该受雇人或代理人能证明他是在其受雇职务范围内行事,则他有权援用承运人根据第22条所得援用的责任限额”。《蒙特利尔公约》第30条作了相同规定。

关于“受雇人”和“代理人”的含义,可以从学术理论与司法实践两方面寻求答案。第一,关于“受雇人”的含义。在大陆法系民法中,“受雇人”一般指居于从属地位受雇主指示而服劳务者,包括处于独立地位的人。[2] 根据上述定义可知,在国际航空运输实践中,受雇人参与运输活动是为了执行承运人的工作安排,而不是为客户提供独立的运输,受雇人所从事的工作不构成一种独立的运输活动。第二,关于“代理人”的含义。在1998年美国“布林克斯有限公司诉南非航空公司案”中,法院认为,国际航空条约所称的“代理人”,是指协助承运人进行运输的人,只要其接受承运人的委托行事,就可以成为代理人。[3] 显然,代理人应根据承运人的委托和授权,完成相应的运输活动。一般来说,代理人参与运输是为了承运人的利益。

(二)受雇人与代理人的法律责任

《华沙公约》没有明确规定承运人受雇人、代理人法律责任,特别是对于受雇人、代理人能否援用承运人责任限额条款的问题,没有作出规定。这就可能导致承运人实际上承担无限额赔偿责任。举例来说,如果货物权利人直接向承运人的受雇人、代理人主张赔偿,而受雇人、代理人无权援用责任限额条款,则受雇人、代理人应当赔偿权利人的实际损失,但受

---

〔1〕 参见赵维田:《国际航空法》,社会科学文献出版社2000年版,第249页。

〔2〕 参见王泽鉴:《民法概要》,北京大学出版社2009年版,第300页。

〔3〕 Brink's Limited v. South African Airways, 149 F. 3d 127 (2d Cir. 1998).

雇人与代理人所作的赔偿,最终将由承运人承担,也就是说,在上述情况下,承运人对货物的赔偿责任突破了责任限额。

各方代表在拟定《海牙议定书》时,就是否应当规定代理人和承运人责任限额的问题争论不休,英国代表提出了两个折中方案:一是在承运人有权援用责任限额条款的情形,也允许代理人、受雇人援用;二是无论在何种情形,代理人、受雇人均有权援用。[1] 大多数代表同意第一个方案。《海牙议定书》第14条在《华沙公约》第25条后插入了第25条甲,该条第1款规定,受雇人或代理人在受雇职务范围内行事的,有权援用承运人的责任限额;第2款规定,承运人及受雇人和代理人的赔偿总额不得超过责任限额;第3款规定,如该损失是受雇人或代理人故意或重大过错导致的,则不适用前两款规定。[2] 对于该条款,可从如下角度理解:其一,在国际航空运输中,如果承运人的受雇人与代理人履行职务行为导致货物损失的,货物权利人有权直接主张该受雇人与代理人赔偿。例如,在美国1977年"里德诉威泽案"中,法院认为,《华沙公约》虽未对"承运人"一词下定义,但承运人作为一个法人,离开实际履行职责的工作人员就很难成立;因此,从法律观点上说,承运人与受雇人或代理人是同一个人……应当对《华沙公约》"承运人"一词作出包括其"受雇人或代理人"的理解。[3] 其二,承运人的受雇人与代理人有权援用承运人责任限额条款,受雇人、代理人与承运人的赔偿总额,不应超过责任限额标准。其三,如果受雇人与代理人存在故意或重大过失,就不得援用责任限额条款,而应当赔偿权利人的实际损失。

《蒙特利尔公约》第30条在总体上吸收了《海牙-华沙公约》第14条的立法成果,两条规定的主要区别在于第3款。《蒙特利尔公约》第30条

---

〔1〕 See Rene H. Mankiewicz, *Hague Protocol to Amend the Warsaw Convention*, The American Journal of Comparative Law, 5, 1956, p. 83.

〔2〕 See Rene H. Mankiewicz, *Hague Protocol to Amend the Warsaw Convention*, The American Journal of Comparative Law, 5, 1956, p. 83.

〔3〕 Reed v. Wiser, 555 F. 2d 1079 (2d Cir. 1977).

第 3 款规定:“经证明,损失是受雇人与代理人的故意或者明知可能造成损失而轻率地作为或者不作为造成的,不适用上述规定,但货物运输除外。”可见,上述条款在《海牙议定书》第 14 条的基础上,对旅客运输与货物运输作了区别规定。一方面,在旅客运输中,如果受雇人与代理人的故意或重大过失造成旅客人身伤害,或托运行李损失的,其不得援用承运人责任限额条款;另一方面,在货物运输中,即便受雇人与代理人存在故意或重大过失,仍然有权援用责任限额条款,意即货物权利人获取的赔偿不应超过责任限额。

例如,在 2007 年美国“日本兴亚保险有限公司诉环球地面服务有限公司案”中,案外人日本航空公司受案外人东芝公司委托,将 240 台笔记本电脑从菲律宾空运至美国芝加哥奥黑尔机场,并将货物存放在机场仓库内,被告环球公司负责为日本航空公司管理机场仓库。东芝公司在托运货物前,向原告兴亚公司购买了运输保险。因货物在仓库中被盗,原告向东芝公司支付保险金后,行使保险人代位求偿权,起诉被告请求赔偿。环球公司抗辩认为,其有权援用《蒙特利尔公约》的承运人责任限额。法院认为,其一,涉案运输的出发地为菲律宾,目的地为美国,两国均为《蒙特利尔公约》当事方,本案应适用该公约;其二,日本航空公司不仅是本案运输的承运人,而且还有效地控制着环球公司的日常工作,如为环球公司的员工制定了工作编号、工作时间表以及工作规范,因此可以认为,环球公司为日本航空公司的地面代理人;其三,根据《蒙特利尔公约》第 30 条规定,原告有权直接向代理人环球公司求偿,环球公司也有权援用承运人的责任限额。[1]

《海牙议定书》第 14 条、《蒙特利尔公约》第 30 条既明确了承运人受雇人与代理人的法律责任,也在一定程度上避免了权利人通过起诉受雇人与代理人,以突破承运人责任限额的情况,有利于实现当事人利益的平

---

〔1〕 Nipponkoa Insurance Company v. Globeground Serv, No. 04 C 5648 (N. D. Ill. Aug. 17, 2007).

衡。一方面,在一些情况下,航空货物运输的环节繁复,参与主体较多,货物权利人很难知晓所有的运输参与人,也很难分清各当事人实际的法律地位。当货物在运输中因承运人受雇人、代理人的行为而遭受损失时,如果要求权利人必须起诉承运人,而不得向受雇人、代理人主张赔偿,则显得过于苛刻,因为权利人很难全面地了解运输参与人的信息,并清晰地分辨参与人的法律地位。《海牙议定书》与《蒙特利尔公约》允许权利人选择起诉承运人或承运人的受雇人与代理人,有利于保护货物权利人的利益。另一方面,当承运人受雇人、代理人的职务行为造成货物损失时,如果不允许受雇人、代理人援用责任限额,则将使受雇人与代理人承担较重的赔偿责任。这与其所获的报酬不一定成比例;同时,也可能使承运人最终承担超出责任限额的赔偿责任。因此,《海牙议定书》与《蒙特利尔公约》的上述规定,也有利于平衡承运人的利益。

第二节　国际航空货运代理人的法律地位

根据通常的理解,货运代理人通常是指代理客户参与运输业务的人,其本身并不履行运输义务。例如,国际货运代理协会联合会(International Federation of Freight Forwarders Association, FIATA)制定的《FIATA 国际货运代理示范法》第 2 条规定,货运代理人是指与客户达成货运代理协议的人。又如,根据联合国亚太经社会的定义,货运代理人代表其客户取得运输业务,而其本人并不起承运人的作用。[1] 再如,根据《布莱克法律词典》的解释,货运代理的业务是接收货物,通过仓储、包装、整车货物装运、交货等方式,把不够整车的货物集中成整车货物,由此从低运费中获利;货运代理人是为他人接收货物和装运货物的公司或个人。[2] 而在国际

---

〔1〕 参见中国国际货运代理协会编:《国际货运代理理论与实务》,气象出版社 2001 年版,第 17 页。

〔2〕 See Henry Campbell Black, *Black Law Dictionary*, 5th *edition*, St. Paul Minn West Publishing Co., 1979, p. 599.

航空货运实践中,货运代理人已逐步突破了传统的定义,开始以多种身份参与航空运输活动:有时是传统意义的当事人代理人,有时又直接成为运输合同的当事人(成为缔约承运人或实际承运人)。由于身份的多样性,货运代理人常被称为“变色龙”。[1]

根据学者统计,国际航空货运代理人通常采用以下5种方式参与国际航空货运:(1)以托运人的名义或以自己的名义,将货物交付承运人运输,并取得承运人签发的运输单据。(2)以承运人的名义承揽货物,代理承运人出具运输单据,或提供承运人出具的运输单据。(3)以自己的名义承揽货物,出具全程运输单据,通过自己的雇员、运输工具完成部分运输业务,其余部分运输交由其他承运人完成。(4)以自己的名义承揽货物,向托运人出具运输单据,将全部运输交付其他承运人完成。(5)以自己名义承揽货物,向发货人出具分运单,再将不同发货人托运的货物集中起来,并以自己的名义交由实际承运人运输。[2] 根据上述几种操作模式,可将货运代理人分为传统货运代理人和缔约承运人两种类型。

一、货运代理人作为传统代理人的情形

在传统意义上,货运代理人并非运输合同的当事人,而常作为托运人或承运人的代理人,根据被代理人的指示行事。在前文所述的第1种和第2种操作模式中,一般可将货运代理人认定为传统意义的代理人,可分两种情况讨论。

1. 以托运人或承运人的名义订立运输合同。在这种情况下,如无相反证据,一般可以认为,货运代理人与托运人、承运人之间为委托代理关系,运输合同的效力应当归于托运人、承运人,而货运代理人并非运输合同的当事人。在国际航空运输中,如果货运代理人是托运人的代理人,国际航空条约并未明确规定其法律责任,其责任应当根据相关国内法确定。

---

〔1〕 参见[加]彼特·琼斯:《国际货运代理法律指南》,杨运涛、丁丁译,人民交通出版社2002年版,第23页。

〔2〕 参见郭萍:《国际货运代理法律制度研究》,法律出版社2007年版,第91页。

另外，如果货运代理人是承运人的代理人，国际航空条约对其责任就有较为明确的规定。例如，《海牙－华沙公约》第25条甲规定，承运人的代理人在职务范围内行事，并造成货物损失的，货物权利人有权要求代理人赔偿，但代理人有权援用承运人责任限额条款；但是，如果承运人的代理人有故意或重大过错的，无权援用责任限额条款。[1]《蒙特利尔公约》第30条也做了类似的规定，但该条第3款规定，即便承运人的代理人有故意或重大过错，也有权援用责任限额条款。

2. 以自己的名义订立运输合同。在普通法中，第一，如果货运代理人与合同相对人订立运输合同时，向相对人披露了被代理人的，则其构成"隐名代理"，此时仍然应当认定运输合同效力及于被代理人、相对人，而货运代理人并非运输合同当事人。第二，如果货运代理人订立运输合同时，未向相对人披露代理关系的，则其构成"不披露被代理人的隐名代理"，如无相反证据，一般也可以认定托运人与承运人为运输合同当事人，货运代理人是传统代理人。如果在合同履行过程中发生纠纷的，被代理人有介入权，合同相对人也有选择权。[2] 大陆法系的规定有所不同，通常没有规定"不披露被代理人的隐名代理"。因此，如果货运代理人以自己作为托运人，与承运人签订运输合同，也没有向承运人披露代理关系的，一般认为合同效力及于货运代理人与相对人，即此时货运代理人成为了运输合同的当事人。唯一例外的是法国。《法国商法典》第101条规定，如货运代理人代托运人与承运人订立运输合同，则托运人可以直接根据该运输合同主张权利，并且可以决定是否直接起诉承运人。有学者认为，法国的上述规定实际上将货运代理人既视为代理人，又视为承运人。[3]

---

〔1〕 See Rene H. Mankiewicz, *Hague Protocol to Amend the Warsaw Convention*, The American Journal of Comparative Law, 5,1956, p. 85.

〔2〕 D. J. Hill, *Freight Forwarder*, Stevens & Sons, 1972, p. 54－55.

〔3〕 D. J. Hill, *Freight Forwarder*, Stevens & Sons, 1972, p. 58.

二、货运代理人作为缔约承运人的情形

在《华沙公约》中,"承运人"的含义范围较为狭窄,一般认为公约中的"承运人"须符合以下几个条件:一是与旅客或货主之间有运输合同关系;二是履行旅客或货物的航空运输义务;三是航空运输活动符合公约关于"国际航空运输"的定义。[1] 这表明,《华沙公约》只调整实际承运人的运输活动,而未规定缔约承运人的法律地位。《瓜达拉哈拉公约》与《蒙特利尔公约》拓展了"承运人"的范围,规定了缔约承运人的法律地位。例如,《蒙特利尔公约》第39条规定,缔约承运人是指以其本人的名义,与托运人或托运人的代理人订立运输合同的人;而实际承运人则是指根据缔约承运人的授权,履行全部或者部分运输,但又不是连续承运人的人。在货运代理人的前述第三种至第五种操作模式中,货运人代理人符合缔约承运人的标准。具体而言,在第三种操作模式中,货运代理人在一定情况下具有缔约承运人或多式联运人的法律地位;而在第四种、第五种操作模式中,货运人代理人具有缔约承运人的法律地位。

(一)对第三种操作模式的分析

在第三种操作模式中,货运代理人以自己的名义承揽货物、签发航空货运单,并履行部分运输义务。根据其完成的运输活动的性质不同,货运代理人的法律地位亦有区别。

第一,货运代理人执行部分辅助性运输。如果货运代理人参与了部分辅助运输业务,如利用自己的设备将托运人的货物运送到承运人处,或在目的地机场为承运人装卸、搬运货物,而此种运输在整个运输活动中居于从属地位,那么,货运代理人仍应被视为托运人或承运人的传统代理人。其法律责任已作了探讨。

第二,货运代理人执行非辅助性运输。如果货运代理人以承运人的名义,与托运人订立了航空运输合同,亲自履行了部分运输,并由其他承

[1] 参见黄力华:《国际航空运输法律制度研究》,法律出版社2007年版,第65－67页。

运人完成剩余运输,那么,货运代理人可能为整个运输中的缔约承运人。但是,实践中这样的情况很少,因为货运代理人通常不是航空运输企业,不具备航空运输能力,无法完成全部或部分的航空运输。

第三,货运代理人执行航空运输以外的运输。如果货物须由不同的运输方式运输,而货运代理人完成了陆上或海上运输,并由其他承运人完成航空运输,那么,货运代理人可能为国际多式联运经营人。根据1980年《联合国国际货物多式联运公约》第1条第1款,国际多式联运,是指按照多式联运合同,以至少两种不同的运输方式,由多式联运经营人将货物从一国境内的接货地点运至另一国境内的交货地点。根据该公约第1条第2款规定,多式联运经营人,是其本人或通过代其行事的他人订立多式联运合同的人,应当对合同约定的多种运输方式或整个运输链负责,[1]有义务照管运输期间的货物,并应当合理谨慎地选择、监督分缔约人履行实际运输义务。[2] 例如,在2000年我国“上海天原国际货运有限公司诉宁波四联国际贸易有限公司案”中,被告四联公司于1998年6月委托原告天原公司以海空联运的方式,将一批货物从中国上海运至巴西;天原公司向四联公司签发了编号为AS-0598883的航空货运单,载明“一程海运”由“新东”轮承运,“二程空运”航班为KE061,托运人为四联公司,收货人为一名巴西中间商。之后,天原公司以自己的名义,与中菲行空运(香港)有限公司(以下简称中菲行公司)签订运输合同,将货物交中菲行公司进行多式联运。因货物迟延运抵达目的地,四联公司认为天原公司应当赔偿损失,并拒付货款。天原公司认为,涉案运输的承运人为中菲行公司,其自身只是中菲行公司的代理人,不应承担赔偿责任。天原公司遂起诉请求四联公司支付运费。法院认为,其一,涉案航空货运单记载了一程海运、二程空运的内容,是一份多式联运的凭证,能够初步证明涉案当事人间存在多式联运合同关系。天原公司并没有向四联公司声明其是承

[1] 参见陈玉梅:《多式联运的法律解读》,在《湖南社会科学》2010年第2期。

[2] 参见贺万忠:《国际货物多式运输法律问题研究》,法律出版社2002年版,第225页。

运人的代理人，应当认为四联公司与天原公司间订立了国际多式联运合同关系。第二，天原公司作为多式联运经营人，应当对整个运输活动负责，并应当对运输迟延承担赔偿责任。[1]

（二）对第四种和第五种操作模式的分析

海运中有“无船承运人”的概念，主要指在集装箱运输中，经营集装箱货运的揽货、装箱、拆箱以及内陆运输，但并不经营船舶的承运人；无船承运人常具有双重身份，对于真正的货主，其具有承运人的身份，但对于船方，他又具有托运人的身份。[2] 在航空实务中，许多货运代理人虽然并不拥有或经营航空企业，但却深入地参与运输活动，有学者将这类货运代理人称为“无机承运人”，其法律地位类似于海运中的“无船承运人”。[3] 例如，在上文所述的第四种模式中，一方面，货运代理人与托运人签订运输合同，以自己的名义向托运人签发航空货运单，对于真正的托运人来说，其是承运人；另一方面，货运代理人再以自己的名义与实际承运人订立运输合同，将货物交付后者运输，对实际承运人来说，货运代理人是托运人。又如，在上文所述的第五种模式中，一方面，货运代理人向多个托运人承揽货物，与托运人分别订立运输合同，对于托运人来说，其是承运人；另一方面，货运代理人又再将各批货物集中起来，作为一批货物交付实际承运人托运，对于实际承运人来说，其又是托运人。[4]

就法律性质而言，“无机承运人”实际上属于缔约承运人。第一，从当事人意思表示看，在上述第四种、第五种模式中，货运代理人以承运人的身份向货主揽收货物，表明其愿意按照货主的指示，以合理方式、在合理时间将货运送至指定地点；货主向货运代理人交付货物，要求其安全准时运送货物，表明货主将货运代理人视为承运人，那么可以认为，双方形成

[1] 参见(2000)沪高经终字第376号判决书。

[2] 参见刘昕：《国际货代在航空货运中之独立经营人身份辨析》，载《北京航空航天大学学报(社会科学版)》2009年第4期。

[3] 参见刘昕：《国际货代在航空货运中之独立经营人身份辨析》，载《北京航空航天大学学报(社会科学版)》2009年第4期。

[4] 参见董念清：《中国航空法：判例与问题研究》，法律出版社2007年版，第178页。

了订立运输合同的意思表示。在交易过程中，双方当事人通常会签订运输合同，货运代理人还会签发航空货运单的分运单，这些文件也是证明双方存在运输合同关系的证据。第二，从货运人代理人的主要义务看，在上述第四种、第五种模式中，货运代理人以承运人的身份与货主签订了运输合同，货运代理人仍应在货物运输期间照管货物，并保证货物安全及时运抵。但货运代理人并没有亲自履行运输义务，而将货物交由实际承运人运输，因此，此时将货运代理人认定为缔约承运人更为恰当。

例如，在2005年我国“广州中远国际航空货运代理有限公司（以下简称中远公司）诉中山市宏源灯饰电器有限公司（以下简称宏源公司）案”中，宏源公司于2002年10月与中远公司签订了两份《货物托运书》，委托中远公司将一批货物于当年11月15日前从中国空运到挪威，中远公司向宏源公司签发了两份航空货运单（运单号末3位数分别为580、291）。之后，中远公司将货物交付韩亚运输公司承运。因291号运单的货物迟延运抵目的地，宏源公司拒绝支付货款，并要求中远公司赔偿运输迟延的损失。中远公司认为，宏源公司应向韩亚运输公司主张货物迟延损失，中远公司是韩亚运输公司的代理人，不应承担赔偿责任，而宏源公司应当向中远公司支付运费。法院认为，中远公司以自己名义承揽货物，与宏源公司签订了运输合同，但不亲自履行运输义务，应将中远公司视为缔约承运人，将韩亚运输公司视为实际承运人。中远公司作为缔约承运人应当保证货物准时送达，并应当对迟延运输造成的损失承担赔偿责任。[1]

三、国际航空货运代理人不同法律地位的判断依据

从以上分析可以看出，在国际航空运输业务中，货运代理人身份多变，准确地确定其法律地位，对于确定合同当事人的法律责任具有重要意义。在司法实践中，主要可以从以下几个方面来确定货运代理人的地位。

---

〔1〕 参见（2005）穗中法民二终字第743号判决书。

（一）航空货运单的记载

实践中，货运代理人承揽货物后，常常以自己的名义向托运人出具分运单（House Air Waybill，HAWB）。之后，货运代理人向航空公司托运货物，航空公司在向其出具主运单（Master Air Waybill，MAWB）。主运单与分运单的内容与格式基本相同，不同之处主要在于：其一，主运单右上角印有航空公司的名称，以及国际航空运输协会（IATA）票证代号。例如，主运单上记载了“中国南方航空股份有限公司，784－0132 4315”字样，其中“784”是南方航空股份有限公司的IATA票证代号，“0132 4315”是航空货运单号码。其二，分运单在左下方记载主运单的票证代号和航空货运单号码，在右上方记载分运单的号码；在分运单号码下方印有“Air Waybill，issued by，某某航空运输服务公司”等字样，并在第一承运人栏记载承运人的名称。[1]

《华沙公约》第11条第1款和《蒙特利尔公约》第11条第1款规定，航空货运单是证明订立航空运输合同、接收货物和所列运输条件的初步证据。所以，根据航空货运单的记载内容，可以初步判断航空运输合同的当事人，以及货运代理人的法律地位。

1.分运单、主运单俱全的情形。首先，如果分运单记载的“托运人”是实际货主，“承运人”是航空公司，货运代理人在分运单“托运人或其代理人签名”处签字；而主运单上记载的“托运人”和“承运人”与分运单相同，可以初步认定货运代理人是“托运人的代理人”。其次，如果分运单记载的“托运人”是实际货主，“承运人”是航空公司，货运代理人在“填开航空货运单的承运人或其代理人签名”处签字；主运单上记载的“托运人”和“承运人”与分运单相同，可以初步断定货运代理人是“承运人的代理人”。最后，如果分运单记载的“托运人”是实际货主，“承运人”是货运代理人；主运单上记载的“托运人”是货运代理人，“承运人”是真实的承运人，则可以初步认定货运代理人是缔约承运人，航空公司是实际承运人。

---

〔1〕 董念清：《中国航空法：判例与问题研究》，法律出版社2007年版，第182－184页。

2. 仅有分运单或主运单的情形。首先，如货运代理人仅向货主出具了航空公司的主运单而未出具分运单的，可以认为“托运人”是真实货主，“承运人”是航空公司，货运代理人可能是托运人或承运人的代理人。其次，货运代理人以自己的名义向货主出具了分运单而未出具主运单的，货运代理人与货主之间可能不存在航空运输关系。因为托运货物最终都应交付真实的承运人运输，并由承运人开具主运单，而如果货运代理人不持有主运单，则该批货物很可能还停留在运输前的准备阶段。[1] 在这种情形下，单凭运输单据不能判断货运代理人的真实身份，而应结合运输合同的履行情况进行综合判断。

（二）航空运输合同约定以及履行情况

除考察航空货运单的记载信息外，还可以结合运输合同约定、合同履行情况以及当事人间的交易惯例，综合判断货运代理人的法律地位。

1. 合同的约定。第一，如果货主与货运代理人约定，由货运代理人根据货主指示代为安排货物运输、仓储等事务。此时，货运代理人系依据货主的指示、为了货主的利益行事，且不实际履行运输义务，可以认为当事人间为委托代理合同关系，货主为委托人，而货运代理人为货主的代理人。第二，如果货主与货运代理人间约定，由货运代理人负责货物的运输、仓储，并对货物在运输中的损坏、灭失或迟延等损失承担赔偿责任。此时，货运代理人有义务履行货物运输活动，并赔偿货物在运输中的损失，并可以认为当事人间为运输合同关系，货主为托运人，而货运代理人为承运人。如果货运代理人事实上没有航空运输能力，而将货物交付实际承运人运输的，货运代理人可被视为缔约承运人。第三，如果当事人的约定并不明确，如使用了“代为运输货物”“负责货物运输事宜”“保证货物安全、准时到达”等模糊词语，仅凭合同约定较难判断当事人的法律地位，还需结合合同的履行情况作出判断。[2]

---

〔1〕 参见董念清：《中国航空法：判例与问题研究》，法律出版社 2007 年版，第 184 页。

〔2〕 参见郭萍：《国际货运代理法律制度研究》，法律出版社 2007 年版，第 106 页。

2. 合同履行情况。考察合同的履行情况，尤其是当事人的主要合同权利与义务，对于判断合同性质、确定货运代理人的法律地位，也具有重要意义。例如，在2009年我国“南京太平洋吸气材料有限公司（以下简称太平洋公司）诉江苏苏迈克斯国际物流有限公司（以下简称苏迈克斯公司）运输合同纠纷案”中，原告太平洋公司于2005年9月30日与被告苏迈克斯公司签订运输合同，约定太平洋公司将一批货物交付苏迈克斯公司，以空运的方式从泰国运往印度。双方均确认，该笔业务是一揽子业务，即太平洋公司向苏迈克斯公司支付固定费用，苏迈克斯公司负责将货物及时送交收货人。苏迈克斯公司将涉案货物与其他货物拼箱，统一交付航空公司实际运输。苏迈克斯公司向太平洋公司签发了航空货运单的分运单，载明“收货人”为印度UCO银行，“通知人”为某印度公司，“托运人”为太平洋公司。当货物运抵印度后，“收货人”以外的人领取了该批货物，太平洋公司遂起诉要求苏迈克斯公司赔偿货物损失，而后者抗辩称，其为货运代理人，不应当赔偿货物损失。法院认为，其一，苏迈克斯公司签发的分运单上注明其为“承运人”，但由于双方当事人均未能提供航空公司签发的主运单，因此，无法仅凭分运单的记载认定当事人的身份；其二，在合同履行过程中，苏迈克斯公司以承运人身份向太平洋公司揽货并收取固定费用，再将货物拼箱后交付航空公司实际承运，苏迈克斯公司还向航空公司支付了运费。可见，苏迈克斯公司盈利的方式是赚取运费的差价，符合缔约承运人的特点。结合分运单记载以及合同履行情况，法院最终认定苏迈克斯公司为缔约承运人，应赔偿货物损失。[1]

3. 货运代理人收取报酬的方式。在委托代理关系中，货运代理人按照被代理人的指示、为了被代理人的利益行事，其盈利的方式是向被代理人收取佣金。而在另一些情况中，货运代理人先以承运人的身份向货主揽货，并收取固定的运费，再以托运人的身份将货物交付航空公司承运，并向航空公司支付实际运费。此时，货运代理人获利的方式不再是向货

---

〔1〕 参见（2009）宁民二终字第183号判决书。

主收取佣金,而是赚取运费的差价,其法律地位也不再是代理人,而更类似于缔约承运人。当前,欧洲国家已逐渐将"一揽子"的支付方式作为确定货运代理人身份的一个重要标准,即如果货运代理人向托运人收取运费,而不再向收取佣金,则该货运代理人更像是缔约承运人,并应当承担承运人责任。[1]

4. 交易惯例。在一些情形中,还可以考察当事人间的交易惯例,作为确定货运代理人身份的一项依据。例如,在一起美国海运案件中,货主认为,货运代理人在过去的交易中,从未解释和说明合同的交易条件以及航空货运单证的内容,不能根据这些内容认定货运代理人为货主的代理人。法院则认为,根据当事人间的交易惯例,货运代理人始终充当代理人的角色,并按照货主的指示行事,因此,可将其视为传统意义上的代理人。[2]

第三节 国际航空货物运输期间

根据国际航空条约规定,承运人应当对发生在运输期间内的货物损失承担赔偿责任。例如,《华沙公约》第 18 条第 1 款规定:"任何登记行李或者货物如因毁灭、遗失或损坏而蒙受损失,凡造成该受损失的事件发生在航空运输期间者,承运人应负责任。"又如,《蒙特利尔公约》第 18 条第 1 款也规定:"对于因货物毁灭、遗失或损坏而蒙受的损失,只要造成该受损失的事件发生在航空运输期间者,在此条件下承运人应承担责任。"可见,明确"航空运输期间"的含义,是确定承运人责任的前提条件之一。

一、国际航空运输期间之含义

《华沙公约》和《蒙特利尔公约》对"航空运输期间"的规定有所不同。《华沙公约》第 18 条第 2 款规定,航空运输期间,是指行李或货物在承运

〔1〕 参见郭萍:《国际货运代理法律制度研究》,法律出版社 2007 年版,第 106 页。

〔2〕 参见[加]皮特·琼斯:《国际货运代理法律指南》,杨运涛、丁丁译,人民交通出版社 2002 年版,第 28 页。

人掌管期间，不论是在机场内、在航空器上或者在机场以外降落的任何地点。而《蒙特利尔公约》第18条第3款则规定，航空运输期间，是指货物处于承运人掌管之下的期间。可见，两项规定在语义表达上有一定差别，下文将进一步阐释“航空运输期间”的含义。

（一）《华沙公约》之认定标准

在1929年的国际航空私法会议上，各方代表曾就航空运输期间的含义发生了分歧：一种意见认为，承运人照管货物的整个期间，都应属于航空运输期间；另一种意见认为，承运人只对位于机场内或航空器上的货物承担责任。[1]《华沙公约》最终综合采纳了两种意见，公约第18条第2款规定，航空运输期间应同时满足两项因素：一是货物须在承运人的掌管之下；二是货物需处于机场内或航空器上，而遇有紧急情况飞机迫降在机场外的，则为货物处于承运人掌管之下的任何地方。有学者将《华沙公约》的判断标准称为“双要素标准”。[2] 从各方的司法实践来看，法院对“双要素标准”的解释有宽窄之分。

1. 对“双要素标准”的严格解释。在一些判例中，法官按照《华沙公约》第18条的字面含义，严格适用“双要素标准”，认为如果货物不位于机场内或飞机上，则不属于《华沙公约》规定的航空运输期间，法院不应适用该公约处理案件。例如，在1950年“法弗雷诉比利时航空公司案”中，比利时布鲁塞尔上诉法院认为，被告完成海关手续并将货物交给海关后，货物就不在被告的控制之下，也不处于航空运输期间，被告无须再承担《华沙公约》规定的承运人责任。[3] 该案中，法官严格按照《华沙公约》规定解释航空运输期间，对当事人真实意思表示的考察不足，显得有些机械。

2. 对“双要素标准”的宽泛解释。在另一些案件中，法院没有严格拘泥于《华沙公约》的字面规定，而是根据个案情况，较为宽泛地适用了“双

---

〔1〕 王瀚：《华沙国际航空运输责任体制法律问题研究》，陕西人民出版社1998年版，第366页。

〔2〕 肖永平、孙玉超：《论国际航空货物承运人责任期间》，载《现代法学》2008年第4期。

〔3〕 Favre v. Belgian State and Sabena, 1950 U. S. Av. 392 (Brussels Ct. App).

要素标准”。例如,在1990年美国“维多利亚销售总公司诉埃默里空运公司案”中,托运人将一批药品交付被告,从德国法兰克福空运至美国纽约,货物运抵纽约肯尼迪机场后,被存放在被告位于机场外的仓库内。因货物在仓库内遗失,原告作为收货人要求被告赔偿损失。该案二审法院认为,航空运输期间发生的货物损失,是指承运人为了履行运输合同而掌管货物期间的损失,因此,在承运人位于机场外的仓库中发生的货物损失,也应当属于航空运输期间的损失。[1] 又如,在1985年美国“马格努斯电子公司诉加拿大皇家银行案”中,法院也认为,如果货物基于货运合同处在承运人的实际掌控下,航空运输期间便没有结束。[2] 在上述案件中,法院主要依据承运人对货物的掌管情况,来判断货物是否处于航空运输期间,即无论货物是否在机场中或航空器上,只要承运人仍掌管着货物,就应保证货物的运输安全,当货物交付收货人后,承运人的运输责任方告解除。在这些案件中,法院不允许承运人随意逃避其运输和照管货物的义务,这样的观点更符合承运人责任的本质。

(二)《蒙特利尔公约》之认定标准

《蒙特利尔公约》第18条第3款删除了《华沙公约》第18条第2款关于货物应当“处于机场内或者在航空器上”的规定,仅以承运人是否掌管货物作为航空运输期间的判断标准。有学者将《蒙特利尔公约》的判定标准称为“单要素标准”。[3] 与《华沙公约》的“双要素标准”相比,《蒙特利尔公约》的“单要素标准”操作较为简便,也更符合航空运输发展的实际情况:其一,根据《华沙公约》规定,若货物不处于机场或航空器上时(如承运人已从托运人处接收货物但尚未运往出发机场时,或承运人将货物运抵目的地并置于机场外的仓库时),则货物不在“航空运输期间”内,那么货物遭受损害的,法院不应适用《华沙公约》审理案件,而应适用国内

[1] Victoria Sales Corp. v. Emery Air Freight, Inc., 917 F. 2d 705 (2d Cir. 1990).

[2] Magnus Electronics v. Royal Bank of Canada, 611 F. Supp. 436 (N. D. Ill. 1985).

[3] 参见肖永平、孙玉超:《论国际航空货物承运人责任期间》,载《现代法学》2008年第4期。

法。这大大增加了法院处理案件的难度。其二,各国法院对《华沙公约》之“双要素标准”的理解并不一致。一些法院在一定程度上“双要素标准”对于货物地理位置的要求,在事实上适用了“单要素标准”。《蒙特利尔公约》取消了《华沙公约》关于货物地理位置的规定,使各方能够在更大范围内适用国际航空条约,并促进各国法院适法观点的统一。其三,在《华沙公约》的“双要素标准”框架下,如果货物在地面运输途中发生损失,因货物不处于条约规定的“航空运输期间”,相关纠纷不应适用公约处理。此时,货物权利人无法直接依据《华沙公约》提起诉讼,承运人也无法援用公约规定的责任限额条款。而根据《蒙特利尔公约》的“单要素标准”,只要货物在承运人掌管期间遭遇损害,即属于在航空运输期间的损失,货物权利人有权依据《蒙特利尔公约》提起诉讼,而承运人也有权援用责任限额条款。因此,可见“单要素标准”更有利于平衡双方当事人的利益。

在适用《蒙特利尔公约》“单要素标准”时,法院审查的重点,一般是确定承运人是否掌管着涉案货物。例如,在 2013 年美国“丹尼斯－丹纳诉华盛顿国际货运公司(以下简称华盛顿货运公司)等案”中,原告于 2007 年 11 月委托卢森堡货运公司,以及其地面代理人卢森堡机场服务(美国)公司(以下简称卢森堡机场服务公司),将两箱狮子皮从南非伊丽莎白港空运到美国西雅图。货物运抵西雅图机场后,被交付给货运代理人华盛顿货运公司,运往最终的目的地,而华盛顿货运公司又将货物交付西雅图空运货物公司实际运输。最终,原告直到 2008 年 9 月才收到货物,远远超过合同约定的运输期限,且原告收到货物后发现,狮子皮已经全部毁坏。原告遂起诉卢森堡货运公司、卢森堡机场服务公司、华盛顿货运公司、西雅图空运货物公司四家参与运输的公司,请求赔偿货物损失。原告认为,货物损坏并非发生在“航空运输期间”,本案不应适用《蒙特利尔公约》,被告无权援用公约规定的责任限额条款,而应当赔偿货物的实际损失。法院认为,航空货运单载明,承运人为原告提供从出发地到目的地的“门到门”运输服务,而在此期间,货物始终在承运人的掌管中。因此,根据当事人间的约定、承运人对货物的掌管情况来看,涉案货物的航空运输期间应当从承运人接收货物开始,直至货物交付收货人为止。涉案货物在航空运输期间发生了损失,本案应当适用《蒙特利尔公约》,承运人有权援用公约规定的责任限额条款。[1]

二、国际航空货物运输中"掌管"之含义

《华沙公约》和《蒙特利尔公约》均以承运人"掌管"货物,作为判断航空运输期间的重要标准。但两项国际航空条约并没有明确规定"掌管"的含义,导致各国对该术语的理解不一。从各国司法实践来看,法院主要通过考察当事人的约定、承运人对货物的控制等因素,来判断承运人对货物的"掌管"情况。

(一)当事人的约定

在国际航空货物运输中,如何判断承运人掌管货物的起止时间,是从承运人接收货物之时起,到交付货物之时止,还是从承运货物的航空器从出发地机场起飞之时起,到航空器降落于目的地机场之时止,国际条约并未明确规定。

从一些典型判例看,法院常常重点考察当事人对运输活动的具体约定,以当事人的真实意思表示作为确定掌管货物期间的依据。在判断当事人的真实意思表示时,航空货运单是一项重要的证据,因为航空货运单是运输合同的表面证据,其记载内容能帮助法院推断当事人的约定内容。如在前述"丹尼斯－丹纳诉华盛顿国际货运公司等案"中,法院认为,其一,航空货运单具有证明运输合同的作用,因此,可以根据航空货运单的记载来确定"航空运输期间"。航空运输期间应当在收货人收取货物时结束,还是在其他更早的时间结束,取决于当事人对于运输方式、出发点和目的地的约定,以及当事人在航空货运单上的记载。其二,如果承运人根

---

〔1〕 Danner v. International Freight System of Wash., LLC, Civil Action No. ELH－09－3139 (D. Md. 2013).

据约定,实际或推定地控制着货物,航空运输期间便未结束。[1] 本案中,法院以航空货运单为重要证据,考察了当事人对运输活动的约定。如果双方约定承运人应当从接受货物开始直至交货时承担管货的责任,那么承运人对货物的掌管期间应当包括承运人从托运人处接受货物、将货物运往出发地机场、将货物运往目的地机场、将货物交付收货人等整个期间。在此期间中,不论承运人采用何种运输方式,也无论其是否亲自执行运输,货物均应被视为处于承运人"掌管"之下,即处于"航空运输期间",当事人另有约定的除外。

另外一些判例则忽略了对当事人约定的考察,从而导致对航空运输期间的判断方法较为机械。例如,在 1973 年美国"泛运公司诉海岸世界航空公司案"中,当事人约定,承运人将货物交给机场海关后,即视为向收货人交货。但是法院忽视了当事人的上述约定,认为掌管货物是指承运人对货物"实际管理和控制",只有在收货人实际收货后,承运人的掌管责任才告结束。因此,货物被交给海关后,仍处于航空运输期间内,承运人仍应对货物的损失承担责任。[2] 本案中,当事人约定,承运人的管货义务可以在收货人实际接受货物之前终止,那么当事人应当知道,这种约定可能导致货物存放在海关时无人照管,但这属于当事人对自己权利的处分,并不违反法律规定。因此,法院有必要尊重当事人的约定,认定航空运输期间在货物被交给海关后终止。

(二)承运人对货物的控制

学者认为,在《华沙公约》框架中,"掌管"主要指承运人对货物的实际控制和监管。[3] 一些司法判例也认为,掌管应指承运人对货物的"实际的管理和控制",《华沙公约》只调整在物理形态上对货物的管理以及

---

〔1〕 Danner v. International Freight System of Wash., LLC, Civil Action No. ELH - 09 - 3139 (D. Md. 2013).

〔2〕 Alltransp. v. Seaboard Airlines, 349 N. Y. S. 2d 277 (N. Y. Civ. Ct. 1973).

〔3〕 参见肖永平、孙玉超:《论国际航空货物承运人责任期间》,载《现代法学》2008 年第 4 期页。

交付，而不包括对货物推定的管理以及交付。[1] 但还有一些司法判例突破了上述观点，认为“掌管”不仅包括对货物的现实的管理，也包括推定的管理。[2]

1. 承运人对货物的实际控制。如果承运人实际运输、照管货物，则应当认为承运人掌管着货物。此时货物处于航空运输期间内，承运人应当对在此期间发生的货物损失负责。例如，在1986年英国“瑞士银行诉布林克斯公司案”中，原告将数批现金交付被告空运，其中两批现金由被告的工作人员完成了验收及称重，当原告交付第三批现金时，抢匪抢走了所有现金。原告认为，涉案的三批现金都处于航空运输期间，被告应当赔偿货物损失。法院认为，其一，在抢劫事件发生时，涉案的前两批现金已由被告接收，处于被告的实际控制之下，即处于航空运输期间；其二，第三批现金没有经过被告工作人员的验收和称重，还不处于被告的控制下，也不处于航空运输期间。因此，被告应对前两批现金承担赔偿责任。[3] 本案中，被告办理了前两批现金的接收手续，可以认为这两批现金已由被告所掌管。

又如，在1969年加拿大“联合国际马厩公司诉西太平洋航空公司案”中，原告委托被告空运一匹赛马，但赛马在飞机上逃出了被告装置的栅栏，出于对航空安全的考虑，机长命令将赛马击毙。原告起诉要求被告赔偿货物损失，但被告称该赛马是由原告派人负责运输的，被告没有实际照管赛马，不应承担承运人责任。法院认为，被告在运输过程中有能力控制赛马并保证其安全，原告虽然派人协助照料赛马，但并没有排除被告承运人责任的意图，因此被告应当对赛马的损失承担赔偿责任。[4] 本案中，赛马处于被告的飞机上，被告为运输赛马装置了栅栏，可以认为被告实际

---

〔1〕 Alltransp. v. Seaboard Airlines, 349 N. Y. S. 2d 277 (N. Y. Civ. Ct. 1973).

〔2〕 Syndicatd' assurances des Lioyd c. StéAerofret, (1969) 23 R. F. D. A. 397.

〔3〕 Swiss Bank Corporation and Others v. Brink's Mat Ltd. and Others [1986] 2 Lloyd's Rep. 79.

〔4〕 United International Stables Ltd. v. Pacific Western Airlines, [1969] 5 DLR 367 (Supreme Court of British Columbia).

控制、掌管着赛马，故被告应当承担承运人责任。

2. 承运人对货物的推定控制。在国际航空货运中，承运人常常委托第三人执行全部或部分运输任务，主要情形有：第一，承运人从托运人处接收货物后，将货物交由第三人运往出发地机场，此时第三人可能是承运人的代理人或实际承运人；第二，承运人将货物交付第三人执行全部或部分运输任务，此时第三人可能是实际承运人；第三，承运人将货物运抵目的机场后，放置在第三人的仓库内，此时第三人可能是承运人的代理人；第四，承运人将货物运抵目的机场后，交由第三人送达收货人，此时第三人可能是承运人的代理人或实际承运人。在上述情形中，如果只以"实际控制"作为承运人"掌管"货物的标准，就可能导致当第三人运输货物时，承运人逃避其法律责任。为此，有些法院认为，在将货物按照约定交付收货人后，承运人对货物的掌管责任才终止；在第三人运输货物时，应当认为承运人也控制着货物。[1] 上述意见的法理依据在于：一方面，当第三人是承运人的代理人时，其行为的法律效果归于承运人，承运人仍负有掌管货物的责任；当第三人是实际承运人时，承运人作为缔约承运人，也应当对货物承担责任。另一方面，在运输合同中，托运人期待承运人安全及时地将货物交付收货人，因此，在托运人交付货物后，承运人就应当承担掌管货物的责任。承运人是否直接掌管货物，还是通过其代理人、实际承运人间接掌管货物，则在所不问。[2]

例如，在 1969 年法国"斯普兰克诉法国航空公司案"中，原告将一台冰激淋制造机交付被告，由被告将其从英国空运至法国。被告将货物运到法国奥利机场并清关，然后由被告的地面代理人将货物运往码头交付给收货人。在交付过程中，货物严重损坏，原告遂起诉要求被告赔偿损失。被告抗辩认为，在事故发生时，其已经完成了航空运输任务，无须承

---

〔1〕 1980 ZLW 61, cite from ElamrGiemulla, Ronald Schmid, *Warsaw Convention*, Kluwer Law and Taxation Publishers, 1998, Article 18, paras. 32 – 33.

〔2〕 1980 ZLW 61, cite from ElamrGiemulla, Ronald Schmid, *Warsaw Convention*, Kluwer Law and Taxation Publishers, 1998, Article 18, paras. 32 – 33.

担赔偿责任。巴黎上诉法院认为,当承运人将货物交付收货人,收货人履行管货义务并承担货物风险后,承运人的运输义务才算完成。在本案中,当货物发生损失时,被告的代理人还未将管货的义务全部转交给收货人,仍应推定货物处于被告的掌管中,被告仍须赔偿货物损失。[1]

三、辅助运输和替代运输

在一些国际航空货物运输情形中,承运人不能仅通过空运方式完成运输工作,还要借助辅助运输活动来完成货物的接收、转运和交付等工作。在另外一些运输情形中,承运人可能无法按照约定用空运方式运输货物,而必须采取其他的替代方式来完成运输。在上述辅助运输、替代运输活动中,货物是否仍处于航空运输期间,值得讨论。

(一)国际航空货物运输中的辅助运输

在国际航空运输中,辅助运输一般指附属或辅助于航空运输的陆运、海运或河运运输。《华沙公约》第 18 条第 3 款、《蒙特利尔公约》第 18 条第 4 款对辅助运输作了规定:"航空运输期间不延长到航空站以外进行的任何陆运、海运或河运。但如这类运输是在履行航空运输合同中为了装、送或转运而进行的,在无相反证据的条件下,应把任何损失推定为在航空运输期间发生事件的结果。"

根据以上规定,辅助运输具有以下特点:其一,在原则上,陆、海、河运等运输方式不属于国际航空运输,但在特殊情况下,可以推定上述运输附属或辅助于航空运输,即成为整个运输活动的一部分。[2] 其二,辅助运输并不是一项独立的运输活动,辅助运输人通常由承运人的受雇人或代理人来进行,其目的是装载、交付、转运货物,并协助承运人履行运输合同。因此,运输合同的当事人并不会认为辅助运输人是独立的承运人,辅助运输人的运输行为的法律后果也一般应由承运人承担。其三,如果货

---

〔1〕 Sprinks&Cie c. Air France, [1969] 23 R. F. D. A. 405.

〔2〕 See Georgette Miller, *Liability in International Air Transport*, Kluwer, the Netherlands, 1977, p. 151.

物在辅助运输中遭受损失的,可以先推定该损失发生在航空运输期间,再由承运人提出相反的抗辩。这样规定的目的在于,一方面,扩大了航空运输期间的适用范围,避免货物权利人在面对复杂的运输活动时,无法厘清法律关系,从而无法获得法律救济;另一方面,承运人对于货物运输过程比较熟悉,由其提供反证,以证明相关运输活动不属于国际航空运输,更为方便。例如,在2008年美国"列维诉美国联合运输公司案"中,原告委托承运人埃默里货运公司将一幅画作从法国空运到美国,被告美国联合运输公司是承运人的地面代理人。被告在执行地面运输任务时,画作丢失。原告认为,货物损失发生的时间不属于航空运输期间,本案不适用《华沙公约》,被告应当全额赔偿货物损失。法院认为,涉案运输合同包含了"门到门"运输条款,被告美国联合运输公司进行的地面运输是航空运输活动的辅助运输,而非一项独立的运输,其目的是装、送、转运货物,因此推定该辅助运输属于航空运输期间。本案应当适用《华沙公约》,承运人及其代理人有权援用公约的限额赔偿条款。[1]

(二)国际航空货物运输中的替代运输

国际航空货物运输中的替代运输,通常是指承运人用以替代航空运输的陆运、海运或河运运输,替代运输中的货物也被认为处于航空运输期间。《华沙公约》第18条第3款并未明确区分辅助运输、替代运输的概念,容易造成司法实践的混淆。例如,在法国"电器公司诉联合运输体案"中,原告将货物交付被告从法国空运到多哥,因为目的地机场不适合喷气货机降落,被告决定先将货物运到邻国贝宁,然后通过陆运方式将货物运到多哥。由于货物在陆运中受损,原告遂起诉被告要求其赔偿损失。最终,法院根据《华沙公约》第18条第3款,判令被告承担赔偿责任。[2] 但值得注意的是,涉案陆路运输并非从属于航空运输的辅助运输,而是在承运人无法进行空运时的替代运输方式,该项陆路运输是独立的运输活动,

[1] Levy v. United Parcel Systems, Civil No. 06 – 5738 (FSH) (D. N. J. Feb. 14, 2008).
[2] 参见赵维田:《国际航空法》,社会科学文献出版社2000年版,第344页。

将其视为替代运输更加合理。《华沙公约》第 18 条第 3 款主要调整辅助运输活动,法院适用该规定审理案件实属无奈。

在另外一些案例中,法院试图明确替代运输的概念,旨在为审理涉及替代运输的案件提供法理依据。例如,在 1998 年美国"里德莱特公司诉伯灵顿航空公司案"中,原告委托被告将货物从英国空运至美国,被告向原告签发了空运单。被告在英国希思罗机场接收了货物,先以陆运方式、海运相结合的方式,将货物运到卢森堡,再以空运方式将货物从卢森堡运到美国。因货物在运输途中发生损害,原告遂起诉被告要求赔偿。法院认为,其一,根据运输合同约定,被告应当以空运方式将货物运往美国,虽然被告在履行合同过程中使用了多种运输方式,但所有的运输方式均应当视为整个国际航空运输的组成部分;其二,货物在哪一项运输中遭受损失并不重要,即便货物在陆运、海运中受损,承运人也需根据《华沙公约》承担赔偿责任。[1] 本案中,法院尝试厘清替代运输的含义,并确定承运人对于替代运输的责任。这样的裁判方法对航空运输法的适用与发展有积极的意义。

为区别辅助运输与替代运输的概念,《蒙特利尔公约》第 18 条第 4 款修订了《华沙公约》第 18 条规定,"承运人若未经托运人同意,以其他运输方式代替当事各方在约定为航空运输的全部或者部分,则此次用其他运输方式履行的运输,应视为在航空运输期间"。按照这一规定,替代运输与辅助运输的区别主要在于,替代运输是一项独立的运输,其作用在于部分或全部地替代航空运输;辅助运输是附属或辅助于航空运输的,并不是一项独立的运输。而两者的共同点主要在于,两者均属于航空运输期间的一部分,货物在替代运输或辅助运输中受损的,承运人均应当承担赔偿责任。可见,《蒙特利尔公约》第 18 条在继承了《华沙公约》立法成果的基础上,也吸收了航空实践中的有益观点,为法院处理涉及替代运输的案件提供了实体法的依据。

---

[1] Read - Rite Corp. v. Burlington Air Express, Inc. , 183 F. R. D. 545 (N. D. Cal. 1998).

第三章　国际航空货物承运人的法律责任

在确定国际航空货物承运人的责任时,有几项因素值得关注。第一,航空货运单。航空货运单是当事人间航空运输合同的表面证据,其记载内容是判断当事人间意思表示、确定承运人法律责任的重要依据。本章第一节将探讨航空货运单的法律性质、适用规则。第二,承运人赔偿责任的归责原则。鉴于"华沙体制"关于货物承运人归责原则的规定发生了重大变化,本章第二节将讨论不同归责原则的适用范围。第三,货物损失状态。国际航空条约对货物损失状态作了比较原则的规定,各国法院常常行使自由裁量权解释各种货物损失状态。本章第三节将结合各国法院的司法标准,分析货物损失状态的含义。第四,责任限额。"华沙体制"与《蒙特利尔公约》都规定,承运人原则上应当对货物损失承担限额赔偿责任。本章第四节将讨论承运人责任限额制度的适用规则,以及各公约规定的突破责任限额的事由。

第一节　航空货运单规则

航空货运单,是航空货物运输中,托运人与承运人之间关于运输合同及在运货物的单据。[1]《华沙公约》将“航空货运单”称为 Air Consignment Note,1955 年《海牙议定书》将其改称为 Air Waybill,人们在实践中常将其简称为 AWB。“华沙体制”与《蒙特利尔公约》都要求,承运人应当向托运人出具航空货运单。例如,《华沙公约》第 5 条第 1 款规定,货物承运人有权要求托运人填写航空货运单,托运人有权要求承运人接受该凭证。《蒙特利尔公约》第 4 条第 1 款规定,就货物运输,承运人应当出具航空货运单。在司法实践中,航空货运单还是确定当事人法律地位,以及认定承运人法律责任的重要依据。因此,有必要对其法律性质以及适用规则进行深入探讨。

一、航空货运单的法律性质

航空货运单主要包括分运单、主运单两类,前者是一般由承运人及其代理人或缔约承运人接收货物后,向托运人出具的;后者一般由实际承运人向托运人及其代理人出具。主运单和分运单的内容、格式基本相同,主要区别在于:其一,主运单右上角印有航空公司的名称,以及国际航空运输协会(IATA)票证代号。其二,分运单在其左下方记载了主运单的票证代号和航空货运单号码,在右上方记载了分运单的号码;在分运单号码下方印有“Air Waybill, issued by, 某某航空运输服务公司”等字样,在第一承运人栏记载了第一承运人的名称。[2] 航空货运单是证明运输合同、承运人已接收货物的证据。但不同于海运提单,航空货运单不是一种交货凭证或物权凭证。[3]

(一)航空货运单是运输合同的表面证据

关于航空货运单与航空货物运输合同之间的关系,学界曾有争论。一种观点是“同一论”,认为航空货运单就是货物运输合同本身,因为航空

---

〔1〕 参见黄力华:《航空货运单法律问题研究》,载《西南民族学院学报(哲学社会科学版)》2000 年第 10 期。

〔2〕 参见董念清:《中国航空法:判例与问题研究》,法律出版社 2007 年版,第 182 – 184 页。

〔3〕 See Trevor Philipson QC: *Carriage by Air*, Butterworths, London, 2001, p. 71.

货运单上记载的内容包含货物信息、运费、承运条件、运输停降地点、当事人信息等,这些内容足以构成合同。在实践中,当事人也常根据航空货运单来确定各自的权利义务。而另一种观点是"区分论",认为航空货运单不同于运输合同,前者只是证明运输合同、接管货物、承运条件的表面证据,当事人建立了运输合同关系后才填写航空货运单,因此,该凭证是在合同履行过程中产生的,不是合同本身。[1]

显然,"区分论"的观点更符合国际航空条约的规定。例如,《华沙公约》第 11 条第 1 款、《蒙特利尔公约》第 11 条第 1 款均规定,在没有相反的证据时,航空货运单是订立合同、接收货物和所列运输条件的初步证据。《华沙公约》第 5 条第 2 款还规定,即便没有航空货运单,或单据不合规定或遗失,均不影响运输合同的存在和有效。上述规定有两层含义:其一,国际航空条约区分了航空货运单与航空运输合同的概念,即航空货运单是运输合同的初步证明文件,至于当事人是否填写航空货运单、航空货运单是否符合规范,这些事实本身并不影响运输合同的效力。其二,航空货运单仅具有初步证明效力,如果当事人能够提出相反证据的,则可以否定航空货运单的证明事项。例如,在 2005 年我国"青岛祥泰纺织品有限公司诉(株)三欧海运航空公司案"中,原告与案外人韩国 AMA 公司签订了买卖合同,将 4 批服装卖给后者。为履行买卖合同,原告将 4 批服装交付被告,从中国青岛空运至日本名古屋。被告接收了 4 批货物后,向原告开具了 4 套航空货运单,均载明"托运人"为原告,"承运人"为被告,收货人为"凭韩国中小企业银行指示"。货物运抵目的地后,未经韩国中小企业银行指示,被告擅自向案外人放货,原告遂起诉被告请求赔偿。被告抗辩认为,原告只是代理韩国 AMA 公司办理托运,并非真正的货物权利人,原被告间并无运输合同关系,因此,被告无须向原告承担赔偿责任。为证明其主张,被告向法院提供了韩国 AMA 公司委托原告运输货物的文件。

[1] 以上观点总结,参见黄力华:《空运单法律问题研究》,载《西南民族学院学报(哲学社会科学版)》2000 年第 10 期。

法院认为，一方面，被告向原告签发的航空货运单是原被告间运输合同的表面证据，如果被告不能提供相反证据的，应认定原被告间成立了运输合同关系。另一方面，被告出具的韩国 AMA 公司的委托运输证明，不足以否认原被告间的运输合同关系。[1]

（二）航空货运单并非提货凭证、物权凭证

在海上运输中，海运提单具有提货凭证和物权凭证功能。具体而言，海运提单的持有人有权在目的港凭提单提取货物，也可以通过背书转让提单的方式，转移货物的所有权。[2] 但在国际航空运输中，航空货运单不具有提货凭证、物权凭证的功能。

1. 航空货运单并非提货凭证。在海上运输中，提单可以背书流转，承运人在放货前，通常要求收货人出示经过连续背书的正本提单，以确定收货人是否具有领货的权利，因此海运提单通常被视为收货人的提货凭证。但在航空运输中，航空货运单并无这样的法律地位。第一，托运人指示取回或转运货物的情形。《华沙公约》第 12 条第 1 款和《蒙特利尔公约》第 12 条第 1 款均规定："托运人在履行运输合同义务的条件下，有权在起运地航空站或目的地航空站将货物提回，或在途中经停时中止运输，或在目的地或运输途中交给非航空货运单上所指定的收货人，或要求将货物退回起运地航空站……"根据上述规定，托运人在交付货物后仍有权指示承运人取回或转运货物，托运人向承运人作出指示时，无须出具航空货运单。第二，收货人领取货物时的情形。《华沙公约》第 13 条第 1 款和《蒙特利尔公约》第 13 条第 1 款均规定，收货人于货物到达目的地，并在缴付应付款项和履行航空货运单上所列的运输条件后，有权要求承运人移交航空货运单并发给货物。可见，收货人领取货物的条件为，缴付款项、履行航空运输条件，也无须出具航空货运单。上述规定均表明，航空货运单没有提货凭证的功能。

---

〔1〕 参见（2005）鲁民四终字第 32 号判决书。

〔2〕 参见郭瑜：《提单法律制度研究》，北京大学出版社 1997 年版，第 2 页。

2. 航空货运单并非物权凭证。海运提单之所以被视为物权凭证的主要原因在于，一方面，提单常被用来代替货物进行交付，提单持有人可凭提单对货物行使处分权利，如指令承运人转运货物、转卖货物等；另一方面，银行也常以提单作为担保，为客户提供信用支持和融资渠道。〔1〕一般来说，航空货运单不具有物权凭证的功能，但在一些特殊情况中，当事人要将航空货运单作为物权凭证的，需要有商业惯例、商人习惯法或法律的明确规定。例如，美国《统一商法典》第1－201条规定：“提单，指为证明已收到准备装运的货物，而由从事运输业务或运送货物的人签发的单据，包括航空货运单。”根据上述规定，航空货运单在美国国内运输中可以作为物权凭证。但是，国际航空条约没有规定航空货运单可以替代货物进行交付，也没有规定航空货运单上可以设定物权权利。因此，在国际航空运输中，航空货运单一般不具有物权凭证的功能。

3. 航空货运单不具有普遍流转性。在订立《海牙议定书》的外交会议上，各国代表就航空货运单是否能够流转的问题存在分歧：一种意见认为，航空运输速度较快，航空货运单是否能够流转并不重要；另一种意见认为，应当规定航空货运单具有可流转性，以提高商业交易的效率。〔2〕最终，《华沙公约》没有明确航空货运单是否能够流转，但也没有禁止承运人出具可流转的航空货运单。而1955年《海牙议定书》第9条在《华沙公约》第15条中增加了第3款，“本公约不限制填发可以流通的航空货运单”。《海牙议定书》这样规定的目的是澄清《华沙公约》第15条含义，即公约不否认可流转的航空货运单的效力，但具体的管理规定由各国自行制定。〔3〕有学者认为，尽管《海牙议定书》规定了航空货运单可以流转，

〔1〕 参见司玉琢：《海商法专论》，中国人民大学出版社2007年版，第273－274页。

〔2〕 See Rene H. Mankiewicz, *Hague Protocol to Amend the Warsaw Convention*, The American Journal of Comparative Law, 5, 1956, p. 88.

〔3〕 See Rene H. Mankiewicz, *Hague Protocol to Amend the Warsaw Convention*, The American Journal of Comparative Law, 5, 1956, p. 89.

但没有建立具体的流转制度,因此,议定书的目的并没有真正实现。[1]上述观点具有一定的合理性:一方面,在《华沙公约》和《蒙特利尔公约》的框架内,托运人指示承运人取回或转运货物时,以及收货人领取货物时,并没有出具航空货运单的强制义务。因此,航空货运单是否能够流转,对当事人行权的影响不大。另一方面,各方的商业惯例、商人习惯法,以及国际条约很少规定航空货运单的货物物权凭证效力,持有人在航空货运单上一般不能设定物权权利,因而航空货运单缺乏流转的价值。

二、航空货运单规则的演变

在航空货运单规则方面,"华沙体制"与《蒙特利尔公约》的规定有所不同。第一,《华沙公约》对航空货运单的规定最为严格。根据公约第 8 条和第 9 条,航空货运单的记载事项多达 17 项,如果承运人不出具航空货运单或出具航空货运单不符合要求的,则承运人将不得援用免除和限制责任的条款。第二,"华沙体制"其他文件逐步简化了航空货运单规则。根据 1955 年《海牙议定书》议定书第 6 条,航空货运单的必要记载事项被简化为 3 项。1975 年《蒙特利尔第 4 号议定书》第 3 条对《海牙 – 华沙公约》第 8 条、第 9 条作了修订,调整了记载事项的内容,取消了承运人未妥善出具航空货运单时的惩罚措施。第三,《蒙特利尔公约》第 9 条吸收了《蒙特利尔第 4 号议定书》的立法成果,采用了议定书关于航空货运单记载事项的规定,并取消了对承运人的惩罚措施。[2]

(一)《华沙公约》的航空货运单规则

《华沙公约》关于航空货运单的规定主要集中在第 8 条与第 9 条。对于上述两条规定的理解如下。

1. 对航空货运单记载事项的分类。《华沙公约》第 8 条规定,航空货运单应记载 17 项内容,包括货运单的填写地点和日期,起运地和目的地,

〔1〕 参见黄力华:《航空货运单法律问题研究》,《西南民族学院学报(哲学社会科学版)》2000 年第 10 期。

〔2〕 参见唐明毅、陈宇:《国际航空私法》,法律出版社 2004 年版,第 271 页。

约定的经停地点,托运人的名称和地址,第一承运人的名称和地址,收货人的名称和地址,货物的性质,包装件数、包装方式、特殊标志或号数,货物重量、数量、体积或尺寸,货物和包装的外表情况,运费金额、付费日期和地点以及付费人,货物的价格,货物声明价值,航空货运单的份数,随同航空货运单交给承运人的凭证,经约定的运输期限和路线,一项运输受《华沙公约》约束的声明等。

有学者认为,根据功能不同,可以将记载事项分为三类:第一类为通知性事项,包括第2、3、17项,其目的在于告知托运人或收货人本次运输具有国际性,且受《华沙公约》调整。第二类为技术性事项,包括第1项、第4项、第5项、第6项、第7项、第8项、第10项、第11项、第12项、第13项、第14项、第15项、第16项,其目的在于记载与运输相关的技术性规定。第三类为确定责任事项,如第9项,直接关系到承运人赔偿责任范围。[1] 此外,根据《华沙公约》第9条规定的惩罚规则,还可将记载事项分为两类:第一类为惩罚性记载事项,包括第1项至第9项,以及第17项,承运人如果没有载明此类事项,则不得援用免除或限制责任的规定。第二类为非惩罚性事项,包括第10项至第16项,即便承运人未载明这些事项,仍有权援用免除或限制责任的规定。[2] 人们普遍认为,《华沙公约》第8条规定过于严苛:一方面,该条款规定了17个必要记载事项,极大地增加了承运人制作航空货运单的负担;另一方面,航空货运单是运输合同的初步证明,出具航空货运单不是承运人在运输合同中的主给付义务,而是从给付义务,但一旦承运人违反这项从给付义务,就不得援用责任限额规定,有失公平。

2. 未能妥善出具航空货运单的惩罚规则。《华沙公约》第9条规定,承运人如果接收货物后没有填写航空货运单,或者航空货运单没有记载公约第8条第1项至第9项和第17项,则不得援用免除或限制责任的规

---

〔1〕 参见黄力华:《国际航空运输法律制度研究》,法律出版社2007年版,第239-240页。
〔2〕 参见黄力华:《国际航空运输法律制度研究》,法律出版社2007年版,第239-240页。

定。在司法实践中适用上述惩罚措施的,需要首先明确两个问题:一是如何判断航空货运单不符合《华沙公约》规定;二是如何理解《华沙公约》第9条规定的惩罚措施的含义。

关于第一个问题,美国法院提出了"三步测试法"。例如,在1996年美国"布林克有限公司诉南非航空公司案"中,托运人(案外人)将一批货物交付被告,被告从南非约翰内斯堡空运到美国纽约。在托运货物前,托运人向原告购买了货物运输保险。涉案航班在运输中经停了佛得角群岛,但被告未在航空货运单载明经停地。因货物在运输过程中受损,原告向托运人理赔损失,并依据代位求偿权起诉被告。原告认为,航空货运单上未载明约定经停地,违反了《华沙公约》第9条,因此被告不得援用免除或限制其责任的规定。[1] 在判断航空货运单是否违反《华沙公约》第9条时,法院提出了"三步测试法":第一步,如果航空货运单未记载《华沙公约》第8条第8项、第9项,即货物包装件数、方式、标志,以及货物重量、数量、体积或尺寸等,且未记载事项具有重大商业意义时,可以认为承运人违反了第9条,而本案不属于这种情况。第二步,如果航空货运单未记载公约第8条的其他事项,即第1项至第7项和第17项时,则无论未记载部分是否具有重大商业意义,承运人均不得援用免除和限制责任的规定,本案属于这种情形。第三步,如果航空货运单虽然记载了第8条规定的事项,但表述方式与公约规定不一致的,法院可以根据通常的文义标准,解释记载事项的含义,而本案也不属于这种情形。综上分析,法院认为被告违反了"第二步"标准,因此不得免除或限制其赔偿责任。[2] "三步测试法"提出的一项重要标准,是承运人遗漏的记载事项是否有"重大商业意义",但这一术语词语的含义并不十分明确,需要法官行使自由裁量进行解释。因此,"三步测试法"在各方的司法实践中未能广泛适用。

关于第二个问题,《华沙公约》第9条并没有明确"免除或限制承运人

---

〔1〕 Brink's Limited v. South African Airways, 93 F. 3d 1022 (2d Cir. 1996).

〔2〕 Brink's Limited v. South African Airways, 93 F. 3d 1022 (2d Cir. 1996).

责任的规定”具体指哪些条款。1955 年《海牙议定书》对这一问题作了澄清。该议定书第 7 条修订了《华沙公约》第 9 条,规定在承运人违反航空货运单规则的情况下,“无权援用《华沙公约》第 20 条第 2 款的规定”。《华沙公约》第 20 条第 2 款规定了承运人航行过失的免责事由:“在运输货物和行李时,如果承运人证明损失的发生是由于驾驶上、航空器的操作上或领航上的过失,而在其他一切方面承运人和他的代理人已经采取一切必要的措施以避免损失时,承运人就不负责任。”结合上述规定可知,在《海牙 - 华沙公约》中,货物承运人如果未能妥善出具航空货运单,则无权援用航行过失的免责事由。

(二)对《华沙公约》航空货运单规则的修订

在“华沙体制”中,1955 年《海牙议定书》以及 1975 年《蒙特利尔第 4 号议定书》均修订了《华沙公约》的航空货运单规则。而《蒙特利尔公约》在《蒙特利尔第 4 号议定书》的基础上,进一步整合了航空货运单规则。

1. 1955 年《海牙议定书》的修订。《海牙议定书》对《华沙公约》的航空货运单规则作了如下修订。一是简化记载事项。《海牙议定书》第 6 条修订了《华沙公约》第 8 条,将记载事项简化为 3 项,包括起运地和目的地;约定经停地;承运人关于在运输中适用《华沙公约》的声明。《海牙议定书》的做法大大减轻了承运人出具运输凭证的负担。二是明确惩罚措施含义。《华沙公约》第 9 条规定,违反航空货运单规则的承运人不得援用“免除或限制承运人责任的规定”,但没有明确具体包括哪些条款。《海牙议定书》第 7 条明确,“免除或限制承运人责任的规定”是指《华沙公约》第 20 条第 2 款。因此,对加入《海牙议定书》的当事方,如果承运人违反了航空货运单规则,就不能援用航行过失的免责事由。

2. 1975 年《蒙特利尔第 4 号议定书》的修订。《蒙特利尔第 4 号议定书》对航空货运单规则的修订主要包括以下两方面。第一,修改必要记载事项。经过《蒙特利尔第 4 号议定书》第 3 条修改后的《海牙 - 华沙公约》第 8 条规定:“航空货运单和货物收据上应载有:始发地和目的地;如始发地和目的地在同一当事方领土内,而在另一方领土内有一个或数个约定的经停地时，至少一个此种经停地点；货物重量。”经修订后，航空货运单上的记载事项仍为三项，但与《海牙－华沙公约》原条文相比，承运人无须再记载适用《华沙公约》的声明，而应记载货物重量。学者认为，这一修改更有利于发挥航空货运单的功能：一是发挥告知功能，前两项记载事项旨在告知托运人航空运输具有“国际性”，应当受国际航空条约调整；二是发挥责任确定功能，航空货运单明确记载货物重量，使当事人能够更加方便地以重量为基础，计算托运人的应付运费，以及承运人对货物的赔偿金额。[1] 第二，取消承运人惩罚措施。《蒙特利尔第4号议定书》第3条修改了《海牙－华沙公约》的第9条，规定当事人出具航空货运单不符合规定时，“运输合同仍受本公约规则的约束，包括有关的责任限制的规定”。可见，《蒙特利尔第4号议定书》取消了对承运人惩罚措施，意即承运人未妥善航空货运单，也可以援用免除或限制其责任的规定。

3.《蒙特利尔公约》对航空货运单规则的整合。《蒙特利尔公约》在吸收1975年《蒙特利尔第4号议定书》规定的基础上，进一步整合了“华沙体制”的货物航空货运单规则。第一，简化记载事项。《蒙特利尔公约》第5条规定：“航空货运单或者货物收据应当包括：对出发地点和目的地的标示；出发地和目的地是在一个当事方的领土内，而在另一方的领土内有一个或者几个约定的经停地的，至少对其中一个此种经停地的标示；以及对货物重量的标示。”上述条款与1975年《蒙特利尔第4号议定书》第3条相同，规定航空货运单上应当记载出发地及目的地、约定经停地以及货物重量3项内容，简化了《华沙公约》第8条的17个记载事项，也取消了《海牙－华沙公约》关于适用《华沙公约》的声明事项。第二，取消航空货运单惩罚措施。《蒙特利尔公约》第9条规定：“未遵守第4条至第8条的规定……该运输合同仍应当受本公约规则的约束，包括有关责任限制规则的约束。”显然，该规定也取消了《华沙公约》第9条规定的对承运人的惩罚措施。例如，在2008年美国“警惕保险公司诉世界速递公司案”

〔1〕 参见黄力华：《国际航空运输法律制度研究》，法律出版社2007年版，第243页。

中，某托运人（案外人）委托被告将一批药品从英国伦敦空运到美国费城，该托运人还向原告购买了货物运输保险。被告在接收货物后，没有出具航空货运单。被告在运输过程中未采取温控措施，导致药物全部毁损。原告向托运人理赔货物损失后，依据代位求偿权起诉被告。原告认为，被告未及时出具航空货运单，故不得援用责任限额条款。法院适用《蒙特利尔公约》审理本案，认为根据该公约第 9 条规定，即便被告没有及时出具航空货运单，仍有权援用免除或限制其责任的条款，故被告应对货物损失承担限额赔偿责任。[1]

第二节　国际航空货运损失的认定

《华沙公约》第 18 条第 1 款规定，"对于因货物毁灭、遗失或者损坏而产生的损失，只要造成损失的事件是在航空运输期间发生的，承运人就应当承担责任"。该公约第 19 条还规定，"货物在航空运输中因延误引起的损失，承运人应当承担责任"。根据上述条款，对于货物在航空运输期间内发生的"毁灭"（destruction）、"遗失"（loss）、"损坏"（damage）、"延迟"（delay）等损失，承运人应当负赔偿责任。《蒙特利尔公约》第 18 条第 1 款、第 19 条也作了同样的规定。但是，无论是《华沙公约》还是《蒙特利尔公约》都没有明确界定毁灭、遗失、损坏、延误等术语的含义，需要结合各方司法实践进行分析。

一、货物损坏的认定

一些司法判例中，法院在判断货物"损坏"状态的重要依据是，货物在运输中的状态发生变化，即如果货物在托运人交付承运人时状态完好，但在承运人交付收货人时状态受损，而且货物没有完全丧失经济价值的，可以认定货物受到"损坏"。[2]

---

〔1〕 Vigilant Insurance Company v. World Courier, Inc., 07 CV 194 (CM) (S. D. N. Y. Jun. 4, 2008).

〔2〕 Missouri Pacific Railroad v. Elmore, 360 S. W. 2d 839 (Tex. Civ. App. 1962).

（一）货物损坏的认定标准

一些法院将判断货物损失的规则归纳为“三步测试法”，认为如果托运人能证明以下事实，则案件可以构成“初步证明的案件”（prima facie case）：其一，货物交付承运人时状态良好；其二，货物到达目的地时状态受损；其三，货物遭受了一定价值的损失。此时，除非被告提供相反的证据，否则法院将有理由认定货物已被“损坏”。[1] 例如，在 1987 年美国“海上航空公司诉权思康运输公司案”中，原告购买了一批飞机零件，先交付新加坡航空公司从新加坡运往美国加利福尼亚州，然后交付被告从美国加利福尼亚州运往该国佛罗里达州。在被告运输途中，货物遭受火灾并受损。原告起诉称，其已经与案外人签订了涉案货物的转售协议，因为货物损失导致原告无法履行转卖合同，损失可得利益 11.7 万美元，被告应当赔偿上述损失。[2] 在判断货物是否“损坏”时，法院即适用了“三步测试法”：其一，货物在交付被告时装在纸板箱中，承运人无法检查货物的实际情况，而托运人也未能提供证据，以证明货物在交付时状态良好。其二，关于货物到达目的地时状态受损的事实，双方当事人没有争议。其三，原告称其可得利益损失为 11.7 万美元，但货物损失应以合同当事人所能预见为限，故法院对原告主张的可得利益损失不予确认。最终，法院认为原告未能证明货物交付被告时状态完好，也无法证明其损失发生在被告运输期间，故驳回了原告的诉请。[3]

从上述案件可见，“三步测试法”的实质在于：首先，比较货物在运输前后的状态，如果有证据证明货物在运输期间遭受损失的，可以作为认定货物“损坏”的依据。其次，确认货物的损失价值，即索赔人应当证明货物损失的实际金额，以便法院认定承运人的责任。

（二）货物状态的证明责任

在“三步测试法”中，当事人通常对货物运输后的状态没有异议，但对

---

[1] Missouri Pacific Railroad v. Elmore, 360 S. W. 2d 839 (Tex. Civ. App. 1962).

[2] Offshore Aviation v. Transcon Lines, Inc., 831 F. 2d 1013 (11th Cir. 1987).

[3] Offshore Aviation v. Transcon Lines, Inc., 831 F. 2d 1013 (11th Cir. 1987).

货物交付托运时的状态往往会发生争议。因此,查明货物交付托运时的状态,是相关案件审理中的难点问题,美国法院往往根据货物的包装情况,灵活地在托运人或承运人间分配举证责任,以便查明案件事实。

1. 货物交付托运时处于密封状态。如果托运人将货物密封后交付承运人,则承运人只能检查货物的表面状态,一般不能检查包装内货物的情况。一方面,法院可以根据航空货运单的记载情况,判断货物的表面状态;另一方面,可以将部分举证责任分配给托运人,要求托运人证明包装内货物的状态。

上述举证责任分配方法在其他类型的运输案件中早有运用。例如,在 1982 年美国"皮尔斯伯里公司诉伊利诺伊中央海湾公司案"中,原告将一批面粉制品交付被告,以铁路运输的方式从美国伊利诺伊州运往路易斯安那州。被告为原告提供了若干空车皮,原告将货物装载于车皮中,并用金属链条密封了车皮。被告出具了货运单,载明货物状态良好,但因为货物处于密封状态,被告没有检查货物的实际情况。货物运抵后,收货人在面粉制品中发现了虫子,原告遂起诉被告要求赔偿货物损失。被告抗辩称,其无法检查密封货物的状态,货物损失应当由原告自己承担。法院认为,托运人将货物密封后交付承运人时,承运人无法知晓货物的实际状态,托运人应当提供额外的证据,以证明货物交运时状态良好。[1] 原告为了证明其诉讼意见,提供证据证明货物在交付时没有虫子,且原告在装运货物前对车皮进行了全面的检验、消毒和清洁。法院认为,原告提供的证据足以证明货物在交付时状态良好,最终支持了原告的诉请。[2] 在这起案件中,法院即将密封货物状态的证明责任分配给托运人,并根据托运人的证据对案件事实作出认定。而在航空货物运输案件中,法院也开始采用这一举证责任分配方法。例如,在 2003 年美国"A. I. G. 乌拉圭保险股份公司诉 AAA 库珀运输公司案"中,法院认为,因为货物在交付运输时

---

〔1〕 Pillsbury Co. v. Illinois Cent. Gulf R. R, 687 F. 2d 241 (8th Cir. 1982).

〔2〕 Pillsbury Co. v. Illinois Cent. Gulf R. R, 687 F. 2d 241 (8th Cir. 1982).

被密封起来,承运人无法知晓货物的真实状态,承运人出具的航空货运单仅能证明货物表面状态良好,因此,托运人需提供额外的证据以证明货物交付时的状态。[1]

2. 货物交付托运时处于非密封状态。如果托运人将非密封的货物交付托运的,承运人有机会检查货物的真实状态,并在航空货运单上载明货物的外部状态以及货物本身的状态。此时,法院就可根据航空货运单的记载内容来确定货物状态。[2] 例如,在2007年美国"威农场诉美国航空公司案"中,原告将一批芦笋装在打开的纸板箱中,交付被告从智利利马空运至美国迈阿密。被告的代理人接收货物后,在航空货运单上载明:"货物在交运时状态良好。"被告没有采取温控措施来运输芦笋,在货物运抵目的地后,也没有及时联系收货人取货,最终导致部分芦笋部分腐烂。原告遂起诉被告请求赔偿。法院在判断货物是否"损坏"时,也适用了"三步测试法"。

二、货物毁灭的认定

在学理上,货物"毁灭"一般指货物在物质上的灭失,也指货物原有性质的丧失。[3] 货物的"毁灭"与"损坏"的情形具有一定的相似性,如何准确区分货物的两种状态,也是国际航空司法实践的一项重要课题。

(一)区分货物"毁灭"与"损坏"的意义

在国际航空实践中,区分货物"毁灭"与"损坏"的一项意义在于,索赔人的"异议通知义务"不同。例如,《华沙公约》第26条规定:"如果有损坏(damage)情况,收件人应该在发现损坏后,立即向承运人提出异议……如果是货物,最迟应该在货物收到后七天内提出。……除非承运人方面有欺诈行为,如果在规定期限内没有提出异议,就不能向承运人起诉。"又

〔1〕 A. I. G. Uruguay Compania de Seguros, S. A. v. AAA Cooper Transportation, 334 F. 3d 997 (11th Cir. 2003).

〔2〕 Spartus Corp. v. The S/S Yafo, 590 F. 2d 1310 (5th Cir. 1979).

〔3〕 参见赵维田:《国际航空法》,社会科学文献出版社2000版,第340页。

如,《蒙特利尔公约》第31条规定:“发生损坏(damage)的,有权提取货物者必须在发现损失后立即向承运人提出异议……货物发生损失的,最迟自收到货物之日起十四日内提出。……除承运人一方有欺诈外,在前款规定的期间内未提出异议的,不得向承运人提起诉讼。”可见,在货物“损坏”情形下,索赔人负有“异议通知义务”。根据《华沙公约》第26条规定,索赔人提出异议的期限为收到货物后7日内,而《蒙特利尔公约》第31条将这一期限延长至14日,如果索赔人未在规定期限内提出异议,将丧失向承运人索赔的权利。但是,在货物“毁灭”的情形下,国际条约并未明确规定这样的义务。

在1978年美国“道尔顿诉三角航空公司案”中,原告将5只赛狗交付爱尔兰航空公司,从爱尔兰香农运往美国波士顿,然后将赛狗交付被告,从美国波士顿运往迈阿密。被告在波士顿接收赛狗时,赛狗状态良好,但航班抵达目的地时,赛狗已全部死亡。兽医验尸后认为,赛狗因窒息而死。原告遂起诉被告要求赔偿货物“毁灭”损失,被告抗辩认为,原告于收到货物7日后才向被告提出异议,因此,根据《华沙公约》第26条,原告已丧失向被告索赔的权利。法院认为,货物“损坏”与“毁灭”有重要区别,原告养狗是为了训练其赛跑而非为其皮肉,活的赛狗才能实现托运人目的,才能被称为货物。当狗死亡后,便已丧失了经济价值与功能,不再是托运人想运送的货物。因此,本案货物属于“毁灭”而非“损失”,《华沙公约》第26条不适用于本案。原告即便收到货物7日后才提出异议,也不丧失索赔的权利。[1]

(二)区分货物“毁灭”与“损坏”的司法标准

为了区分货物“毁灭”与“损坏”的状态,美国法院通常会以“货物是否明显地失去了经济价值”作为判断标准:如果货物失去了全部经济价值,就是“毁灭”;如果货物尚存部分经济价值可以利用,就是“损坏”。[2]

---

[1] Dalton v. Delta Airlines, Inc., 570 F. 2d 1244 (5th Cir. 1978).

[2] Hughes - Gibb Co., Ltd. v. Flying Tiger Line, 504 F. Supp. 1239 (N. D. Ill. 1981).

上述观点实际上提出了一项“两步测试法”:其一,确定托运人在托运货物时所期望的经济价值,这需要法院根据当事人的意思表示,并结合具体案情作出判断。其二,确定货物抵达目的地后所剩余的经济价值,如果剩余价值完全不符合托运人的期待,可以认定货物“毁灭”;如果货物价值虽有减损,但仍符合或部分符合托运人的期待,可认定货物“损坏”。

在1981年美国“休斯-吉勃有限公司诉飞虎航空公司案”中,托运人(案外人)将130只猪崽交付被告,从美国芝加哥空运至菲律宾马尼拉,托运人向原告购买了货物保险。在运输过程中,有60只猪崽死亡,原告向托运人赔付损失后,向被告提起了代位求偿之诉。被告抗辩认为,死亡的猪崽对于托运人仍有一定价值,如托运人仍可将猪崽加工为肉制品,因此猪崽是“损坏”而非“毁灭”。法院认为,其一,托运人计划继续喂养猪崽,其将猪崽交付承运人运输时,所期待的利益是猪崽能够准时到达目的地并健康存活;其二,死亡的猪崽不能进行喂养,也不能加工成肉制品,因为如果猪崽没有被正常宰杀,加工制品会被美国食品和药品监督局查处。死亡的猪崽显然失去了托运人所期待的价值,因此是“毁灭”的货物。[1]

三、货物遗失的认定

国际公约没有明确规定货物“遗失”的含义。司法实践一般认为,货物“遗失”是指货物的方位,乃至存在状态不为人知或无法合理查明。[2]“遗失”与“毁灭”的共同点在于,货物对于托运人而言,失去了价值及用途。但两者的区别在于,货物发生“毁灭”,是指该货物在现实中彻底失去了经济价值,而货物发生“遗失”,是指货物权利人将无法利用该货物,但并不意味着货物在现实中彻底失去价值。在航空运输中,货物“遗失”的情形通常包括货物被盗窃、抢劫,以及承运人错误地将货物交给他人等。[3] 在货物“遗失”案件中,当事人的争议常表现为:其一,货物遗失时

〔1〕 Hughes - Gibb Co., Ltd. v. Flying Tiger Line, 504 F. Supp. 1239 (N.D. Ill. 1981).

〔2〕 Dalton v. Delta Airlines, Inc., 570 F.2d 1244 (5th Cir. 1978).

〔3〕 参见赵维田:《国际航空法》,社会科学文献出版社2000年版,第341页。

间对承运人责任的影响;其二,承运人的受雇人、代理人的盗窃行为对其责任的影响。

(一)货物遗失时间的认定

实践中常会有这样的情况,货物在托运前或到达目的地后,暂时存放在承运人(或其代理人)的仓库内。如果货物在仓库中丢失的,能否认为货物在航空运输期间遗失,对此问题,《华沙公约》与《蒙特利尔公约》似乎有不同规定。

1.《华沙公约》规定的情形。《华沙公约》第 18 条第 2 款关于航空运输期间的规定采用了“双要素标准”,一是货物需在承运人的掌管之下;二是货物需处于机场内或航空器上,遇有紧急情况的,则为货物处于承运人掌管之下的任何地方。[1] 如果货物存放于承运人(或其代理人)位于机场之外的仓库,那么,因为货物存放在仓库期间不在机场内或航空器上,所以该期间不属于《华沙公约》所规定的“航空运输期间”。[2] 如果货物在机场外的仓库遗失,那么,相关案件不适用《华沙公约》,而应适用国内法,这意味着,承运人不能援用《华沙公约》中关于免除或限制其责任的规定。

在 2002 年美国“HIH 海上保险公司诉盖特威航空公司案”中,托运人(案外人)将一批电脑硬盘交付承运人中国航空公司,从马来西亚空运至美国,托运人向原告购买了货物保险。被告是承运人的地面代理人,货物运抵目的地机场后,被放置在被告位于机场外的仓库内。因货物在仓库内被盗窃,原告向托运人理赔了损失后,行使代位求偿权起诉被告。被告抗辩称,其有权援用《华沙公约》关于责任限额的规定。法院认为,被告的仓库在机场外,货物在仓库存放期间不属于《华沙公约》所规定的航空运输期间,因此本案不适用《华沙公约》,被告也不得援用公约的责任限额规

---

〔1〕 参见肖永平、孙玉超:《论国际航空货物承运人责任期间》,载《现代法学》2008 年第 4 期。

〔2〕 Victoria Sales Corp. v. Emery Air Freight, Inc., 917 F. 2d 705 (2d Cir. 1990).

定，而应当依据国内法赔偿原告损失。[1] 而在另一起案件中，因货物存放的仓库位于机场内，法院作了不同的判决。又如，在2007年美国"日本兴亚保险股份有限公司诉环球地面服务公司案"中，货物运抵目的地机场后，被放置在承运人代理人位于机场内的仓库中，货物在存放期间遗失。法院认为，因为仓库位于目的地机场内，货物存放在仓库期间仍属于"航空运输期间"，所以案件应适用《华沙公约》，被告也有权援用公约规定的责任限额条款。[2] 以上两起案件的基本案情相似，区别主要在于承运人代理人仓库的地理位置。从两起案件的判决看，如果仓库位于机场内，货物存放期间属于《华沙公约》的"航空运输期间"，案件可以适用公约处理；而如果仓库位于机场外，货物存放期间便不属于"航空运输期间"，案件应适用国内处理。在《华沙公约》的框架下，承运人代理人仓库位置的差异，可能导致承运人的赔偿责任不同。

2.《蒙特利尔公约》规定的情形。《蒙特利尔公约》第18条第3款关于航空运输期间的规定采用了"单要素标准"，以承运人是否掌管货物作为判断航空运输期间的标准。[3] 这意味着，无论承运人代理人的仓库是否位于机场内，只要货物还处于承运人掌管下，货物在仓库存放期间就属于"航空运输期间"。在《蒙特利尔公约》的框架下，前述"HIH海上保险公司诉盖特威航空公司案""日本兴亚保险股份有限公司诉环球地面服务公司案"的审理结果将可能一致，即货物存放在仓库期间遗失的，均属于"航空运输期间"的损失，案件仍应适用《蒙特利尔公约》审理，承运人有权援用免除或限制其责任的规定。

（二）承运人受雇人、代理人的盗窃行为导致货物遗失的情形

航空货物运输实际中，经常会发生承运人受雇人、代理人实施盗窃，

---

〔1〕 HIH Marine Ins. Services, Inc. v. Gateway Freight Services, 96 Cal. App. 4th 486, 116 Cal. Rptr. 2d 893 (Cal. Ct. App. 2002).

〔2〕 Nipponkoa Insurance Company v. Globeground Serv, No. 04 C 5648 (N. D. Ill. Aug. 17, 2007).

〔3〕 参见肖永平、孙玉超：《论国际航空货物承运人责任期间》，载《现代法学》2008年第4期。

导致货物遗失的情况。关于受雇人、代理人盗窃行为对承运人责任的影响,《华沙公约》、1955 年《海牙议定书》与《蒙特利尔公约》的规定并不一致。

1.《华沙公约》的规定。《华沙公约》第 25 条第 1 款规定:“如果损失的发生是由于承运人的有意不法行为或可被视为有意不法的过失……承运人就无权援用本公约关于免除或限制承运人责任的规定。”根据上述规定,如果承运人本人实施了有意不法行为,并造成货物损失,将不得主张免除或限制其责任。该条第 2 款还规定:“如果上述情况的损失是承运人的代理人在执行他的职务范围内所造成的,承运人也无权援用这种规定。”这表明,如果承运人代理人实施的行为,也可能导致承运人无法主张免除或限制责任。

但是《华沙公约》第 25 条第 2 款没有明确以下两个问题。第一,承运人代理人造成货物损失的行为,是指其执行职务的一切行为,还是指执行职务时的有意不法行为。就此问题,《海牙议定书》第 13 条修订了《华沙公约》第 25 条第 2 款。根据修订后的规定,如果承运人的受雇人或代理人实施了有意不法行为,则还必须证明他是在执行其受雇职务范围内行事。这意味着,承运人的受雇人或代理人在执行职务时的有意不法行为,将可能导致承运人无法援用责任限额条款;而受雇人或代理人在其他情况下的有意不法行为,并不必然导致上述法律后果。第二,如何理解承运人代理人或受雇人的有意不法行为。就此问题,美国法院在一起案件中作了讨论,其司法意见值得参考。例如,在 1999 年美国“北美保险公司诉联邦快递公司案”中,托运人(案外人)将一批电子存储器交付被告从美国空运至加拿大,托运人向原告购买了货物保险。在运输中,被告的雇员将货物偷走。原告向托运人赔付损失后,起诉被告要求赔偿。原告认为,被告雇员的盗窃行为属于有意不法行为,被告不得援用责任限额条款,而应当赔偿货物的全部损失。法院适用《华沙公约》审理此案,认为:首先,虽然被告雇员盗窃了货物,但被告在运输中已经采取了充分的措施保障货物安全,在货物失窃后也及时协助追查盗窃者,被告本身没有实施有意不法行为；其次，被告雇员的盗窃行为是为了个人利益，这种行为不属于职权范围，因此被告无须对雇员的盗窃行为承担责任，被告仍有权援用公约规定的责任限额条款。[1] 根据本案的司法观点，一方面，代理人、受雇人的有意不法行为超越正常职权范围，如实施盗窃等，不会必然影响承运人在《华沙公约》中的赔偿责任。货物权利人可以根据国内法向代理人、受雇人继续主张权利。另一方面，如果代理人、受雇人履行职权范围的事务时，如搬运、照管、仓储货物等，存在故意或漠不关心的行为导致货物损失的，则承运人不得援用责任限额条款。

2.《海牙议定书》的修订。《海牙议定书》第 14 条在《华沙公约》中加入了第 25 条甲，进一步明确了承运人受雇人、代理人的责任。一方面，该条第 1 项规定，如果承运人的受雇人、代理人在职务范围内行事，货物权利人有权直接起诉受雇人、代理人请求赔偿，而该受雇人、代理人也有权援用承运人的责任限额条款。另一方面，该条第 3 项规定，如果受雇人、代理人故意造成损失，或明知可能造成损失而漠不关心并造成损失，则该承运人不得援用责任限额条款。

可以从两个层面理解经修订的《华沙公约》第 25 条和第 25 条甲：第一，索赔人起诉承运人的情形。根据第 25 条规定，货物因承运人受雇人、代理人的职务行为造成损失，货物权利人有权起诉承运人，承运人有权援用责任限额条款，但受雇人、代理人在职务行为中存在故意或漠不关心行为导致损失的，承运人不得援用。第二，索赔人起诉承运人受雇人、代理人的情形。根据第 25 条甲，货物权利人就货物损失直接起诉受雇人、代理人的，如果后者在职务范围内行事，也有权援用承运人的责任限额条款，但如果受雇人、代理人存在故意或漠不关心行为导致损失的，则不得援用。

3.《蒙特利尔公约》的规定。《蒙特利尔公约》取消了货物承运人及

---

〔1〕 Insurance Co. of North America v. Federal Express Corp., 189 F. 3d 914 (9th Cir. 1999).

其受雇人、代理人的责任限额突破事由。该公约第 22 条第 5 款规定："……损失是承运人、其受雇人或者代理人的故意或者明知可能造成损失而轻率地作为或者不作为造成的,不适用本条第 1 款和第 2 款的规定;对于受雇人、代理人的此种作为或者不作为,还应当证明其是在受雇、代理范围内行事。"而《蒙特利尔公约》第 22 条第 1 款和第 2 款是关于旅客运输延误、行李运输损失的责任限额的规定。由此可知,其一,在旅客运输中,承运人存在故意或轻率行为,或其受雇人、代理人在执行职务中有此行为,并导致旅客人身或行李损失的,承运人不得援用责任限额条款;其二,在货物运输中,承运人存在故意或轻率行为的,或该承运人的代理人、受雇人在执行职务中有此行为的,承运人仍有权援用责任限额条款,意即货物承运人及其受雇人、代理人的此种行为,不再具有突破承运人责任限额的效力。

四、货物运输延误的认定

《华沙公约》第 19 条、《蒙特利尔公约》第 19 条均规定,对于因航空货物运输中延误而导致的损失,承运人应当承担赔偿责任。上述规定比较原则,在适用时,应明确两个问题:一是如何理解延误的含义;二是如何认定承运人对运输延误的法律责任。

(一)延误的含义

学者们对国际航空运输中"延误"的含义提出了不同的观点。有观点认为,航空旅客、行李、货物晚于合同约定的时间到达目的地,即构成延误。[1] 例如,在 2009 年欧盟法院"斯特金等诉法国航空公司等案"中,法院认为,如果航班实际的离港时间晚于预定计划,但其他航程均根据计划

---

〔1〕 I. H. Ph. Diederiks - Verschoor and Pablo Mendes de Leon, *An Introduction to Air Law*, 9*th ed*, The Netherlands: Kluwer Law International, 2012, p. 176.

运营,即构成延误。[1] 还有观点认为,延误是指航空运输未能在合理的时间内完成。[2] 但另有观点认为,延误是指不正常的、不合理的延误。[3] 根据上述观点,可以从两方面理解延误的含义:第一,运输完成时间晚于约定时间。延误的实质在于,一方当事人订立合同时期望承运人完成运输的时间,与承运人实际完成运输的时间有差异,[4] 意即,只要货物实际运抵时间晚于约定时间,即可能存在运输延误。第二,这种迟延具有不合理性。在国际航空条约中,承运人无须对所有的运输延误承担责任,而只为不合理的延误负责。受到航空技术条件的制约,以及航空管理制度的限制,承运人有时无法严格执行航空货运单、时刻表或其他运输凭证载明的运输时间,因此,如果当事人要主张运输延误的损失,也应当证明这种延误是不合理的。[5] 综上,国际航空货物运输中的延误,一般指承运人未在合理的时间内将货物运到目的地。

国际航空货物承运人对不合理的延误承担责任,有利于平衡当事人间的利益。第一,从托运人的角度来看,托运人选择以航空方式运输货物,部分是为了追求更快的运输速度,那么托运人有理由期待承运人在约定的时间内运送货物。[6] 如果承运人不合理地造成运输延误,损害了托运人的合同利益,理应赔偿托运人的损失。例如,在 1964 年法国"苏拉克诉法国航空公司案"中,法院认为,因为航空运输方式特有的风险,承运人

---

〔1〕 Christopher Sturgeon, et v. Condor Flugdienst GmbH (C－402/07), et vs. Air France SA, Court of Justice of the European Communities, Judgment in joined cases C－402/07 and C－432/07, Accessed January 1, 2022. https://curia.europa.eu/juris/document/document.jsf;jsessionid=78DCFD062B617D1168EF2DF0BB946C71?text=&docid=73703&pageIndex=0&doclang=EN&mode=lst&dir=&occ=first&part=1&cid=1790841#Footref*.

〔2〕 See Paul S. Dempsey, *Aviation Liability Law*, 2nd *ed*, Canada: LexisNexis Canada Inc., 2013, p. 630.

〔3〕 See Paul S. Dempsey, *Aviation Liability Law*, 2nd *ed*, Canada: LexisNexis Canada Inc., 2013, p. 632.

〔4〕 See Georgette Miller, *Liability in International Air Transport*, Kluwer, Netherlands, 1977, p. 154.

〔5〕 参见[荷]迪德里克斯－弗斯霍尔:《航空法简介》,赵维田译,中国对外翻译出版公司 1987 年版,第 92 页。

〔6〕 Sté Général Air Fret c. Stel TWA Trans World Airlines, (1956) 10 R. F. D. A. 324.

可以免除轻微的延误责任，但是不能免除其严重的延误责任。[1] 第二，从承运人的角度来看，目前，航空技术仍在发展中，航空承运人还不能像控制火车、汽车那样精确地操控航空器，也无法非常准确地控制飞机的起降时间，应当允许运输存在合理的时间误差。此外，航空运输也经常受到政府空中管制，以及其他不可抗力的影响，从而无法准时完成。这种延误也应属于合理延误。例如，在1956年法国“通用航空货运公司诉环球航空公司案”中，法院认为，由于受到战争的影响，运输涉案货物的航班发生了延误，承运人对这种延误无过错，因此不应承担赔偿责任。[2]

（二）承运人对运输延误的责任

司法实践中，各国法院在认定承运人对运输延误的责任时，主要采用两种标准：一是“当事人意志”标准；二是“合理时间”标准。前者主要为部分大陆法系国家的法院所采，后者主要为普通法系国家的法院所采。

1.“当事人意志”标准。在一些案例中，法国法院采用了此种标准。该标准认为，承运人在运输中不应受到运输时刻表的严格限制，如果延误不严重，承运人无须承担赔偿责任；但是，如果运输时间明显超出了托运人订立运输合同时的预期，承运人应当对此种延误负责。[3] 例如，在法国“埃斯－佩罗尼诉埃塞俄比亚航空公司案”中，法院认为，一方面，被告用以运输货物的时间远远晚于正常标准，并远远超出原告选择航空运输时的合理期望，被告应当为此种延误承担责任。另一方面，被告出具的航空货运单载明，当事人不再约定运输完成的时间，但这样记载事项在本案中无效，不能免除被告的责任。[4] 上述案件中，法院即采用了“当事人意志标准”，以运输时间是否明显超过当事人的预期为标准，判断承运人是否应当对运输的延误负有责任。

---

〔1〕 Souillac c. Air France, (1965) 28 R. G. A. E. 15.

〔2〕 Sté Général Air Fret c. Stel TWA Trans World Airlines, (1956) 10 R. F. D. A. 324.

〔3〕 See Georgette Miller, *Liability in International Air Transport*, Kluwer, Netherlands, 1977, p. 154 – 156.

〔4〕 EtsPeronny c. Sté Ethiopian Airlines, (1975) 29 R. F. D. A. 395.

2.“合理时间”标准。该标准认为，如果货物未在“合理时间”内运抵目的地，承运人即构成延误，但“合理时间”应根据案件的实际情况判断。例如，在1985年美国“穆罕默德诉普罗莱特天空速递公司案”中，原告将一批法律文件交付被告，由美国新泽西州空运至荷兰海牙市。被告的代理人曾对原告口头承诺，货物将在4天内运抵，但货物实际上在5天后才运抵。原告起诉认为，被告应赔偿运输延误的损失。被告抗辩称，航空货运单上没有载明货物运输的时间，被告不构成延误；即便法院认定发生延误，这也是海牙市发生大雾导致的，因此延误是合理的。法院采纳了被告的意见，认为：其一，航空货运单是运输合同的表面证据，货运单上没有载明准确的运输时间，表明当事人并未专门约定运输期限。其二，根据被告公布的航班时刻表，货物正常情况下应在4天内运抵，但由于天气等不可抗力因素导致航班无法按时降落；虽然被告努力加快报关流程，但货物仍不能在4天内运抵。故本案的延误是合理延误，被告无须承担赔偿责任。[1] 本案中，法院即适用了“合理时间”标准，综合考虑了正常情况的运输时间、天气因素以及承运人为完成运输所做的努力，最终认为涉案运输延误是合理的。

通过比较，两种标准的共同点在于，当承运人未能在约定时间内送达货物，法院一般会区分正常延误与非正常延误。在正常延误情形，承运人无须承担赔偿责任；而在非正常延误情形，承运人应当承担责任。而两种标准的区别在于，根据“当事人意志”标准，法院以当事人订立合同时的预期作为标准，判断正常与非正常延误；而根据“合理时间”标准，法院一般综合考虑案件各项因素，包括一般运输情况、天气条件等不可抗力因素，以及合同履行情况，作为判断运输延误的标准。总体看来，“合理时间”标准更加细致，使法院能较好地判断案件的真实情况，并作出较为合理的判决。

---

〔1〕 Jahangerv. Purolator Sky Courier, 615 F. Supp. 29 (E. D. Pa. 1985).

第三节　国际航空货物承运人归责原则

归责原则，是指基于一定的归责事由，确定民事行为主体承担民事责任的基础或依据。[1] 归责原则对于确定民事责任的构成要件、举证责任、免责事由和损害赔偿范围，均有重要意义。《华沙公约》与《蒙特利尔公约》均规定了航空货物承运人责任赔偿责任的归责原则，前者规定货物承运人应当承担过错推定责任，而后者规定承运人应当承担无过错责任。

一、《华沙公约》中货物承运人的归责原则

《华沙公约》第 20 条第 1 款规定，承运人证明其与代理人为避免损失发生，已采取一切必要措施（all necessary measures）或不可能采取此类措施的，便不负赔偿责任。这意味着，在《华沙公约》中，货物承运人赔偿责任的归责原则为过错推定责任。

（一）货物承运人的过错推定责任

过错推定原则，是指行为人致人损害时，依照法律规定推定行为人有过错，行为人不能证明自己没有过错的，应当承担法律责任。[2] 根据《华沙公约》第 20 条第 1 款，货物承运人的过错推定责任具有以下特点：第一，过错推定责任以承运人主观过错为前提。如果承运人提供证据，证明自己为避免货物损失已经采取了"一切必要措施"或不可能采取此种措施，则承运人对货物损失在主观上并无过错，可以免除其赔偿责任。第二，过错推定责任减轻了货物权利人的证明责任。货物遭受损失后，货物权利人应当提出初步证明，在法官采信权利人的证据后，可以推定承运人对货物损失有过错，再由承运人提出相反证据证明其无过错，以推翻法官的推定。

---

〔1〕 参见王利民主编：《民法》（第 9 版），中国人民大学出版社 2022 年版，第 510 页。

〔2〕 参见王利民主编：《民法》（第 9 版），中国人民大学出版社 2022 年版，第 512 页。

《华沙公约》规定货物承运人承担过错推定责任，主要基于以下立法理由：其一，保护航空运输产业的发展。在《华沙公约》制定之初，航空飞行并不像今天这样安全。货物在航空运输中遭遇损失的可能性比现在高，航空公司抵抗风险的能力也较弱。如不限制其赔偿责任，将可能导致航空公司因为一次空难事故而破产。[1] 基于此，立法者倾向于在一定程度上减轻承运人的赔偿责任。他们认为："使承运人承担完全责任是不公平的，如果他为避免损害已经采取合理与正当的措施时——如家庭中的好父亲那样谨慎行事时，免除他的责任，就是公平的。"[2] 其二，平衡当事人的利益。航空运输活动日益复杂，因此在货物运输纠纷中，要求索赔人提供证明承运人在运输中存在过错，是非常困难的。立法者采用过错推定原则，由货物权利人初步证明货物损失后，再由承运人作出相反证明，这种归责原则更有利于平衡当事人的利益。

（二）"一切必要措施"之抗辩

《华沙公约》第20条第1款中的"一切必要措施"的概念源自普通法，是指承运人可以采取的"一切合理措施"（all reasonable measures）。如果从运输当时的情况看，承运人已采取了力所能及的合理措施，以保证货物安全及时到达目的地，就可以认为承运人已经采取了"一切必要措施"。[3] 司法实践中，一些法院在判断承运人是否采取了"一切必要措施"时，往往采用主观标准、客观标准相结合的方法。例如，在英国"格林诉帝国航空有限公司案"中，法院认为，承运人采取"一切必要措施"的标准是，其已经承担了理性人应尽的责任，并采取了"一切合理的技术和注意"（all reasonable skills and care）。[4] 根据上述司法观点，应当以承运人运输时的主观状态、客观运输能力作为标准，综合判断承运人是否采取了

---

〔1〕 参见赵维田：《国际航空法》，社会科学文献出版社2000年版，第252－253页。

〔2〕 参见赵维田：《国际航空法》，社会科学文献出版社2000年版，第252－253页。

〔3〕 See Georgette Miller, *Liability in International Air Transport*, Kluwer, Netherlands, 1977, p. 162.

〔4〕 Grein v. Imperial Airways, Ltd., [1936] 55 Ll. L. Rep, 318.

“一切必要措施”。

1. 主观标准。有的法院认为，承运人应当在运输中尽到注意义务，履行正常理性人的合理管货义务。[1] 具体而言，第一，如果某种运输风险是承运人主观上能够遇见的，则承运人应当针对风险采取必要的管理措施，承运人如果怠于采取措施造成货物损失，则应当承担赔偿责任。第二，如果某种运输风险是承运人无法预见的，而且承运人不能采取有效措施来防范这种风险的，承运人就不必承担相应的货物损失。例如，在1977年美国“汉诺威信托公司诉意大利航空公司案”中，原告将一批价值20万美元的银行票据交付被告，从美国纽约空运至利比亚的黎波里。在航空运输前，被告把票据存放在自己的保险库中，但有3名抢匪闯入被告的保险库抢劫了票据，原告遂起诉被告要求赔偿损失。被告抗辩称，其已采取了“一切必要措施”保管货物，但被告无法预见到会发生抢劫事件，因此被告无须对货物损失负责。法院认为，首先，承运人应当预见到与货物运输相适应的风险，并在能力范围内采取有效的管货措施。本案中，待运货物为银行票据，具有较高的价值和较大的运输风险，承运人应当采取更为严格、谨慎的货物保管措施。其次，被告确实采取了一些防范措施，包括将货物存放在保险库内、雇用武装警卫保护仓库等，但是这些措施远远不足以防止可能发生的抢劫。基于风险防范的目的，被告本可以采取额外措施，如限制人员进出保险库所在的大楼，要求警卫提高警惕，安装报警系统等，但被告都没有采取。因此，被告的防护措施中存在较大漏洞，因此被告在主观上没有尽到注意义务，不能认为是采取了“一切必要措施”。[2]

2. 客观标准。关于承运人是否在客观上采取了“一切必要措施”的问题，从各国的司法实践来看，法院一般采用两种判断标准。

第一，在承运人能力范围内采取措施。有的法院认为，当事人客观上

---

〔1〕 Grein v. Imperial Airways, Ltd., [1936] 55 Ll. L. Rep, 318.

〔2〕 Manufacturers Hanover Trust Company v. Alitalia Airlines, 429 F. Supp. 964 (S. D. N. Y. 1977).

采取的管货措施，应当符合当事人的实际能力。如果承运人有能力采取某项措施而未采取的，可以认为其没有采取“一切必要措施”。例如，在1994年美国“CPH国际公司诉纽约凤凰保险公司案”中，法院认为，如果不是货舱地板上的积水，货物不至于遭受损失，但承运人没有采取任何措施使货物保持干燥，因此，被告并没有采取“一切必要措施”。[1] 本案中，法院即以当事人的客观运输能力作为判断标准，即被告本有能力采取保护措施以防止货物受潮，但却怠于采取行动，因此，应认定被告没有采取“一切必要措施”。

第二，承运人应当穷尽所能采取的措施。有的法院认为，承运人应在客观上穷尽“所有可能采取的措施”，才符合采取“一切必要措施”的要求。[2] 例如，在美国“鲁格尼诉荷兰皇家航空公司案”中，原告将一批货物交付被告空运，被告在运输前将货物保存于自己的仓库中。后因货物在仓库中被抢劫，原告起诉被告要求赔偿损失。被告辩称，其已采取了妥善的安保措施，符合采取“一切必要措施”的要求，不应承担赔偿责任。法院认为，“一切必要措施”意味着承运人已采取了在客观上可能的所有措施，但承运人没有以正确的方式关闭仓库大门，也没有为仓库守卫配备武器。如果承运人采取了上述措施，完全可以避免货物被抢劫。因此，承运人未能满足“一切必要措施”的要求。[3] 从上述案例可见，主观标准、客观标准在本质上是统一的。一方面，承运人应当尽到理性人的管货义务，并根据货物运输风险，穷尽理性人所能采取的有效管货措施；另一方面，承运人应在其能力范围内履行管货义务，如果一项风险是理性人无法预见的，就不应苛责承运人对货物损失承担赔偿责任。

（三）其他抗辩事由货物

在《华沙公约》中，承运人还享有其他几项责任抗辩事由，包括承运人

---

〔1〕 CPH International, Inc. v. Phoenix Assurance Company of New York, 1994 WL 259810 (S.D. N.Y. 1994).

〔2〕 See Georgette Miller, *Liability in International Air Transport*, Kluwer, Netherlands, 1977, p.162.

〔3〕 Rugani v. K. L. M. Royal Dutch Airlines, 285 A.D. 1128 (1955).

的航行过失、受害人的过失、收货人未及时向承运人提出货物损失异议等。

1. 承运人的航行过失。《华沙公约》第 20 条第 2 款规定："在货物和行李运输中，如损失是由驾驶、航空器操作或领航的过失导致，而承运人及代理人在其他方面已采取必要措施避免损失时，承运人就不负责任。"根据这一规定，因承运人操作航空器过失导致货物损失的，承运人可免责。立法者制定该条款的主要考虑在于，在《华沙公约》订立时，航空技术还不完善，如果承运人操作航空器失误的，不应对其加以苛责。该条款在一定程度上与《海牙规则》第 4 条第 2 款相似。根据后者规定，船长、船员、引水员或承运人的雇佣人员，在航行或管理船舶中的行为、疏忽或不履行义务，引起或造成的损坏，承运人也无须负责。

《华沙公约》第 20 条第 2 款在司法实践中适用的情形不多。例如，在 1956 年"美国熔炼公司诉菲律宾航空公司案"中，法院认为，涉案航班坠毁的主要原因是飞行员操作航空器存在过失，当然也包括机场控制塔指令错误、糟糕的天气条件和地形条件等。涉案货物所受的损失主要是航行过失导致的，承运人可依据《华沙公约》免除对货物的赔偿责任。[1] 随着航空技术的不断完善，承运人已能较好地驾驶航空器，故《海牙议定书》删除了承运人航行过失的免责事由。[2]

2. 受害人的过失。很多国家的民事法律规定，如果受害人对损害的发生或扩大也有过错，法院可以减轻或免除加害人的赔偿数额。[3] 《华沙公约》第 21 条也有类似的规定："如货物在国际航空运输中遭受的损失是受害人的过失引起或促成的，法院可依其本国法的规定，全部或部分地免除承运人的责任。"显然，如果货物权利人对于货物损失也有过错的，承运人可以依据法院地法免除、减轻赔偿责任。也就是说，《华沙公约》允许各国自行处理这一问题。从司法实践来看，两大法系国家法院适用《华沙

---

〔1〕 American Smelting Refining v. Philippine Air Lines, 153 N. Y. S. 2d 900 (N. Y. 1956).

〔2〕 参见赵维田：《国际航空法》，社会科学文献出版社 2000 年版，第 266 页。

〔3〕 参见王泽鉴：《民法概要》，北京大学出版社 2009 年版，第 190 页。

公约》第21条的共同点是要求承运人承担一定的举证责任。当承运人提出受害人有过失的抗辩时,法院一般要求承运人提供证据,证明货物权利人的过错行为,以及该行为与货物损失之间的因果关系等事项。[1] 而两大法系司法实践对于法律后果的认定存在差异。普通法系国家一般认为,如果货物权利人对损失具有过错的,则丧失诉讼资格和诉讼能力。[2] 而大陆法系国家一般认为,在这种情况下,货物权利人仍然享有向承运人要求赔偿的资格,应当根据当事人各自的过错程度,按比例减轻承运人的责任。[3]

3. 收货人未及时提出异议。《华沙公约》第26条规定了收货人的"异议期间"。该条第2款规定:"如果有损坏(damage)情况,收件人应该在发现损坏后,立即向承运人提出异议……如果是货物,最迟应该在货物收到后7日提出。如果有延误(delay),最迟应该在行李或货物交付收件人支配之日起14日内提出异议。"该条第4款还规定:"除非承运人方面有欺诈行为,如果在规定期限内没有提出异议,就不能向承运人起诉。"综合上述规定,收件人应当在规定期限内,向承运人提出书面异议并报告货物损坏或延误的情况。在适用该项制度时,应当注意以下几个问题。

第一,"异议期间"制度适用范围有限。根据上述规定,异议期间制度适用于货物"损坏"以及"延误"的情形。具体来说,在损坏情形中,收货人的异议期间为收货后的7日内;在延误情形,异议期间为货物交收货人支配起的14日。收货人逾期未提出异议的,将不得起诉承运人。但是,在货物"毁灭"(destruction)或"遗失"(loss)的情形,收货人不受异议期间制度的限制。

在2007年美国"欧格雷进出口公司诉英国航空公司案"中,托运人

---

〔1〕 See Georgette Miller, *Liability in International Air Transport*, Kluwer, Netherlands, 1977, p. 168.

〔2〕 See William L. Prosser, *Law of Torts* (*4th Edition*), West Publishing Company, United States, 1978, p. 417.

〔3〕 参见赵维田:《国际航空法》,社会科学文献出版社2000年版,第267页。

(案外人)将一批熏鱼交付被告,从加纳阿克拉空运至美国巴尔的摩,原告为收货人。被告在运输中发生延误,原告在受领货物后将货物送交美国食品和药品管理局检验,但是货物已经变质,最后被销毁。原告在受领货物后1个月后,起诉被告请求赔偿,认为货物损失属于“毁灭”而非“损坏”或“延误”,因此本案不适用《华沙公约》第26条规定的异议期间制度。但被告抗辩认为,本案货物的损失实际上是“损失”或“延误”,原告应当在收到货物后的7日或14日内提出异议或起诉,但现在原告已经丧失了起诉的权利。法院最终认定,涉案货物损失属于“损坏”而非“毁灭”,本案适用《华沙公约》规定的异议期间制度;原告没有及时向被告提出异议,因而失去了起诉承运人的权利。[1]

第二,异议须以书面形式提出。《华沙公约》第26条第3款规定:“任何异议应该在规定期限内写在运输凭证上或另以书面形式提出。”可见,收货人对于货物损失的异议应以书面形式提出。司法实践中,有的法院对上述规定作了扩张性解释,认为书面形式不一定为纸质形式,收货人以电子文件形式提出异议的也符合合约规定。例如,在1987年美国“伊利诺伊州圣保罗保险有限公司诉委内瑞拉国际航空公司案”中,收货人以电子方式提出异议,法院即认为其异议符合书面形式的要求。[2] 但实际上,在《华沙公约》订立时,立法者几乎不可能考虑到收货人以电子形式出具货物异议的情形,法院的上述解释虽然符合航空运输实践的发展,但似乎并不符合立法者的本意。

第三,《海牙议定书》对“异议期间”的修改。1955年《海牙议定书》第15条修改了《华沙公约》第26条第2款规定,延长了异议期间。修改后的条款规定:“关于损坏事件,收件人应于发现损坏后,立即向承运人提出异议……如系货物,最迟应在收到货物后14日内提出。关于延误事件,最迟应在行李或货物交付收件人自由处置之日起21日内提出异议。”

---

〔1〕 O'Gray Import Export v. British Airways PLC, Civil Action No. RDB - 06 - 1020 (D. Md. May. 4, 2007).

〔2〕 St. Paul Ins., v. Venezuelan Intern. Airways, 807 F.2d 1543 (11th Cir. 1987).

根据该规定，在货物损坏的情形中，收货人的异议期间为 14 日；而在货物延误的情形中，收货人的异议期间为 21 日。

二、《蒙特利尔公约》中货物承运人的归责原则

（一）《蒙特利尔公约》的无过错责任原则

《蒙特利尔公约》第 18 条第 1 款规定："对于因货物毁灭、遗失或者损坏而产生的损失，只要造成损失的事件是在航空运输期间发生的，承运人就应当承担责任。"公约第 18 条第 2 款还规定了承运人的免责事由，包括货物的固有缺陷、质量或者瑕疵，货物包装不良，战争行为或者武装冲突，公共当局实施的行为等。上述规定与《蒙特利尔公约第 4 号议定书》第 4 条相似，规定承运人应当对货物在航空运输期间的毁灭、遗失或损坏等损失承担无过错责任，且不得提出其已采取"一切必要措施"的抗辩。

1. 无过错责任原则的确立。无过错责任是指损害发生后，不以行为人的主观过错为责任要件的责任制度。[1] 根据无过错责任原则，当事人承担责任的依据在于，其是否违反了保护标的物安全的义务，而不考虑其主观上是否有过错。无过错责任与过错推定责任的主要区别在于：其一，无过错责任不以行为人主观上有过错作为认定责任的依据，而过错推定责任是过错责任的特殊形式，仍以行为人的主观过错作为认定责任的依据。其二，在适用无过错责任原则时，行为人一般不能以自己不具有过错来抗辩责任，而在适用过错推定原则时，行为人证明自己没有过错就可以不承担责任。[2]

《蒙特利尔公约》第 18 条规定承运人对货物毁灭、遗失、损坏等损失承担无过错责任，是符合历史发展趋势的。第一，司法实践发生演变。《华沙公约》规定，承运人应当对货物运输损失承担过错推定责任。但是在司法实践中，有的法院在事实上判决承运人承担无过错责任。例如，从

〔1〕 参见王利民主编：《民法》（第 9 版），中国人民大学出版社 2022 年版，第 513 页。
〔2〕 参见王利民主编：《民法》（第 9 版），中国人民大学出版社 2022 年版，第 512－514 页。

20世纪60年代起，美国法院经常将“事情本身说明问题”（res ipsa loquitur）原则适用于国际航空运输案件。该原则是指，在正常情况下，承运人谨慎控制货物而不发生事故，但当货物因事故遭受损失时，承运人应当对事故原因作出合理解释，否则法院应当认定事故系由承运人的过错引起，承运人应当承担赔偿责任。[1] 这一原则与过错推定责任存在区别，承运人不能仅仅通过证明自己无过错而免责，还要充分地说明事故发生原因，否则也应当对货物损失承担责任。在某种程度上，“事情本身说明问题”原则已向无过错责任原则靠近。

第二，平衡当事人利益的需要。当今，航空产业逐渐成熟，人们有理由要求国际条约的立法者减少对航空承运人的扶持，强化对旅客、行李以及货物的保护，并平衡当事人间的利益。《蒙特利尔公约》第18条规定货物承运人承担无过错责任，加重了承运人的责任，但另一方面，根据《蒙特利尔公约》第22条、第25条规定，承运人对货物毁灭、遗失、损坏承担限额赔偿责任，且索赔人不得通过证明承运人具有“有意不法行为”来突破责任限额，一定程度上减轻了承运人的责任。因此，《蒙特利尔公约》的制度设计在总体上能够较好地平衡运输合同当事人间的利益。例如，在2010年美国“礼来公司诉美国国际航空快件有限公司案”中，原告将一批胰岛素以及荷尔蒙药品交付被告，从法国空运至印度。被告在运输中没有采取温控措施，导致药品毁损。原告遂起诉被告要求赔偿。法院适用《蒙特利尔公约》审理本案，认为原告将货物交给被告时状态良好，但货物交给收货人时处于毁损状态，可以认定货物在航空运输期间毁灭。承运人应对货物毁灭承担无过错责任，但赔偿总金额不得高于公约规定的责任限额。[2]

2. 承运人的抗辩事由。无过错责任并不是绝对责任，承运人仍然可主张一定的抗辩事由以减免赔偿责任，只是不得以其主观无过错作为抗

---

〔1〕 参见赵维田：《国际航空法》，社会科学出版社2000年版，第254页。

〔2〕 Eli Lilly & Co. v. Air Express International USA, Inc., 615 F. 3d 1305 (11th Cir. 2010).

辩事由。[1] 在《蒙特利尔公约》中,货物承运人的抗辩事由主要有3项:

第一,公约规定的免责事由。《蒙特利尔公约》第18条第2款规定与1975年《蒙特利尔公约第4号议定书》第4条相同,规定在货物毁灭、遗失或损坏的情形下,承运人的免责事由包括货物的固有缺陷、质量或者瑕疵,货物包装不良,战争行为或者武装冲突,以及公共当局实施的行为等,但不包括承运人已采取一切必要措施。例如,在2007年美国"威农场诉美国航空公司案"中,原告将一批芦笋装入被告提供的集装箱中,货物由被告从智利利马空运至美国迈阿密,货物抵达目的机场后状态良好。但被告在货物抵达19个小时后才通知报关员清关,同时未采用冷藏手段保存货物,最终芦笋全部腐烂。原告起诉要求被告赔偿损失,但被告抗辩称,货物腐烂系因原告包装不当导致,被告不应承担赔偿责任。法院认为,造成芦笋腐烂的主要原因不是货物包装不当,而是被告没有及时通知清关,也没有采用冷藏手段保存芦笋,因此,被告不得主张免除赔偿责任。[2]

第二,货物权利人的过失。《蒙特利尔公约》第20条与《华沙公约》第18条类似,也对货物权利人存在过错的情况作了规定:"经承运人证明,损失是由索赔人或者从其处取得权利的人的过失或者其他作为、不作为造成或者促成的,应当在该过失或者其他作为、不作为的范围内,全部或者部分免除承运人的赔偿责任。"因此,在《蒙特利尔公约》中,如果货物权利人对于货物损失存在过错,也可以减轻或免除承运人的赔偿责任。例如,在前述"礼来公司诉美国国际航空快件有限公司案"中,被告还提出另外一项抗辩,认为原告同意货物经停德国慕尼黑机场,而慕尼黑的寒冷天气导致胰岛素毁损,因此,原告对货物损失也有过错,应当减轻被告的赔偿责任。法院认为,造成货物损失的主要原因,是被告没有采用温控技术运输货物,原告同意货物经停慕尼黑与货物损失并无关系,被告不能以

---

〔1〕 参见[英]戴维·M.沃克:《牛津法律大辞典》,李双元等译,法律出版社2003年版,第1080页。

〔2〕 Wea Farms v. American Airlines, Inc., 2007 WL 1173077 (S. D. Fla. 2007).

此主张减轻责任。[1]

第三,收货人未及时提出异议。《蒙特利尔公约》第31条第2款与1955年《海牙议定书》第15条相似,也延长了《华沙公约》第26条规定的异议期间:“发生损失的,有权提取……货物的人必须在发现损失后立即向承运人提出异议……货物发生损失的,至迟自收到货物之日起14日内提出。发生延误的,必须至迟自……货物交付收件人处置之日起21日内提出异议。”根据《蒙特利尔公约》,在货物损坏情形,收货人的异议期间为收货后的14日,而在《华沙公约》中为7日;在货物延误情形,异议期间为货物交付收货人支配起的21日内,而在《华沙公约》中为14日。《蒙特利尔公约》第31条第3款、第4款还规定,收货人应当在异议期间以书面形式提出异议,否则不得向承运人提起诉讼,除非承运人有欺诈行为。

(二)《蒙特利尔公约》的过错推定原则

根据《蒙特利尔公约》,承运人应当对货物运输延误的损失承担过错推定责任。该公约第19条规定:“……货物在航空运输中因延误引起的损失,承运人应当承担责任。但是,承运人证明本人及其受雇人和代理人为了避免损失的发生,已经采取一切可合理要求的措施或者不可能采取此种措施的,承运人不对因延误引起的损失承担责任。”可以看出,如果货物遭受延误损失,承运人应当赔偿,但可以通过证明自己以及受雇人、代理人采取了“一切可合理要求的措施”,来主张免除责任。上述规定使用了“一切可合理要求的措施”(all measures that could reasonably be required)一词,而《华沙公约》第20条使用了“一切必要措施”(all necessary measures)一词。在司法实践中普遍认为,这两个术语的含义没有本质上的区别。[2]

1. 承运人对货物运输延误的过错推定责任。在《蒙特利尔公约》中,承运人对货物运输延误损失承担过错推定责任:其一,索赔人应当提出初

---

[1] Eli Lilly & Co. v. Air Express International USA, Inc., 615 F. 3d 1305 (11th Cir. 2010).

[2] VildexS. A. I. C. v. United Airlines, No. 94 Civ. 4304, 1996 WL 733081 (E. D. N. Y. 1996).

步证据,证明货物运输发生延误,并给索赔人造成损失;其二,法院在审查初步证据后,可以推定承运人对于运输延误损失存在过错,并应当承担赔偿责任;其三,承运人有权证明其已采取了"一切可合理要求的措施"以避免延误,其主观没有过错,以求免除责任。例如,在2017年美国"罗森博格诉联合包裹服务公司案"中,原告于2014年5月9日将4个装有苹果手机的包裹交付被告,从美国纽约空运至以色列特拉维夫。被告的航班准时到达目的地机场,但以色列海关查扣了该批货物,直至同年8月31日才予以放行,被告于同年9月1日将货物交给收货人。原告认为,因为货物运输发生延误,被告应当赔偿原告损失。被告抗辩认为,其已采取了"一切可合理要求的措施"运输货物,货物已经按照被告公布的时刻表准时运抵以色列,但海关查扣货物并非被告所能控制。法院适用《蒙特利尔公约》审理本案,认为被告已经采取了合理的运输措施,被告迟延交付货物是因为以色列海关查扣了货物,被告对于运输延误在主观上没有过错,不应承担责任。[1]

2. 承运人的其他免责事由。在货物运输延误的情形,承运人还可以援用其他几项免责事由。一是货物权利人的与有过失。《蒙特利尔公约》第20条规定,如果索赔人或其他权利人对货物损失具有过错,可以减轻或免除承运人的责任。这一条款也适用于货物运输延误的情形。二是收货人未及时提出异议。《蒙特利尔公约》第31条第2款和第4款规定,如果货物运输发生延误,收货人应在货物交付其处置后的21日内,向承运人提出书面异议,否则,收货人不得再向承运人提起诉讼。这也意味着承运人有权主张免除赔偿责任。

第四节　国际航空货物承运人责任限额制度

国际航空承运人的责任限额制度在《华沙公约》中首次确立。多年

---

〔1〕 Rosenberg v. United Parcel Serv. Gen. Servs. Co., 15 CV 6641 (VB) (S. D. N. Y. Feb. 6, 2017).

来,国际社会对《华沙公约》作了多次修订,但该项制度始终得到保留。另外,“华沙体制”与《蒙特利尔公约》也规定了承运人不得援用责任限额制度的情形:其一,《华沙公约》第9条规定,如果承运人出具的航空货运单不符合公约要求,则承运人不得援用公约有关限制或免除其责任的规定。其二,《华沙公约》第22条、《蒙特利尔公约》第22条均规定,如果托运人在托运货物时声明了货物价值,并支付了必要的费用,承运人应当按照申报价值承担赔偿责任。其三,《华沙公约》第25条规定,承运人及其受雇人、代理人实施有意不法行为并造成货物损失,承运人不得援用责任限额规定。根据《蒙特利尔公约》,上述规定不再适用于货物承运人。对第一种承运人不得援用责任限额制度的情形,前文已作详细讨论,本节主要讨论后两种情形。

一、承运人责任限额制度的基本规定

《华沙公约》第22条第2款规定,承运人以每公斤250金法郎为限,对运输中的货物损失承担限额赔偿责任。1975年蒙特利尔第1号至第4号议定书将承运人赔偿责任的计算单位改为“特别提款权”,并将货物承运人的赔偿责任限额改为17特别提款权。《蒙特利尔公约》保留了上述立法成果。该公约第22条第3款规定,对于货物在运输中的毁灭、遗失、损坏或者延误等损失,承运人以每公斤17特别款权为限,承担限额赔偿责任。同时,《蒙特利尔公约》第24条还规定了赔偿责任限额的复审机制。一般情况下,国际民用航空组织每隔5年对承运人责任限额进行一次复审。

(一)承运人责任限额制度的立法价值

长期以来,人们对于航空承运人责任限额制度一直存在争议。荷兰航空法学者德里翁赞支持这项制度,并认为承运人责任限额制度的合理性主要体现在以下几个方面:其一,海商法中的承运人责任限额制度运作良好,而航空运输与海上运输有很大的相似之处,航空运输应当借鉴海商法的相关制度;其二,承运人责任限额制度可以为资金基础薄弱的航空公司提供必要的保护，使承运人免于承担无法控制的灾难性风险；其三，责任限额制度能引导航空承运人、其他经营者以及货物权利人购买航空运输保险，利用保险制度分散风险；其四，《华沙公约》规定货物承运人承担过错推定责任，而责任限额制度是对当事人利益的一种平衡；其五，承运人责任限额制度明确了赔偿责任的标准，有利于当事人快速有效地解决纠纷。[1] 反对这项制度的意见认为：第一，航空企业在技术上和商业上已经逐渐成熟，国际公约不需要再给予承运人特殊的保护；第二，责任限额制度偏重于对承运人利益的保护，但常常使受害人无法获得足够的赔偿，损害了旅客和货物权利人的利益。[2]

回顾国际航空业的发展历史，承运人责任限额制度是该行业发展的重要基石之一，可以预见，这项制度在相当长的时间内仍将被保留。一方面，"华沙体制"、《蒙特利尔公约》等国际条约是各缔约方妥协的产物。如果贸然取消责任限额制度，势必造成承运人的赔偿责任因旅客、货物权利人国籍的不同而有很大差异。这将损害国际航空承运人责任制度的统一性，以及违背缔约方加入国际条约时的期待。另一方面，国际航空条约也要与时俱进，适时地修改、补充承运人责任限额制度。随着社会经济不断发展，各国的法律大都越来越重视对人的生命财产权的保护，因此，国际航空条约也应当适时提高承运人的责任限额，加强对旅客和货物权利人利益的保护。此外，国际航空承运人责任制度还应当与运输保险制度进一步衔接，引导承运人、旅客和货物权利人有效利用航空保险制度，以分散运输风险。

（二）责任限额的价格计算单位

《华沙公约》第22条第2款规定，承运人对货物损失的赔偿责任以每公斤250金法郎为限，除非托运人在交付托运时声明了货物价值，并支付了附加费。公约第22条第4款明确了"金法郎"的含义，即含有900‰成

---

〔1〕 See H. Drion, *Limitation of Liabilities in International Air Law*, MartinusNijhoff, Hague, 1954, p.1 – 40.

〔2〕 参见赵维田：《国际航空法》，社会科学文献出版社2000年版，第273 – 274页。

色的65.5毫克黄金的法国金法郎,这项金额可以折合成任何国家的货币,取其整数。因此,《华沙公约》的承运人责任限额与黄金价格密切相关。但是,是以黄金的"市场价格"还是以"最后官价"作为责任限额的计算单位,各国法院的观点不一致。一种观点认为,应当以黄金的"市场价格"作为计算标准。例如,新西兰学者海勒认为,用于计算《华沙公约》(以及1955年《海牙议定书》、1971年《危地马拉城议定书》)的责任限额的黄金价格,应当是自由市场形成的价格,而不是人为的、仅仅用来稳定国际汇率的黄金官价。[1] 一些司法判例中也支持该观点。例如,在1977年加拿大"米勒诉美国航空公司案"中,法院认为,在无相反规定的情况下,责任限额条款所适用的黄金价格应为判决之日加拿大银行公布的黄金兑换加元的价格。[2]

而另一种观点认为,应当以黄金的"最后官价"作为计算标准。因为黄金的市场价格是不稳定的,在不同的时间和地点,价格差异很大,如果用市场价格来计算责任限额的话,将会使"华沙体制"陷入混乱。部分美国法院支持这一观点。例如,在1984年美国"富兰克林造币公司诉环球航空公司案"中,原告将4包造币材料交付被告,从美国费城空运至英国伦敦,货物总重量为714磅,原告在交付托运时没有声明货物价值。由于货物在运输中遗失,原告起诉要求被告赔偿25万美元。对于承运人责任限额的计算标准,双方当事人发生争议。美国最高法院适用《华沙公约》审理本案,认为应当以黄金最后官价作为责任限额的计算标准。黄金最后官价为每盎司42.22美元,即每公斤20美元,故根据《华沙公约》第22条规定,被告承担的赔偿责任为6,475.98美元。[3] 美国最高法院在这起

---

〔1〕 See Paul P. Heller, "Value of the Gold Franc – A Different Point of View", *Journal of Maritime Law and Commerce*, 6, 1974, p.76.

〔2〕 Miller v. American Airlines, 917 P. 2d 479, 1996 OK Civ. App. 15 (Okla. Civ. App. 1996).

〔3〕 Trans World Airlines, Inc. v. Franklin Mint Corp., 466 U. S. 243, 104 S. Ct. 1776 (1984).

案件中的判决很有影响力，被后来的许多案例所引用。[1]

随着“黄金官价”的取消，国际航空条约将承运人责任限额计算标准修改为“特别提款权”，关于如何确定黄金价格的争议也逐渐平息。1976年，国际货币基金组织的“国际货币体系临时委员会”在牙买加首都金斯敦通过了“牙买加协定”（Jamaica Accords），决定从1978年4月1日起，取消美元中间汇率和黄金官价，允许成员国间自由交易特别提款权。[2] 在国际航空法领域，1975年蒙特利尔第1号至第3号、第4号议定书也将承运人责任的价格计算单位修改为“特别提款权”。例如，《蒙特利尔第1号附加议定书》第2条修改了《华沙公约》第22条，《蒙特利尔第2号附加议定书》第2条修改了《海牙议定书》第11条，《蒙特利尔第3号附加议定书》第2条修改了《危地马拉城议定书》第8条，均将货物承运人的责任限额规定为每公斤17特别提款权。此外，《蒙特利尔第4号议定书》第7条在《华沙公约》第22条第2款中插入了第2项。该条也规定，在货物运输中，承运人的责任以每公斤17特别提款权为限，除非托运人提前声明了价值。1999年《蒙特利尔公约》吸收了1975年蒙特利尔第1号至第4号以及议定书的上述规定。该公约第22条第3款也规定，在货物运输中造成毁灭、遗失、损坏或者延误的，承运人的责任以每公斤17特别提款权为限。

（三）责任限额的货物重量计算依据

根据《华沙公约》第22条第2款规定，承运人的赔偿责任应当根据货物重量计算，即每公斤250法郎。但是，当部分货物遭受损失时，应该以受损部分的货物重量还是货物的总重量作为计算承运人赔偿责任的基础，《华沙公约》没有明确规定。1955年《海牙议定书》第11条对《华沙公约》第22条进行了修改。修改后的第22条第2款第2项规定，如果货物

---

〔1〕 See Deere Co. v. Deutsche Lufthansa, 621 F. Supp. 721 (N. D. Ill. 1985); Motorola, Inc. v. Kuehne Nagel, Inc., 171 F. Supp. 2d 799 (N. D. Ill. 2001).

〔2〕 See Ronald McKinnon, *Reconsidering SDRs*, Harvard International Review, 31, 2009, p. 7.

的一部分发生遗失、损坏或延误，用以决定承运人责任限额的重量，仅为该一包件（或数包件）的总重量；但部分货物的损失影响同一份航空货运单所列的另一包件（或数包件）的货物价值时，则也应包括另一包件（或数包件）的货物重量。上述规定，可分为两种情况加以说明：

1. 一般情况。根据司法实践的惯常做法，如果部分货物受损，则应当根据受损部分货物的重量来计算承运人的赔偿责任。例如，在1989年美国“B. R. I. 保险公司诉加拿大航空公司案”中，案外人古德曼公司将16箱动物皮毛交付埃尔博科公司，从美国纽约空运至加拿大多伦多，后者将货物交付被告加拿大航空公司实际承运，托运人向原告B. R. I. 保险公司购买了运输保险。收货人提货时发现有4箱货物丢失。直至1个多月后，被告才找到这些货物并交给托运人，但这些货物因为受潮而损坏。原告向托运人理赔后向被告追偿，认为被告应当按照全部16箱货物的总重量进行赔偿。法院适用《华沙公约》和《海牙议定书》审理本案，认为如果部分货物受损，而其他货物仍具有利用价值，则承运人应根据受损货物重量赔偿；只有当受损货物影响到其他货物的价值时，承运人才根据托运货物的总重量赔偿。本案中，4箱货物的损失并不影响其他货物的价值。因此，承运人只需按照受损的4箱货物的重量进行赔偿。[1]

2. 例外情况。在一些特殊情况中，如果部分货物的损失影响其他货物价值，则应当以同一份航空货运单中所有受影响的货物的重量为依据，计算承运人的赔偿责任。例如，在2002年美国“摩托罗拉公司诉美国联邦快递公司案”中，原告将一套手机基站系统交付案外人德迅公司，从美国达拉斯空运至日本东京，后者将货物转交被告实际承运，被告将货物分为20箱装运。货物运抵目的地后，原告发现部分货物被损坏，因为受损的货物是系统的重要组件，系统已不能正常工作。原告认为，被告应以整个系统的重量为依据，赔偿原告损失。法院适用《华沙公约》和《海牙议定书》审理本案。法院认为，如果受损的部分货物影响其他部分货物的价

---

〔1〕 B. R. I. Coverage v. Air Canada, 725 F. Supp. 133 (E. D. N. Y. 1989).

值及功能，则承运人应当依据所有受影响的货物的重量进行赔偿。本案中，受损货物是整个系统的核心部件，该批货物受损影响了整个系统的价值，因此被告应当以整个系统的重量进行赔偿。[1] 与《海牙－华沙公约》第22条第2款相似，《蒙特利尔公约》第22条第4款也规定，如果部分货物受损，那么在原则上，承运人的赔偿责任应按照受损部分的货物重量来计算；但是，如果部分货物的损失影响到其他货物，则应以同一份航空货运单中所有受影响货物的重量来计算。

二、货物的声明价值

《华沙公约》第22条第2款规定了“声明价值”条款，即承运人在原则上对货物损失承担限额责任，“除非托运人在交付托运时，曾特别声明行李或货物运到后的价值，并缴付必要的附加费。在这种情况下，承运人所负责任不超过声明的金额，除非承运人证明托运人声明的金额高于货物运到后的实际价值”。可见，“声明价值条款”是承运人责任限额的一项例外。其一，如果托运人在托运时声明了货物价值，且支付了附加运费，则承运人应当以声明价值为限承担赔偿责任；其二，如果托运人的声明价值高于货物实际价值，则承运人的赔偿责任不得超过货物实际价值。《蒙特利尔公约》第22条也有相同的规定。

在一定程度上，“声明价值”条款有利于平衡当事人的利益。第一，有利于货物权利人取得较高的赔偿金额。如果托运人预先声明货物价值并支付额外运费后，那么一旦货物发生损失，承运人应当按照声明价值予以赔偿。这种机制突破了承运人的责任限额，使得货物权利人可以获得较高金额的赔偿。第二，有利于承运人了解运输风险。如果托运人没有提前向承运人声明货物价值，则承运人可能并不知晓货物的真实价值，也可能不会采取特别措施来防范运输风险。但如果托运人声明了货物价值，承运人就可以更加清楚地知道货物价值、判断运输风险，并采取更适当的

---

〔1〕 Motorola, Inc. v. Federal Exp. Corp., 308 F.3d 995 (9th Cir. 2002).

措施以保证运输的安全。[1]

(一)当事人声明价值的方法

实践中,托运人一般以书面形式向承运人声明货物价值。但在一些特殊情形中,如果托运人以口头方式声明价值,且交付了附加运费,那么这种口头声明也可以具有法律效力。

1. 以书面形式声明价值。在航空货运单上,一般列有专门的“托运人申报价值”栏。这一栏分为两格:一格为“为关税而作的申报”,另一格为“为运输而作的声明”,前者用于向海关申报价值,后者用于向承运人声明货物价值。[2] 如果托运人要向承运人声明货物价值,则应当在航空货运单上“为运输而作的声明”一栏中填写货物价值,并支付附加运费;如果托运人不打算声明价值,则通常填写“N. V. D”(No Value Declaration,意为“无声明价值”)字样。托运人应当以明确的方式向声明价值,否则将视为未作声明,此时承运人只需承担限额赔偿责任。例如,在 1966 年英国“塞缪尔 - 莫塔古公司诉瑞士航空运输公司案”中,原告作为托运人将 4 箱金条交付被告空运,货物价值共计 7 万英镑,但原告没有以明确的方式向被告声明货物价值。在运输中,一箱金条被盗窃,原告要求被告按照货物真实价格赔偿损失。法院适用《华沙公约》审理本案,认为原告在托运时没有向被告声明货物价值,被告应当承担限额责任,法院最终判决被告赔偿 175 英镑。[3]

2. 以口头形式声明价值。国际条约并没有要求托运人必须以书面形式声明货物价值。在许多情形中,如果托运人以口头方式作出声明,还实际支付了附加运费,法院通常会认可口头声明的效力。例如,在 1958 年美国“奥洛夫诉菲律宾航空有限公司案”中,原告作为托运人将一批珠宝交付被告,由美国纽约空运至中国香港特区。在交付货物时,托运人通过电话向承运人的代理人声明了货物价值,但代理人没有在航空货运单上

---

〔1〕 Orlove v. Philippine Air Lines, 257 F. 2d 384 (2d Cir. 1958).

〔2〕 参见赵维田:《国际航空法》,社会科学文献出版社 2000 年版,第 337 页。

〔3〕 Samuel Montagu Ltd. v. Swiss Air Transport Co Ltd, [1966] 2 QB 306.

填写声明价值。货物遭受损失后,原告要求被告按照声明价值进行赔偿,但被告认为货运单上并没有记载声明价值,其只需承担限额赔偿责任。法院适用《华沙公约》审理本案,认为,其一,原告在交付货物时以口头方式向承运人的代理人声明了货物价值,并支付了附加费用,被告也接受了该笔费用,该项口头声明具有法律效力;其二,承运人代理人因为疏忽未在空运单上记载声明价值,不影响口头声明的效力,承运人仍应当根据"声明价值"赔偿原告的损失。[1]

(二)当事人声明价值的范围

一般来说,托运人声明的货物价值不低于承运人的责任限额,也不高于货物实际价值。如果承运人有证据表明,托运人的声明价值高于货物实际价值,则一般应根据货物的实际价值承担责任。

1. 声明价值不应低于承运人责任限额。如果声明的货物价值不低于承运人责任限额,则承运人根据声明价值来承担赔偿责任,这没有争议。但是,如果声明价值低于责任限额,则承运人的赔偿标准是声明价值还是责任限额,国际航空条约没有明确规定。司法实践一般认为,在这种情况下,承运人应以公约规定的责任限额作为赔偿依据,因为国际航空条约规定,如果当事人约定低于承运人责任限额的赔偿标准,其约定无效。例如,《华沙公约》第23条规定:"企图免除承运人的责任,或定出一个低于本公约所规定责任限额的任何条款,都不产生效力。"《蒙特利尔公约》第26条也有相同的规定。因此,如果声明价值低于承运人责任限额,就违反了国际航空条约的上述规定。这种声明价值应当无效,承运人仍然要按照责任限额赔偿货物损失。例如,在上述"B. R. I. 保险公司诉加拿大航空公司案"中,涉案托运货物实际重量为1,129公斤,根据《华沙公约》第22条,货物承运人的赔偿责任限额为每公斤250金法郎(在当时约合20美元),承运人的责任限额为22,580美元。但托运人声明的货物价值仅为201美元,远低于责任限额。货物遭受损失后,被告认为其应根据声明

[1] Orlove v. Philippine Air Lines, 257 F.2d 384 (2d Cir. 1958).

价值承担赔偿责任。但法院认为,声明价值条款的价值在于,提示承运人运输高价值货物时的潜在风险,而不在于降低承运人的赔偿标准;同时,涉案航空货运单也载明,"除非托运人声明了更高的价值,否则承运人应承担每公斤20美元的限额责任"。因此,虽然托运人的声明价值低于承运人责任限额,但后者仍应以责任限额为标准来承担赔偿责任。[1]

2. 声明价值通常不高于货物实际价值。根据《华沙公约》第22条第2款,在有声明价值的情况下,承运人应当以声明价值来承担赔偿责任,除非"承运人证明托运人声明的金额高于货物运到后的实际价值"。《蒙特利尔公约》第22条第2款也有相同的规定。可见,如果声明价值超过了货物的实际价值,承运人可以不按照声明价值来承担赔偿责任。但在这种情况下,承运人的赔偿责任的依据应当是责任限额,还是货物实际价值,国际航空条约没有明确规定。

从国际条约的立法本意来看,承运人此时根据货物的实际价值承担责任,更为合理:第一,从当事人的意思表示看,赔偿金额应当高于责任限额。"声明价值"条款的目的之一,就是使当事人通过声明货物价值并支付附加运费的方式,设定更高的承运人赔偿标准。[2] 如果声明价值高于货物的实际价值,但是承运人曾经表示同意的,起码说明双方愿意约定高于责任限额标准的赔偿金额。而国际航空条约也允许当事人设定更高的赔偿标准。例如,《蒙特利尔公约》第25条规定:"承运人可以订定,运输合同适用高于本公约规定的责任限额,或者无责任限额。"因此,在这种情况下,如果仍然以责任限额作为承运人的赔偿标准,有悖于当事人的真实意思表示。第二,从国际航空条约的规定来看,承运人的赔偿金应当具有补偿性质。例如,《蒙特利尔公约》第29条规定:"……在有关损害赔偿的诉讼中,均不得判给惩罚性、惩戒性或者任何其他非补偿性的损害赔偿。"这意味着,国际条约禁止货物权利人主张惩罚性赔偿。承运人支付的赔

[1] B. R. I. Coverage v. Air Canada, 725 F. Supp. 133 (E. D. N. Y. 1989).

[2] Orlove v. Philippine Air Lines, 257 F. 2d 384 (2d Cir. 1958).

偿金即便高于责任限额,也不应显著超过货物的实际损失或实际价值,否则,可能被视为"惩罚性、惩戒性或者任何其他非补偿性"的赔偿。因此,声明价值如果明显高于货物实际价值,则似乎不应作为承运人的赔偿依据。

三、承运人的有意不法行为

《华沙公约》将承运人的过错划分为两类:一是普通过错,此种情况中,承运人应承担限额赔偿责任;二是故意或含有故意因素的过错,此时,公约没有限制承运人的责任,即索赔人有权要求承运人承担超过限额的赔偿责任。[1] 例如,《华沙公约》第 25 条第 1 款规定:"如果损失的发生是由于承运人的有意不法行为,或由于承运人的过失,而根据受理法院的法律,这种过失被认为等于有意不法行为,那么承运人无权引用本公约关于免除或限制承运人责任的规定。"这表明,如果承运人的有意不法行为导致了货物损失,其将不得援用责任限额规定,而应当赔偿货物的实际损失。《华沙公约》第 25 条第 2 款还规定,如果损失是承运人的代理人在执行职务范围内的有意不法行为或相当于有意不法行为的过错行为所造成的,承运人也无权引用责任限额规定。根据这一规定,如果承运人的代理人在执行职务时存在有意不法行为,则承运人也不得援用责任限额规定。

(一)"有意不法行为"的含义

《华沙公约》的法文版将公约第 25 条中的"有意不法行为"表述为"dol",在英译本中,该术语被翻译为"wilful misconduct",中文译本进而将英语"wilful misconduct"翻译为"有意不法行为"。在《华沙公约》订立之初,立法者们就认识到,"dol"与"wilful misconduct"的词义存在差别,不同国家的法院在法律适用方面可能会存在分歧。[2]

1. 术语"dol"的含义。"dol"是法国法中的术语,通常指故意造成损

---

〔1〕 参见赵维田:《国际航空法》,社会科学文献出版社 2000 年版,第 285 页。

〔2〕 See Georgette Miller, *Liability in International Air Transport*, Kluwer, Netherlands, 1977, p. 195.

害的不法行为。[1] 例如,在1969年法国"协和广场公司诉瑞士航空公司案"中,原告将一批金条交付被告空运,但被告雇用的飞行员在运输中盗窃了部分金条。法院适用《华沙公约》审理本案,认为被告的飞行员实施了故意的行为,对托运货物造成损害,其行为符合"dol"的定义,承运人不得援用责任限额的规定。[2] 另有法国法院认为,只要合同一方当事人故意拒绝履行其合同义务,即使其没有损害相对人利益的意图,也可以认定其行为构成"dol"。[3]

其他大陆法系国家没有明文规定"dol"的概念,但许多国家承认"重大过失即故意"(culpa latadoloaequiparatur)的法律原则,因此这些国家常将"重大过失行为"(fautelourde)视同为法国法上的"dol"。[4] 在1952年法国"轩尼诗诉法国航空公司案"中,法院解释了"重大过失行为"的含义,认为该术语是指行为人在实施行为时缺乏应有的能力,或者存在严重疏忽或鲁莽。[5] 根据《华沙公约》第25条第1款,法院依据国内法认定承运人的行为相当于"dol"的,索赔人也有权要求承运人赔偿货物的实际损失。

2. "wilful misconduct"的含义。普通法国家对于"dol"这一术语非常陌生,在这些国家的法律中,往往没有与之严格对应的概念。[6] 在1929年第二次国际航空私法会议上,英国代表认为,英语"wilful misconduct"一词包括故意的行为,也包括满不在乎、不顾后果的行为,该术语能够涵盖"dol"的含义。[7] 最终,《华沙公约》的英文译本将"dol"翻译成"wilful

---

〔1〕 参见赵维田:《国际航空法》,社会科学文献出版社2000年版,第207-208页。

〔2〕 Cie Swissair c. Cie La Concordea, (1961) 15 R. F. D. A. 202.

〔3〕 Sté des ComédiensFrançaise c. Giraud, (1969) D. S. J. 601.

〔4〕 See H. Dorin, *Limitation of Liabilities in International Air Law*, MartinusNijhoff, 1954, para. 179.

〔5〕 Hennessy c. Air France, (1952) 6 R. F. D. A. 199.

〔6〕 See Georgette Miller, *Liability in International Air Transport*, Kluwer, Netherlands, 1977, p. 75.

〔7〕 See ICAO, *Minutes of the Second International Conference on Private Aeronautical Law* (October 4-12, 1929), trans. by Robert C. Horner and Didier Legrez, South Hackensack, New Jersey: Fred B. Rothman & Co., 1929. p. 40.

misconduct”。在1952年英国“哈洛宾诉英国公司海外航空公司案”中，法院解释了“有意不法行为”的含义，认为如果承运人出于自由意志而作出某一行为，虽认识到该行为是错误的，但仍不顾后果地坚持这样做，即构成“有意不法行为”。[1] 又如，在1950年美国“格雷诉美国航空公司案”中，法院认为一项行为符合以下两个条件，即构成“有意不法行为”：其一，承运人故意违反了作为或不作为的义务，并造成了货物的损失；其二，承运人应当认识到自己的行为可能造成货物损失，但却忽视了可能产生的后果。[2] 从上述司法观点可见，“有意不法行为”的含义比“dol”更广泛一些，既涵盖了“dol”所称的故意不法行为，也包括了“相当于dol”重大过失行为。

（二）判断“有意不法行为”的司法标准

各国法院在判断承运人是否具有“有意不法行为”时，主要采用了主观标准、客观标准。主观标准是以行为人的主观状态作为判断标准。如果行为人明知其行为具有危险性，但故意或不顾后果而为之，其在主观上具有故意或重大过失，即构成“有意不法行为”。客观标准则以正常理性人的主观状态作为判断标准。如果行为人没有达到正常理性人应有的谨慎状态，主观上即具有故意或重大过失，其行为构成“有意不法行为”。[3]

1. 主观判断标准。普通法国家的法院常使用主观标准，通过考察行为人的行为与主观状态，来判断其是否认识到行为的危害性。[4] 例如，在2005年美国“诺沃亚诉西班牙伊比利亚航空公司案”中，原告将其母亲的骨灰盒交付被告，从波多黎各空运至多米尼加，但骨灰盒在运输过程中丢失。原告认为，被告没有设立专门的骨灰盒运输程序，也没有事先通知地面货运代理人妥善运输骨灰，因此被告具有“有意不法行为”，不能援用

〔1〕 Horabin v. British Overseas Airways Corporation, [1952] 2 All E. R. 1016.

〔2〕 Grey v. American Airlines, 95 F. Supp. 756 (S. D. N. Y. 1950).

〔3〕 See Georgette Miller, *Liability in International Air Transport*, Kluwer, Netherlands, 1977, p. 219.

〔4〕 See W. L. Prosser, *Laws of Torts(4th edition)*, West Publishing Co., Minnesota, 1971, p. 149.

责任限额规定。法院适用《华沙公约》审理本案,认为"有意不法行为"系指具有预谋的、恶意的行为,应符合两个标准:其一,承运人明知其行为是错误的;其二,承运人仍然违反了作为或不作为的义务,并造成了货物的损失。在本案运输中,被告将骨灰盒放入了通常用于运输贵重物品的5号货舱,可以认为,被告已经认识到托运货物的重要性,也采取了较为妥善的运输措施,没有证据证明被告有侵害原告利益的故意或重大过失,因此被告不构成"有意不法行为",仍有权援用责任限额规定。[1] 上述案件中,法院适用了主观标准,考察了承运人的客观行为与主观状态来判断承运人是否实施了"有意不法行为"。

2. 客观判断标准。大陆法系国家的法院,特别是法国的法院常使用客观标准来判断承运人的"有意不法行为"。根据这一判断标准,法院往往会比较行为人的行为与正常理性人的行为,如果行为人不符合正常理性人的标准,法院就认定其构成"有意不法行为",而不再考虑行为人的主观状态如何。[2] 例如,在1971年法国"莫诺特诉法国航空公司案"中,原告家属乘坐了被告的航班,但航班失事导致原告家属死亡。原告起诉被告要求赔偿损失,认为被告实施了"有意不法行为",不能援用责任限额规定。一审法院适用了"主观判断标准",认为根据机上通话录音显示,机组人员在飞机失事前没有预见到可能发生的事故,在主观上没有故意或重大过失,因此不构成有"有意不法行为"。但二审法院适用了"客观判断标准",认为在判断"有意不法行为"时,应当考虑涉案机组人员是否达到了正常理性飞行员的行为标准;在涉案飞行中,机组人员在预判事故时存在瑕疵,未达到正常理性的预判水平,实施了"故意不法行为"。因此,承运人不能援用责任限额规定。[3]

通过比较两种判断标准可以看到,在大多数情况下,实施了"有意不

---

[1] Noboav. Iberia LineasAereas De Espaňa, 383 F. Supp. 2d 323 (D. P. R. 2005).

[2] See W. L. Prosser, *Laws of Torts*(*4th edition*), West Publishing Co., Minnesota, 1971, p. 149.

[3] Moinotès – qualités c. Cie Air France, (1971) 25 R. F. D. A. 186.

法行为"的行为人往往不符合正常理性人的行为标准,因此,法院适用两种标准所得出的结论没有多大差别。但在某些特殊情况下,如果行为人确实不知道自己的行为会导致他人的损害,则采用两种标准得出不同的结论。例如,在上述"莫诺特诉法国航空公司案"中,涉案机组人员并没有预见到可能的事故,一审法院适用了"主观判断标准",认为机组人员主观上没有过错,不构成"有意不法行为";而二审法院适用了"客观判断标准",认为机组人员未达到正常理性飞行员的判断标准,构成"有意不法行为"。[1] 事实上,涉案机组人员在主观上并没有制造事故的故意,二审法院认定其构成"有意不法行为",在一定程度上似乎有违"人们对自己的过错承担责任"的法律原则。从这个角度来看,主观判断标准能够更好地考察行为人的主观状态与客观行为,显得更加全面。

(三)对《华沙公约》第 25 条的修订

1955 年《海牙议定书》、1971 年《危地马拉城议定书》以及 1975 年《蒙特利尔第 4 号议定书》对《华沙公约》第 25 条作了 3 次修订,其中第一次和第三次修订涉及货物承运人责任。

1. 1955 年《海牙议定书》的修订。《华沙公约》法文版与英文版对于"有意不法行为"的规定不同,导致不同国家法院这一术语的理解存在差异。在制定《海牙议定书》时,立法者认为,该议定书不应当纠缠于法律术语,而应当更加明确地规定取消承运人责任限额的条件。[2] 为此,《海牙议定书》第 13 条将《华沙公约》第 25 条第 1 款和第 2 款修订为:"如经证明造成损失系出于承运人、受雇人或代理人故意或明知可能造成损失而不顾后果的行为或不行为,则不适用第 22 条规定的责任限额;如系受雇人或代理人有上述行为或不行为,还必须证明他是在执行其受雇职务范

[1] Moinotès – qualités c. Cie Air France, (1971) 25 R. F. D. A. 186.

[2] ICAO, *Minutes of International Conference on Private Air Law* (*The Hague*, *September* 1955) *Documents* 7686 – *LC*/ 140 *Volume* Ⅰ, p. 150. Accessed January 1, 2022. http://www.icscc.org.cn/upload/file/20190102/Doc. 7686 – EN%20International%20Conference%20on%20Private%20Air%20Law%20Volume%20I%20–%20Minutes. pdf.

围内行事。”

《海牙议定书》第 13 条的修订内容主要有:第一,避免法律术语争议。《海牙议定书》第 13 条不再使用“dol”和“wilful misconduct”等国内法上的概念,而直接规定了承运人不得援用责任限额的情形,避免了不同法系国家对法律术语的争议。第二,推动形成共识。《海牙议定书》第 13 条的规定更接近于普通法国家对“wilful misconduct”一词的理解。[1] 大陆法系国家的代表也认为,这条规定会改变他们对《华沙公约》第 25 条的认识。[2] 因此,《海牙议定书》在一定程度上推动各国以普通法的“willful misconduct”制度为基础,来理解《华沙公约》第 25 条。第三,完善举证责任。根据《海牙议定书》第 13 条,如果货物权利人要求承运人承担超过限额的赔偿责任,应当证明以下事项:一是承运人及其受雇人、代理人主观上具有故意或不顾后果;二是承运人及其受雇人、代理人的行为与货物损失间存在因果关系;三是承运人的受雇人、代理人应当在其职务范围内行事。

2. 1975 年《蒙特利尔第 4 号议定书》的修订。《华沙公约》第 25 条既适用于旅客运输情形,也适用于货物运输情形。1975 年《蒙特利尔第 4 号议定书》第 9 条缩小了《华沙公约》第 25 条的适用范围,修订后的条款仅适用于旅客运输情形:“在旅客和行李运输中,如果能够证明损害是承运人、其受雇人或代理人的故意或明知可能造成损害而轻率地实施的行为或不行为造成的,不适用(《华沙公约》)第 22 条规定的赔偿责任限额;但在受雇人或代理人实施这种行为或不行为的情况下,还必须证明其是在其受雇范围内行事的。”根据这一修订,在旅客运输中,如果承运人具有故

---

〔1〕 ICAO, *Minutes of International Conference on Private Air Law* (*The Hague*, *September* 1955) *Documents* 7686 – *LC/* 140 *Volume* Ⅰ, p. 168 – 199. Accessed January 1, 2022. http://www.icscc.org.cn/upload/file/20190102/Doc. 7686 – EN%20International%20Conference%20on%20Private%20Air%20Law%20Volume%20I%20 – %20Minutes.pdf.

〔2〕 See ICAO, *Minutes of International Conference on Private Air Law* (*The Hague*, *September* 1955) *Documents* 7686 – *LC/* 140 *Volume* Ⅰ, p. 170 – 199. Accessed January 1, 2022. http://www.icscc.org.cn/upload/file/20190102/Doc. 7686 – EN%20International%20Conference%20on%20Private%20Air%20Law%20Volume%20I%20 – %20Minutes.pdf.

意或重大过失行为时，承运人不能援用责任限额条款；而在货物运输中，即使承运人有上述行为，也能够援用责任限额条款，仍对货物的损失承担限额责任。

3.《蒙特利尔公约》的规定。《蒙特利尔公约》第22条第5款进一步缩小了1975年《蒙特利尔第4号议定书》第9条的适用范围，前一条款规定："经证明，损失是承运人以及其受雇人或者代理人的故意或者明知可能造成损失而轻率地作为或者不作为造成的，不适用本条第1款和第2款的规定；对于受雇人、代理人的此种作为或者不作为，还应当证明该受雇人、代理人是在受雇、代理范围内行事。"根据该规定，如果承运人及其受雇人、代理人具有故意或重大过失行为时，承运人不能援用《蒙特利尔公约》第22条第1款和第2款的责任限额规定。而该公约第22条第1款规定了承运人在旅客运输延误时的责任限额，第2款规定了承运人在行李运输损失时的责任限额。因此，一方面，在旅客运输发生延误、托运行李遭受损失的情形中，如果承运人或其受雇人、代理人有故意或重大过失行为，则承运人不能援用责任限额规定，应当赔偿当事人的实际损失。另一方面，在货物遭受损失的情形中，承运人即便有此种行为，也有权援用责任限额条款。

第四章　国际航空货物运输争议的解决机制

在审理国际航空货物运输案件时，法院首先需要解决几个程序性问题：第一，法院管辖权的问题。《华沙公约》第 28 条第 1 款和《蒙特利尔公约》第 33 条第 1 款均规定，四种法院对国际航空运输案件具有管辖权，但上述规定的含义较为模糊，各国法院在适用时常常存在争议。同时，一些普通法国家常在相关案件中适用“不方便法院原则”驳回原告的诉讼，也容易引发不同国家间的争论。第二，诉讼当事人法律地位的问题。“华沙体制”与《蒙特利尔公约》均没有规定诉讼中原告和被告的法律地位，而将这一问题交由各国国内法解决，但各国在确定诉讼当事人地位时的做法常有差异。第三，法律适用的问题。在国际航空条约的调整范围内，法院在审理中应当优先适用条约。但“华沙体制”中的 8 项文件与《蒙特利尔公约》都具有独立的法律地位，常会导致条约适用的冲突。同时，对于不属于国际航空条约调整的问题，各方法院在适用国内冲突规范选择准据法时，做法也有所不同。

第一节　国际航空货物运输案件的管辖法院

《华沙公约》与《蒙特利尔公约》均规定了对相关案件有管辖权的法院。例如，《华沙公约》第 28 条第 1 款规定：“损害赔偿诉讼必须在一个当事方的领土内，由原告选择，向承运人住所地、主要营业地或者订立合同的营业地的法院，或者向目的地点的法院提起。"《蒙特利尔公约》第33条第1款也作了相同的规定。根据上述规定，当事人起诉国际航空货物承运人的，应向公约规定的有管辖权的法院提起：一方面，法院应当位于公约的缔约方境内；另一方面，具有管辖权的法院共有四类，包括承运人住所地法院、承运人主要营业地法院、承运人订立合同的营业机构所在地法院、运输目的地法院。此外，《蒙特利尔公约》第33条第2款还规定，在旅客伤亡赔偿案件中，原告有权选择"第五种管辖法院"，[1]但这不适用于航空货物运输案件，因此，本书不作深入讨论。在适用上述管辖权条款时，各方法院常有两项争议：第一，管辖权条款是强制性规定还是任意性规定；第二，如何理解有管辖权的法院的含义。

一、管辖权条款的法律性质

所谓强制性规则（mandatory rule）通常指，不能由当事人通过协议排除其适用的法律。[2]《华沙公约》第28条和《蒙特利尔公约》第33条是否属于强制性规则，决定了当事人能否合意选择公约规定以外的管辖法院。就此问题，各方法院的观点不一致。一种观点认为，原告只能在国际条约规定的管辖法院提起诉讼，而不得与被告另行约定管辖法院。[3]例如，在1953年英国"鹿特丹银行诉英国海外航空公司案"中，原告将一批货物交付被告空运至国外，但货物在运输中丢失，原告依据《华沙公约》在英国法院起诉被告。在判断法院的管辖权时，英国高等法院认为，《华沙

〔1〕根据《蒙特利尔公约》第33条第2款，对于因旅客死亡或伤害而产生的损害，诉讼还可以在这样一个当事方领土提起，即在发生事故时旅客的主要且永久居所在该国领土内，且承运人使用自己或租赁的航空器经营到达该国或者从该国始发的旅客航空运输业务，且该承运人在该国内通过其本人，或依协议由其他承运人所有或租赁的处所，从事其旅客航空运输经营。该条款规定的管辖权常被称为"第五管辖权"，即旅客在满足特定条件时，能够在其永久居所地法院起诉。参见王瀚等：《国际航空法专论》，法律出版社2017年版，第292页。

〔2〕参加傅静坤：《契约冲突法论》，法律出版社1999年版，第57页。

〔3〕See Rene. H. Mankiewicz, *The Liability Regime of the International Air Carrier*, Kluwer, The Deventer, 1981, p. 133.

公约》第28条规定了具有管辖权的法院,其目的是限制管辖法院的数目,因此当事人只能向公约规定的法院提起诉讼,而不能约定其他管辖法院。[1] 而另一种观点则认为,《华沙公约》第32条前半段规定:"运输合同的任何条款和在损失发生以前的任何特别协议,如果运输合同各方借以违背本公约的规则,无论是选择所适用的法律或变更管辖权的规定,都不产生效力。……"《蒙特利尔公约》第49条的规定与《华沙公约》第32条前半段相同。根据上述条款,在损失发生前,当事人不得订立违反条约规定的协议;但在损失发生后,当事人有权合意变更条约规定。这就意味着,当事人有权约定排除条约的管辖权条款,并另行约定管辖法院。[2] 关于国际航空条约的管辖权条款是否为强制性规则,可从以下几方面进行考察。

1. 国际航空条约立法本意的考察。各国订立国际航空条约的主要目标之一,是建立统一的国际航空承运人责任制度。要实现上述目标,需要在一定程度上排除各国国内法以及当事人的意思自治,并在相关案件中统一适用条约规定。从这个意义上看,《华沙公约》第28条和《蒙特利尔公约》第33条关于管辖权的规定,也应当具有限制当事人意思自治、排除国内法适用的效力。只要是针对承运人提起的损害赔偿诉讼,索赔人就应当根据上述管辖权条款选择起诉的法院。[3] 《华沙公约》第24条第1款和《蒙特利尔公约》第29条也强调,有关损害赔偿的诉讼,不论其根据如何,只能依照公约规定的条件和责任限额提起。这进一步表明,当事人在提起诉讼时应当遵守国际航空条约的规定,包括管辖权条款。

2. 国际航空条约体系的考察。有观点认为,《华沙公约》第32条前半段禁止当事人在损失发生合意变更公约规定,但不禁止当事人在损失发

---

〔1〕 Rotterdamsche Bank v. BOAC, [1953] 1 Ll. L. L. R. 154.

〔2〕 See Lawrence B. Goldhirsch, *The Warsaw Convention Annotated: A Legal Handbook*, (*2nd ed*), Kluwer, The Hague, 2000, p. 177.

〔3〕 参见郑派:《国际航空旅客运输承运人责任研究》,法律出版社2016年版,第230页。

生后这样做。[1] 还有观点认为，尽管《华沙公约》第28条是强制性规则，但如果立法者禁止当事人在任何情况下选择管辖法院的话，则该公约第32条就不应当留有任何余地。[2] 事实上，《华沙公约》第32条后半段明确规定了货物运输案件当事人合意突破管辖权规定的情形："但在本公约的范围内，货物运输可以约定仲裁条款，如果这种仲裁在第28条第1款所规定的司法管辖区进行。"这意味着，在货物运输案件中，当事人要突破《华沙公约》的管辖权规定，只有一种例外情形：即当事人约定了仲裁条款，且仲裁地位于《华沙公约》第28条第1款规定的缔约方境内。上述规定也从侧面说明当事人不得随意突破《华沙公约》第28条的管辖权规定。

3. 国际海运实践的考察。国际海上货物运输公约在一定程度上允许当事人约定管辖法院。例如，《汉堡规则》第21条第1款规定的管辖法院包括，被告主要营业地法院、合同订立地法院、装货港或卸货港法院，或者运输合同指定的其他法院。而根据《汉堡规则》第21条第5款规定，在按照海上运输合同提出索赔之后，当事各方达成的指定索赔人可以提起诉讼的地点的协议应属有效。这表明，在索赔案件发生后，《汉堡规则》允许当事人另行约定管辖法院。又如，《鹿特丹规则》第66条规定了管辖法院；该公约第72条还规定，争议发生后，当事人也可以协议约定任何管辖法院解决争议。显然，《鹿特丹规则》也允许当事人通过合意变更管辖法院。虽然国际海上运输规则与国际航空条约在立法目标、价值取向、规则设计等方面存在差异，但是，《汉堡规则》和《鹿特丹规则》中允许当事人在一定条件下突破管辖权条款的制度设计，对国际航空法的发展或许也有一定的借鉴意义。

---

〔1〕 See Lawrence B. Goldhirsch, *The Warsaw Convention Annotated: A Legal Handbook*(*2nd ed*), Kluwer, The Hague, 2000, p. 178.

〔2〕 See I. H. Ph. Diederiks - Verschoor, *An Introduction to Air Law*(*7th ed*), Kluwer, The Hague, 2001, p. 93 - 94.

二、管辖权条款的含义

《华沙公约》第28条第1款、《蒙特利尔公约》第33条第1款均规定，原告应向位于缔约方领土内的承运人住所地法院、承运人主要营业地法院、承运人订立合同的营业机构所在地法院、运输目的地法院提起诉讼。各国在适用上述条款时，经常发生以下争议：第一，公约规定的法院是笼统地指某一缔约方境内的所有法院，还是具体地指某个法院；第二，各国对住所地、主要营业地、营业机构所在地等术语的理解也有所不同。

（一）"管辖法院"的含义

对于国际航空条约中"管辖法院"的含义，各国存在不同的理解。

1. 普通法国家的观点。普通法国家往往认为，条约所规定的法院是指某缔约方境内的所有法院，[1]具体审理案件的法院应当根据各国国内法决定。例如，在1965年美国"梅坦斯诉飞虎航空公司案"中，法院认为，国际公约的基本主体是国家，在没有相反证据的情况下，应当认为《华沙公约》是针对国家而制定的条约，因此，该公约第28条第1款规定的"管辖法院"是指缔约方内的所有法院，而不是缔约方境内的某个特定法院。原告选择在被告住所地法院起诉，意味着原告有权在美国境内的法院提起诉讼，但案件由哪一个特定的法院审理，还应当根据美国国内法来确定。[2] 在1971年美国"史密斯诉加拿大太平洋航空公司案"中，法院适用了"双层次管辖理论"，进一步论证了上述案件的观点。[3] 该案的法院认为，"双层次管辖理论"将司法管辖权分为两个层次：第一层次是国家对案件的管辖权，即一国对特定的人、物、事的管辖权；第二层次是特定法院对案件的审判权。《华沙公约》第28条规定了第一层次的管辖权，即美国

---

〔1〕 Mertens v. Flying Tiger Line, Inc., 341 F.2d 851 (2d Cir. 1965).

〔2〕 Mertens v. Flying Tiger Line, Inc., 341 F.2d 851 (2d Cir. 1965).

〔3〕 See Hans. Smit, *The Terms Jurisdiction and Competence in Comparative Law*, American Journal of Comparative Law, 10, 1961, p.164.

对本案享有管辖权,而第二层次的管辖权应根据美国国内法确定。[1]

2. 大陆法系国家的观点。大陆法系国家通常认为,国际航空条约所规定的“管辖法院”是指审理案件的特定法院,而不是指在缔约方领土内的所有法院。[2] 例如,在1974年法国“利博雷特诉法国航空公司案”中,法院认为,《华沙公约》第28条确定了对案件享有管辖权的具体法院,原告应当根据《华沙公约》确定有权管辖案件的法国法院,但《华沙公约》并未对此作出详细规定。因此,仍然应当适用法国国内法来解决国内法院的地域管辖、级别管辖等问题。[3]

产生不同观点的一个原因,在于两大法系国家的诉讼制度设计上的差异。一方面,普通法系国家往往规定,原告有权在他找到被告的地方提起诉讼,而不限制在某个法院起诉。普通法系国家也通常将国内法院视为一个整体,有时会将一个案件在不同阶段提交给不同法院审理。[4] 因此,普通法系国家的制度并不倾向于根据国际条约解决地域管辖问题。而另一方面,在大陆法国家中,一起案件通常由某一特点的法院审理,法院更加注重判断其是否具有地域上的和级别上的管辖权,而地理位置通常是判断法院是否具有地域管辖权的重要标准,因此,大陆法国家更倾向于直接适用国际条约来明确地域管辖。[5]

(二)承运人住所地法院

根据《华沙公约》第28条和《蒙特利尔公约》第33条规定,原告有权在位于缔约方境内的承运人住所地法院提起诉讼。在《华沙公约》的制定过程中,立法者本不打算规定“承运人住所地法院”的管辖权,因为他们认

〔1〕 Smith v. Canadian Pacific Airways, Ltd., 452 F. 2d 798 (2d Cir. 1971).

〔2〕 Cie Air France c. Liberator, (1974) 28 R. F. D. A. 287.

〔3〕 Liberator c. Cie Air France, (1974) 28 R. F. D. A. 287. See Georgette Miller, *Liability in International Air Transport*, Kluwer, The Netherlands, 1977, p. 285.

〔4〕 See P. Herzog, *Civil Procedure in France*, Martinus Nijhoff, The Hague, 1967, p. 174.

〔5〕 See Georgette Miller, *Liability in International Air Transport*, Kluwer, The Netherlands, 1977, p. 285 - 286.

为这与“承运人主要营业地法院”重复。[1] 但捷克代表提出，如果承运人是个人，那么他就没有主要营业地；如果《华沙公约》不规定“承运人住所地法院”，则原告可能无法有效地起诉个人承运人。[2] 最后，立法者接受了捷克代表的意见，规定“承运人住所地法院”也有权管辖案件。在实践中，两大法系国家对“承运人住所地”的含义有不同理解。

1. 个人承运人的住所地。在《华沙公约》法文版中，“住所地”被表述为“domicile”。根据《法国民法典》第102条规定，住所地是指法国人行使民事权利时本人的生活根据地。《华沙公约》的英国译本将“domicile”翻译为“ordinary residence”，是指一个人实际居住的处所。《华沙公约》的美国译本也使用了“domicile”一词，但这一术语的含义较为狭窄，是指一个人真实的、固定的、永久的住所；当其离开住所时，有返回的意思；一个人可以多次更换其居住地，但只能有一个住所。[3] 可见，美国译本提高了对个人住所地的认定标准。实践中，个人成为航空承运人的情况较少，因此，关于个人承运人住所地的含义，也鲜有争论。

2. 法人承运人的住所地。在大陆法系国家中，一般认为法人的住所地为章程中规定的法人总部（siege social），且法人只能有一个住所地。[4] 例如，在法国“齐蒙诉里约格朗德航空公司案”中，当事人就被告的住所地是否位于法国巴黎产生了争议。法院认为，被告的总部位于巴西里约热内卢，尽管该公司在巴黎经营业务，但法人只能有一个住所地，因此，被告的住所地在里约热内卢而不是巴黎。[5] 而在普通法国家中，一般认为法

---

〔1〕 See ICAO, *Minutes of the Second International Conference on Private Aeronautical Law* (October 4 - 12, 1929), trans. by Robert C. Horner and Didier Legrez, South Hackensack, New Jersey: Fred B. Rothman & Co., 1929, p. 161.

〔2〕 See ICAO, *Minutes of the Second International Conference on Private Aeronautical Law* (October 4 - 12, 1929), trans. by Robert C. Horner and Didier Legrez, South Hackensack, New Jersey: Fred B. Rothman & Co., 1929, p. 163.

〔3〕 参见赵维田：《国际航空法》，社会科学文献出版社2000年版，第362页。

〔4〕 Wyler v. Korean Air Lines Co., 928 F. 2d 1167 (D. C. Cir. 1991).

〔5〕 Zimonyl v. Varig Airlines (Empresa de Aerea Rio Grandese), 1978 U. S. Av. Rpts. 122 (France, Court of First Instance of Paris, 1st Div., Sec. 2, Apr. 28, 1978).

人的住所地为其成立地(place of incorporation),但同样认为法人的住所地是唯一的。例如,在 1956 年美国"图马金诉泛美航空公司案"中,原告向被告购买了从美国佛罗里达州至古巴的往返航班机票,原告在运输中受到人身伤害,原告在美国新泽西州法院起诉被告要求赔偿。法院认为,被告在纽约州成立并在该州开展经营活动,因此,被告的住所地和主要营业地均在纽约州,新泽西州法院无权管辖本案。[1] 可见,两大法系国家观点的共同点是认为承运人拥有唯一的住所地。但各国观点的不同之处在于,承运人的住所地应当是章程规定的总部,还是注册成立地,这个问题只能交由各国国内法来处理。

(三)承运人主要营业地法院

根据国际航空条约规定,原告有权向位于一当事方境内的承运人主要营业地的法院提起诉讼。一般来说,主要营业地是指承运人行使其主要行政管理职能的场所。[2] 例如,在 1959 年美国"斯科特打字机公司诉安德伍德公司案"中,法院认为,主要营业地是企业的神经中枢,所有企业的活动都受其指挥、控制和协调,以实现工作目标。[3] 在实践中,两大法系国家对国际条约所规定的"管辖法院"的认识存在差异,这也导致了各国对"承运人主要营业地法院"的理解也有不同。

1. 大陆法系国家的观点。大陆法系国家常认为,国际条约规定的"管辖法院"是指当事方境内某一特定的法院,而一个企业只能拥有一个主要营业地,因此,只有主要营业地的特定法院才具有管辖权。这种观点也得到了一些普通法系国家法院的支持。例如,在 1962 年美国"努多诉比利时世界航空公司案"中,原告认为,被告在美国费城设立了售票机构,开展了商业经营活动,因此,被告在美国拥有主要营业机构,美国法院有权管辖本案。法院则认为,根据《华沙公约》的规定,被告只能拥有一家主要营

[1] Tumarkin v. Pan American World Airways, Inc., 1956 U.S. &C. Av. R. 383.

[2] See Carl E. B. McKenry. Jr., "Judicial Jurisdiction Under the Warsaw Convention", *Journal of Air Law and Commerce*, 29, 1963, p.230.

[3] Scot Typewriter Co. v. Underwood Corp., 170 F. Supp. 862 (S.D.N.Y. 1959).

业机构,被告的机构在比利时而非美国,因此法院对案件没有管辖权。[1]又如,在1975年美国“阿内斯塔德诉加拿大航空公司案”中,原告认为被告在美国洛杉矶设有营业办事处,因此被告的主要营业机构在美国,美国法院有权管辖本案。法院认为,被告只能拥有一个主要营业机构,原告并未证明被告在洛杉矶的办公室是主要营业机构,因此法院没有管辖权。[2]

2. 普通法国家的观点。普通法国家常认为,国际航空条约中的“管辖法院”是笼统地指某一缔约方内的所有法院。因此,许多判例认为,“承运人主要营业地法院”也泛指主要营业地所在国的所有法院。例如,在1958年美国“温莎诉联合航空公司案”中,被告的主要行政机构位于美国芝加哥市,主要营业机构位于美国丹佛市,主要订票部门位于美国纽约市。原告在纽约市的法院起诉被告,而被告抗辩认为其主要营业地不在纽约市,当地法院不具有管辖权。法院适用《华沙公约》审理本案,认为公约第28条所称的“管辖法院”是指美国的全部法院,本案区分被告的主要营业机构在丹佛市还是纽约市的意义不大,纽约市的法院对本案也享有管辖权。[3] 根据上述观点,丹佛市、纽约市和芝加哥市的法院对案件都可能享有管辖权,但这种观点可能会导致管辖权冲突,这需要适用美国国内法处理。综上分析,两大法系国家对于“承运人主要营业地”本身的含义不存在很大分歧,但由于两大法系国家对国际条约中“管辖法院”的理解不同,导致各国法院在判断“承运人主要营业地法院”时的司法观点不同。

(四)承运人订立合同的营业机构所在地法院

根据国际条约规定,当事人有权向位于缔约方境内的“承运人订立合同的营业机构所在地法院”起诉。在确定这类管辖法院时,应当首先明确

---

〔1〕. Nudo v. Societe Anonyme BelgeD'Exploitation De La Navigation Aerienne Sabena Belgian World Airlines, 207 F. Supp. 191 (E. D. Pa. 1962).

〔2〕 Aanestad v. Air Canada, Inc., 390 F. Supp. 1165 (C. D. Cal. 1975).

〔3〕 Winsor v. United Air Lines, 159 F. Supp. 856 (D. Del. 1958).

承运人营业机构、合同订立地的含义。

1. 对承运人营业机构的理解。《华沙公约》的法文版将“营业机构”表述为“établissement”，而英文译本则翻译为“place of business”，这两个术语的含义存在一定差别。在法国法上，“établissement”一般是指经营人设立并实际拥有的办理业务的机构，但不包括由他人代理的售票机构或其他机构。[1] 法国法对于“营业机构”的规定较为严格，强调经营人应当实际拥有该机构。如果航空货物托运人与承运人的代理人在代理人的营业机构订立合同，那么该营业机构因为并非由承运人所有，就不属于《华沙公约》规定的“营业机构”。例如，在1962年法国“赫弗雷诉阿托普公司案”中，一名乘客从被告在法国巴黎的代理人处购买了机票，从葡萄牙里斯本飞往西班牙马德里。因为被告的航班发生空难，该乘客丧生。乘客的家属作为原告，在巴黎的法院起诉被告请求赔偿。被告抗辩称，遇难乘客购买机票的场所实际上是被告代理人所拥有、经营的，被告在巴黎没有营业机构，因此当地法院对案件没有管辖权。法院适用《华沙公约》审理本案，支持了被告的抗辩意见。法院认为，承运人的营业机构应当由其实际拥有，而原告购票的场所由被告代理人所有，而不属于被告，巴黎不是被告的营业机构所在地，因此，巴黎法院无权管辖本案。[2]

在普通法上，“place of business”是指连续或定期从事经营活动或工作的地点。[3] 普通法国家的法院一般认为，营业机构不一定必须由承运人所有，其代理人经营管理的机构也可以被视为承运人的营业机构。[4] 例如，在1965年美国“厄克诉阿拉伯航空公司案”中，被告航空公司的代理人在美国加利福尼亚州设有营业机构，原告在该代理人处购买了机票。原告乘坐被告航班时遭受人身伤害，遂在美国加州法院起诉被告。被告抗辩称，原告购票地为被告代理人的营业机构，该机构并非被告所有，被

---

〔1〕 参见赵维田:《国际航空法》,社会科学文献出版社2000年版,第361页。

〔2〕 Herfroy c. CieArtop, (1962) 16 R. F. D. A. 177.

〔3〕 参见《元照英美法词典》(缩印版),北京大学出版社2013年版,第1056页。

〔4〕 Eck v. United Arab Airlines, 241 F. Supp. 804 (S. D. N. Y. 1965).

告的营业机构不在加州,加州法院对本案没有管辖权。法院认为,被告通过代理人在美国加州与原告签订了航空运输合同,该合同的效力应及于被告;加州虽是被告代理人营业机构所在地,但因为代理人是为了被告的利益而与原告交易,可以认为该场所是被告签订合同时的营业机构所在地。因此,加州法院对本案具有管辖权。[1]

《蒙特利尔公约》第 33 条的法文版使用了"établissement"一词来规定"营业机构",而英文版使用了"place of business"。鉴于对"établissement""place ofbusiness"等术语的理解不同,各国法院在适用《蒙特利尔公约》第 33 条时仍然会存在意见分歧。有观点认为,在国际航空实践中,大陆法系国家有必要赋予"营业机构"更广泛的含义,即只要是为了承运人的利益而运作的营业机构,就可以被视为承运人的营业机构,当事人在该机构签订航空运输合同的,机构所在地法院就有权管辖相关案件。[2] 上述观点的理由在于:越来越多的承运人通过代理人从事国际航空运输业务,旅客或货物托运人往往与代理人订立运输合同,而不直接与承运人联系,而承运人的营业机构与代理人的营业机构又往往不在同一国家或地区,如果法律不允许代理人营业机构所在地法院管辖案件,而强令原告必须前往承运人营业机构地进行诉讼,显然是不合理的。[3]

2. 对合同订立地的理解。在实践中,如果当事人明确约定了合同订立地,法院通常会尊重当事人的约定;如果当事人未作特别约定,法院通常会以承运人签发航空货运单时的营业机构作为合同订立地。[4] 该观点的主要理由在于,根据《华沙公约》第 11 条第 1 款和《蒙特利尔公约》第 11 条第 1 款规定,航空货运单是订立航空运输合同的初步证据,承运人向

---

〔1〕 Eck v. United Arab Airlines, 241 F. Supp. 804 (S. D. N. Y. 1965).

〔2〕 See I. H. Ph. Diederiks – Verschoor, *An Introduction to Air Law*, 7th ed, Kluwer, The Hague, 2001, p. 92.

〔3〕 See I. H. Ph. Diederiks – Verschoor, *An Introduction to Air Law*, 7th ed, Kluwer, The Hague, 2001, p. 93.

〔4〕 Buenavista Esmeralda Co. v. AeroviasNacionales de Colombia, 951 F. 2d 358 (9th Cir. 1991).

托运人签发航空货运单时，双方即形成了订立合同的意思表示，在没有相反证据的情况下，可以认为货运单的签发地为合同订立地。例如，在1991年美国“布埃纳维斯塔－埃斯梅拉达公司诉哥伦比亚航空公司案”中，原告将3箱宝石交付被告，从哥伦比亚波哥大空运至日本东京，途中经停美国洛杉矶，被告在波哥大向原告出具了航空货运单。因部分货物在运输中遗失，原告遂在美国洛杉矶法院起诉被告。原告认为，货物在美国洛杉矶转运，而该地属于《华沙公约》所规定的“承运人订立运输合同的营业机构所在地”，因此美国法院对本案具有管辖权。但被告抗辩称，其营业机构在哥伦比亚而非美国，美国法院没有管辖权。法院适用了《华沙公约》审理本案，认为法院对本案没有管辖权。其一，被告的住所地、主要营业地均在哥伦比亚，航空货运单签发地也为哥伦比亚，在没有相反证据时，应当认为哥伦比亚为被告订立合同时的营业机构所在地；其二，货物在美国转运并不意味着双方重新签订了运输合同，美国并非合同订立地，因此美国法院没有管辖权。[1]

又如，在2008年美国“权世威公司诉荷兰皇家航空公司案”中，原告将54箱金条交付被告，从墨西哥空运至瑞士，途中经停荷兰。被告系一家荷兰航空公司，其在墨西哥向原告出具了航空货运单。因有两箱金条在运输中遗失，原告遂在美国纽约法院起诉被告请求赔偿。原告认为，在订立运输合同的过程中，被告的一名雇员与原告在美国纽约有联络，因此，美国纽约为《蒙特利尔公约》所规定的“承运人订立运输合同的营业机构所在地”。被告抗辩称，其在墨西哥向原告出具了航空货运单，涉案合同的订立地为墨西哥，因此美国纽约法院对本案没有管辖权。法院适用《蒙特利尔公约》审理了本案，支持了被告的抗辩意见。一方面，美国法院的多个判例均将被告签发航空货运单的地点视为“承运人订立运输合同的营业机构所在地”。本案中，航空货运单在墨西哥签发，在无相反证

---

〔1〕 Buenavista Esmeralda Co. v. AeroviasNacionales de Colombia, 951 F. 2d 358 (9th Cir. 1991).

据的情况下,可认为合同订立地为墨西哥。另一方面,单凭被告雇员在美国与原告联络这一事实,不足以说明美国是合同的订立地。因此,美国法院没有管辖权。[1]

(五)运输目的地法院

根据国际条约规定,当事人还有权向缔约方境内的"运输目的地法院"起诉。《华沙公约》与《蒙特利尔公约》所规定的"运输目的地",一般指全部运输活动的最终目的地,而不是指部分运输的目的地。[2] 在有的运输活动中,《华沙公约》和《蒙特利尔公约》所规定的"承运人住所地"、"承运人主要营业地"和"承运人订立合同的营业机构所在地"不在缔约方境内,因此,这 3 个地点的法院可能无权管辖案件。但是,如果一项运输是国际航空条约所规定的"国际运输",则其运输目的地必然在缔约方内,运输目的地法院也必然对案件有管辖权。[3] 因此,国际航空条约的立法者规定运输目的地法院享有管辖权的目的之一,是尽量促使相关案件在条约框架内解决。在司法实践中,法院在确定运输目的地时常会考察航空货运单的记载,以及运输合同当事人的意思表示等两项内容,以确定航空运输的目的地,进而判断法院的管辖权。

1. 对航空货运单记载的考察。《华沙公约》第 8 条和《蒙特利尔公约》第 5 条均规定,航空货运单上应载明运输的出发地及目的地。有的运输活动法律关系较为清晰,如在直达运输中,航班从出发地直接飞往目的地,此时,法院可以根据航空货运单的记载确定运输目的地。例如,在 1991 年"布埃纳维斯塔 - 埃斯梅拉达公司诉哥伦比亚航空公司案"中,原告将货物交付被告,从哥伦比亚空运至日本,途中经停美国。被告出具的航空货运单载明,运输出发地为哥伦比亚波哥大,目的地为日本东京。被

---

〔1〕 Transvalue, Inc. v. KLM Royal Dutch Airlines, 539 F. Supp. 2d 1366 (S. D. Fla. 2008).

〔2〕 See Georgette Miller, *Liability in International Air Transport*, Kluwer, The Netherlands, 1977, p. 308 – 309.

〔3〕 See Carl E. B. Mckenry, Jr, *Judicial Jurisdiction Under the Warsaw Convention*, Journal of Air Law and Commerce, 29, 1963, p. 215.

告将货物运至美国洛杉矶后,将货物交付日本航空公司运往东京。经查明,货物在波哥大至洛杉矶的航段中发生损失。原告认为,本案包含两项独立的运输,一是从哥伦比亚至美国;二是从美国至日本,美国系第一项运输的目的地,因此美国法院对本案有管辖权。而法院认为,根据航空货运单的记载以及当事人的约定,涉案货物应从哥伦比亚运往日本,美国只是运输经停地,本案运输虽分为两段,但应当视为一个整体,运输的最终目的地为日本,因此,美国法院对本案没有管辖权。[1]

2. 对当事人意思表示的考察。有的运输活动法律关系较为复杂。例如,在连续运输中,运输常由不同的承运人分区段进行,缔约承运人、各区段的实际承运人均可能会出具本区段的航空货运单。在这种情况中,仅凭航空货运单往往很难确定货物的最终目的地,因此,法院往往还会考察当事人的意思表示。例如,在 1992 年“德国汉莎航空公司诉美国航空公司、GMD 航空货物速递公司案”中,托运人将一批珠宝交付原告,从中国香港特区空运至美国圣托马斯。原告先将货物运抵美国纽约,再交付美国航空公司,从纽约运往圣托马斯。但美国航空公司未经其他当事人同意,擅自将货物运往波多黎各圣胡安,之后又交付 GMD 航空货物速递公司运往圣托马斯。因部分货物在运输中遗失,原告向托运人赔付了损失后,在美国法院提起诉讼向两被告追偿。GMD 公司抗辩称,其与原告间没有合同关系,原告无权向其追偿,美国法院对 GMD 公司没有管辖权。法院适用了《华沙公约》审理本案,认为法院对本案具有管辖权:如果各方当事人认识到不同区段的运输是一项完整的国际运输的组成部分,那么各段运输应当被视为一个整体。美国航空公司将货物转交给 GMD 公司运输时,后者理应知道其负责的区段是整个运输的一部分。“中国香港特区至美国圣托马斯”的运输活动是一项完整的、连续的运输,包括“中国香港特区至纽约”“纽约至圣胡安”“圣胡安至圣托马斯”等区段。因此,该

---

〔1〕 Buenavista Esmeralda Co. v. AeroviasNacionales de Colombia, 951 F. 2d 358 (9th Cir. 1991).

法院对GMD公司有管辖权。[1]

第二节 不方便法院原则在国际航空运输案件中的适用

不方便法院原则(Forum Non Conveniens)是指,有管辖权的法院以外国法院是适当法院但自己不是为由,拒绝行使案件管辖权。[2] 目前,不方便法院原则已经成为许多普通法国家法律制度的重要组成部分,并广泛适用于国际航空运输案件中。

一、不方便法院原则在国际航空运输案件中的功能

一般认为,不方便法院原则的思想发端于17世纪的苏格兰判例,而这一术语在19世纪的苏格兰判例中首次被使用。[3] 随后,在20世纪初的判例中,英国确立了这项原则。[4] 美国学者在总结了本国法院19世纪末至20世纪初的一系列判决之后,也于1929年第一次在理论上确立了美国的"不方便法院"原则。[5] 这一原则现在已经为普通法系国家所普遍接受,但在大陆法系国家中还不常见。[6] 学者认为,不方便法院原则的主要作用有,避免法院过度管辖、防止当事人过度挑选法院以及促进案

---

〔1〕 Lufthansa German Airlines, v. American Airlines, Inc., and GMD Air Cargo Express, 797 F. Supp. 446 (D. V. I. 1992).

〔2〕 See J. J. Fawcett, *Declining Jurisdiction in Private International Law*, Oxford University Press, 1995, p. 10.

〔3〕 See Ronald A. Brand, "Comparative Forum Non Conveniens and the Hague Convention on Jurisdiction and Judgments", *Texas International Law Journal*, 37, 2002, p. 467.

〔4〕 参见吴一鸣:《两大法系中的不方便法院原则及在中国的合理借鉴》,载《西南政法大学学报》2008年第2期。

〔5〕 See Paxton Blair, *The Doctrine of Forum Non Conveniens in Anglo - American Law*, Columbia Law Review, 29, 1929, p. 1.

〔6〕 See Ronald A. Brand, *Comparative Forum Non Conveniens and the Hague Convention on Jurisdiction and Judgments*, Texas International Law Journal, 37, 2002, p. 467.

件公正审理等。[1] 在国际航空司法实践中，因为国际航空运输具有较强的跨国性，相关案件具有多种涉外因素，因此，多个国家的法院都可能对同一案件享有管辖权。但是，由于各国的法律规定不同，原告在各国法院得到的判决结果也可能不同，因此，原告往往会在对其有利的法院提起诉讼。从这一背景看，不方便法院原则在国际航空运输案件中也具有重要作用。

1. 避免当事人过度选择法院。就国际航空法而言，《华沙公约》第 28 条第 1 款和《蒙特利尔公约》第 33 条第 1 款都规定，对于受公约调整的纠纷，原告可在承运人住所地、主要营业地、签订合同营业地或目的地法院中择一提起诉讼。《蒙特利尔公约》第 33 条第 2 款还规定了，在旅客伤亡赔偿案件中，原告还可选择第五种管辖法院，即旅客永久居所地法院。因此，在涉及承运人责任的国际航空运输案件中，原告有权在若干个管辖法院中进行选择，实践中原告往往会在对其最有利的国家起诉。[2] 例如，在航空旅客伤亡案件、航空器产品责任案件中，美国法院判决的赔偿数额通常比其他国家要高，因此，原告往往选择在美国提起上述诉讼。[3] 但在某些情况下，当事人不是美国居民或法人，事故发生地点也不是美国领土，案件与美国法院的联系并不密切。如果原告坚持在美国提起诉讼，可能会不适当地增加当事人的诉累。[4] 此时，被告有权提出不方便法院动议，请求美国法院放弃对案件的管辖权。

2. 避免法院过度管辖案件。尽管国际航空条约赋予原告选择法院的

---

〔1〕 参见徐伟功:《美国国际民事管辖权中的两大阀门——不方便法院原则与禁诉命令》，载《甘肃政法学院学报》2006 年第 3 期；吴一鸣:《两大法系中的不方便法院原则及在中国的合理借鉴》，载《西南政法大学学报》2008 年第 2 期。

〔2〕 See Paul Stephen Dempsey, *All Along the Watchtower*: *Forum Non Conveniens in International Aviation*, Annals of Air And Space Law, 34, 2011, p. 323.

〔3〕 See Walter Heiser, *Forum Non Conveniens and Retaliatory Legislation*: *The Impact on the Availability Alternative Forum Inquiry and on the Deisrability of Foreign Non Conveniens as a Defense Tactic*, University of Kansas Law Review, 56, 2008, p. 609.

〔4〕 See Paul Stephen Dempsey, *All Along the Watchtower*: *Forum Non Conveniens in International Aviation*, Annals of Air And Space Law, 34, 2011, p. 323.

权利,但是,如果选择的法院与案件的联系不够紧密,法院继续审理案件就会产生负面后果,如司法资源消耗巨大、当事人诉讼成本高昂等。[1] 在这种情况下,法院有权根据不方便法院原则将案件移送给更为合适的法院。例如,在2018年美国"埃尔迪布诉达美航空公司案"中,埃尔迪布于2016年5月乘坐达美航空公司的航班从美国飞往埃及,航程中,该乘客需要在法国戴高乐机场转机。该乘客为癌症晚期患者,无法独立行走,在订票时特别要求承运人在转机时提供轮椅服务,但承运人没有及时提供服务,导致其在戴高乐机场滞留12小时。承运人在运送该乘客的行李时也延误了1周,而行李中装着癌症治疗药物。埃尔迪布于同年6月死亡。其亲属认为,承运人在戴高乐机场未能提供必要服务,加速了埃尔迪布的死亡,遂在运输的出发地美国提起诉讼。被告提起了不方便法院动议,认为本案应由法国法院审理。法院支持了被告的动议:一方面,案件的主要事实发生在巴黎,法国法院具有管辖权,而且查明案件事实比较方便,被告也愿意接受该国法院管辖,因此,法国法院是合适的替代法院;另一方面,美国法院在查明事实、审理案件方面则不太方便。[2] 本案中,美国法院即适用了不方便法院原则,以避免管辖与其国家关系不大的案件。

3. 促进案件公正审理。有观点认为,不方便法院原则的最终目的,是让当事人在合适的法院享有充分的诉讼利益,并得到公正的审判。[3] 法院在适用这一原则时,需要审查是否有合适的替代法院,衡量当事人的私人利益,平衡不同国家法院的公共利益等,有助于促进案件的公正审理。例如,在上述"埃尔迪布诉达美航空公司案"中,法院认为:其一,私人利益方面。案件的主要事实发生在法国,美国法院审理案件可能导致对事实认定不充分,最终可能产生不公正的判决,而法国法院能为当事人提供更

---

〔1〕 参见徐伟功:《美国国际民事管辖权中的两大阀门——不方便法院原则与禁诉命令》,载《甘肃政法学院学报》2006年第3期。

〔2〕 Eldeeb v. Delta Air Lines, Inc., Civil No. 18 - 1128 (DSD/TNL) (D. Minn. Dec. 7, 2018).

〔3〕 参见吴一鸣:《两大法系中的不方便法院原则及在中国的合理借鉴》,载《西南政法大学学报》2008年第2期。

加公正合理的法律救济。其二,公共利益方面。案件的主要证据所在地、可能承担赔偿责任的主体所在地都是法国,法国法院享有较高的公共利益;而美国法院审理案件的司法成本更高,享有的公共利益却较少。[1]

二、不方便法院原则与国际航空运输条约的适用关系

在原告依据国际航空条约选择了起诉法院后,被选择的法院能否适用不方便法院原则拒绝行使管辖权,意即国际航空公约能否排除这一原则的适用。这个问题在长期以来一直困扰着各国法院。在司法实践中,各国法院的观点存在分歧。

(一)对《华沙公约》司法实践的考察

在适用《华沙公约》的案件中,普通法国家的法院有两种不同意见:一方面,英国法院以及部分美国法院认为《华沙公约》排斥适用不方便法院原则;另一方面,美国部分法院则认为,《华沙公约》并不排斥上述原则。[2]

1. 排斥适用的观点。英国法院倾向于认为,在适用《华沙公约》的案件中,原告有权选择法院,审理法院应当尊重原告的选择,不应再适用不方便法院原则驳回原告的起诉。例如,在1966年英国“米洛尔诉英国航空公司案”中,英国上诉法院认为,一方面,虽然英国承认不方便法院原则,但如果在本案适用这一原则会损害原告根据公约选择法院的权利;另一方面,《华沙公约》明确列举了有管辖权的法院,在事实上禁止被选择的法院放弃管辖。[3] 美国部分法院也支持这一观点。例如,在2002年美国“保坂诉联合航空公司案”中,第九巡回上诉法院认为,《华沙公约》的立法者在制定公约时没有充分讨论不方便法院原则,因此,有理由认为,在

---

〔1〕 Eldeeb v. Delta Air Lines, Inc., Civil No. 18 - 1128 (DSD/TNL) (D. Minn. Dec. 7, 2018).

〔2〕 See Allan Mendelsohn & Renee Lieux, *The Warsaw Convention Article* 28, *The Doctrine of Foreign Non Conveniens*, *and the Foreign Plaintiff*, Journal of Air Law and Commerce68, 2003, p. 75.

〔3〕 MilorSRL and Others v. British Airways Plc [1966] Q. B. 702 (C. A.).

适用该公约的案件中，被告无权请求法院适用这一原则。[1]

2. 不排斥适用的观点。美国部分法院认为，根据《华沙公约》第28条第2款规定，程序问题应依据受理案件的法院地法确定，而不方便法院原则是美国法律程序的一个重要组成部分，因此公约允许法院依本国法适用该原则。例如，在1985年美国"1982年7月9日新奥尔良空难案"中，第五巡回上诉法院认为，其一，原告有权依据《华沙公约》选择在美国起诉，但其选择法院的权利不是绝对的，原告应当遵守法院地的程序法规定；其二，美国加入《华沙公约》后没有放弃不方便法院原则，因此，法院有权依据美国法适用该原则。[2]

导致司法实践中产生分歧的主要原因是，《华沙公约》的立法者没有明确规定不方便法院原则。《华沙公约》订立时，不方便法院原则刚刚在普通法系国家形成，大陆法系国家对该原则还十分陌生，外交代表们没有深入讨论该原则与公约的适用关系。[3] 在1929年第二次国际航空私法会议上，英国代表曾建议在公约中规定不方便法院原则，认为这一原则有助于"减少无理纠缠的诉讼"。[4] 但是国际民用航空组织没有明确回应，只是在会议纪要中载明："英国代表建议进行补充规定……但英国代表团没有坚持。"[5]普通法系国家的法院就此认为，立法者们没有充分理解不方便法院原则的含义，也没有明确公约与该原则的关系。因此，有理由相信《华沙公约》并不允许适用该原则。[6]

（二）对《蒙特利尔公约》司法实践的考察

在适用《蒙特利尔公约》的案件中，普通法系国家的观点较为一致，一

---

〔1〕 Hosaka v. United Airlines, Inc., 305 F.3d 989 (9th Cir. 2002).

〔2〕 In re Air Crash Disaster Near New Orleans, 767 F.2d 1151 (5th Cir. 1985).

〔3〕 Hosaka v. United Airlines, Inc., 305 F.3d 989 (9th Cir. 2002).

〔4〕 See ICAO, *Minutes of the Second International Conference on Private Aeronautical Law* (October 4 – 12, 1929), trans. by Robert C. Horner and Didier Legrez, South Hackensack, New Jersey: Fred B. Rothman & Co., 1929. p. 290.

〔5〕 ICAO, *Minutes of the Second International Conference on Private Aeronautical Law* (October 4 – 12, 1929), trans. by Robert C. Horner and Didier Legrez, South Hackensack, New Jersey: Fred B. Rothman & Co., 1929. p. 299.

〔6〕 Pierre – Louis v. Newvac Corp., 584 F.3d 1052 (11th Cir. 2009).

般认为该公约不禁止法院根据本国法适用不方便法院原则。目前,尚没有普通法系判例认为《蒙特利尔公约》排斥适用不方便法院原则。[1] 各方法院普遍认为,根据《蒙特利尔公约》第 34 条规定,程序问题依据受理法院地法决定,而不方便法院原则已经成为许多普通法国家法律程序的一部分,因此,法院有权根据其本国法适用该原则。例如,在 2009 年美国"皮埃尔 - 路易斯诉纽瓦克公司案"中,承运人哥伦比亚西加勒比航空公司的一架航班从巴拿马飞往法属马提尼克岛,在飞行途中于委内瑞拉坠毁。一名遇难乘客为法属马提尼克岛居民。其遗产管理人认为,缔约承运人纽瓦克公司的住所地和主要营业地在美国,遂在美国法院起诉,要求纽瓦克公司与西加勒比航空公司承担赔偿责任。被告提起不方便法院动议,认为本案应当由法属马提尼克岛的法院审理。两审法院均认为,在起草《蒙特利尔公约》时,不方便法院原则已经成为美国等国家程序法的重要内容;各国代表在外交会议上充分讨论了这一原则,并最终决定,国内法已经规定该原则的缔约方有权继续适用,而国内法没有规定该原则的缔约方也无须补充规定,因此,法院有权在本案中适用不方便法院原则。[2] 在随后的一系列案件中,美国法院对这一观点表示支持。[3]

《蒙特利尔公约》订立于 1999 年,其立法背景与《华沙公约》有明显区别。一方面,普通法国家已经普遍规定了不方便法院原则,而大陆法系国家对该原则也不再陌生。在议定公约文本时,各国外交代表充分讨论了公约与该原则的关系。美国代表建议将公约第 33 条第 4 款规定为:"程序问题由管理案件的法院地法决定,包括不方便法院原则或其他类似

---

〔1〕 See Paul Stephen Dempsey, *All Along the Watchtower: Forum Non Conveniens in International Aviation*, Annals of Air And Space Law, 34, 2011, p. 323.

〔2〕 Pierre – Louis v. Newvac Corp., 584 F. 3d 1052 (11th Cir. 2009).

〔3〕 See Bapte v. West Caribbean Airways, 370 Fed. Appx. 71 (11th Cir. 2010). Galbert v. W. Caribbean Airways, 715 F. 3d 1290 (11th Cir. 2013).

原则。"[1]但另一方面，大陆法系国家的代表纷纷反对，认为其国内法没有规定不方便法院原则，因此也反对公约专门规定该原则。[2] 虽然《蒙特利尔公约》最终也没有明确规定不方便法院原则，但有观点认为，这不意味着立法者根据普通法系国家的意见修改了《华沙公约》，也不意味着立法者排斥不方便法院原则，而事实上，立法者将这一问题交由各国国内法处理。[3] 因此，在国内法中规定了不方便法院原则的国家，法院有权在相关国际航空案件中适用该原则。

三、不方便法院原则在国际航空运输案件中的适用标准

苏格兰的早期判例认为，适用不方便法院原则时，不仅要考察法院审理案件的便利程度，也要考察审理程序是否公平。[4] 普通法系国家法院在适用该原则时，逐渐形成了"三步审查法"。

（一）对替代法院的审查标准

在适用不方便法院原则时，法院首先审查有无替代法院能管辖案件，并进行公正审理。法院通常会考察"可选择性"（available）、"适当性"（adequate）两方面要素。[5]

1. 对可选择性的审查。可选择性是指，某一外国法院对案件以及当事人具有管辖权，[6]否则，该外国法院就不能被视为替代法院。[7] 鉴于

[1] See ICAO, *Minutes of International Conference on Air Law* (*Convention for the Unification of Certain Rules for International Carriage by Air*, *Montreal* 10 – 28 *May*, 1999), Accessed December 20, 2021. http://www.icscc.org.cn/upload/file/20190102/Doc.9775 – EN% 20International% 20Conference% 20on% 20Air% 20Law% 20Volume% 20I% 20 – % 20Minutes.pdf.

[2] See ICAO, *Minutes of International Conference on Air Law* (*Convention for the Unification of Certain Rules for International Carriage by Air*, *Montreal* 10 – 28 *May*, 1999), Accessed December 20, 2021. http://www.icscc.org.cn/upload/file/20190102/Doc.9775 – EN% 20International% 20Conference% 20on% 20Air% 20Law% 20Volume% 20I% 20 – % 20Minutes.pdf.

[3] Hosaka v. United Airlines, Inc., 305 F.3d 989 (9th Cir. 2002).

[4] Longworth v. Hope [1865] 3 M 1049.

[5] Reid – Walen v. Hansen, 933 F.2d 1390 (8th Cir. 1991).

[6] In re Air Crash Disaster Near New Orleans, 767 F.2d 1151 (5th Cir. 1985).

[7] See Faat v. Honeywell International Inc, Civil Action No. 04 – 4333 (D. N. J. Oct. 5, 2005).

国际航空条约规定了多个管辖法院，在审查外国法院的管辖权时，受案法院要注意审查外国法院是否符合公约的管辖权规定。例如，在2015年美国"多迪森斯基诉奥地利航空公司案"中，原告多迪森斯基的右腿天生不能弯曲，其在美国向奥地利航空公司购买了国际航行机票，并特地购买了隔间（bulkhead section）座位，以便腿能伸直。原航班在加拿大多伦多因故障迫降，被告安排原告乘坐另一架飞机继续航行，并重新发放了登机牌。但是被告拒绝再次为原告安排隔间座位，致使原告右腿无法伸直，最终骨折。原告认为，其为美国居民，航空运输合同的签订地为美国，被告在美国也有营业机构，原告遂依据《蒙特利尔公约》第33条规定的"第五管辖权"在美国提起诉讼。被告提起了不方便法院动议，认为被告在加拿大重新发放了登机牌，表明双方在加拿大重新订立了运输合同，加拿大为《蒙特利尔公约》第33条第1款规定的"承运人订立合同的营业机构所在地"，因此加拿大法院对本案具有管辖权。[1] 审理法院认为，被告重新发放了登机牌不意味着双方在加拿大重签了合同，加拿大法院不属于《蒙特利尔公约》规定的管辖法院，因此不是可选择的替代法院。[2]

2. 对适当性的审查。适当性是指，外国法院不会剥夺当事人获得救济的权利，并会在审理中公平地对待当事人。[3] 在一些案件中，即使外国法院提供的法律救济不能完全达到原受案法院的水平，也不能武断地认为外国法院是不适当的。而只有当外国法院的救济水平明显不足时，才能认为该法院是不适当的替代法院。[4] 法院在进行"适当性审查"时，通常会掌握两个标准，一是具体性标准；二是程度性标准。

第一，具体性标准是指，受诉法院审查的事由应当是具体的，而不是

---

〔1〕 Dordieski v. Austrian Airlines, AG, CAUSE NO. : 2:15 – CV – 180 – PPS – PRC (N. D. Ind. Oct. 27, 2015).

〔2〕 Dordieski v. Austrian Airlines, AG, CAUSE NO. : 2:15 – CV – 180 – PPS – PRC (N. D. Ind. Oct. 27, 2015).

〔3〕 Reid – Walen v. Hansen, 933 F. 2d 1390 (8th Cir. 1991).

〔4〕 Stroitelstvo Bulgaria Ltd. v. Bulgarian – American Enterprise Fund, 598 F. Supp. 2d 875 (N. D. Ill. 2009).

笼统的，以便法院能够准确地查明事实，进而作出判断。在一些案件中，原告为避免案件被驳回，便笼统地声称外国法院司法不公正，其意见往往不会被采纳。例如，在2017年美国“科拉沃莱诉塞勒斯案”中，一架尼日利亚航班在本国坠毁后，一名遇难乘客的遗产管理人在美国法院起诉。被告提起不方便法院动议，认为案件应由尼日利亚法院审理。原告提供了美国国务院的旅行建议书，以及两位尼日利亚前任法官的宣誓书，试图证明尼日利亚法院的司法程序不公正。美国法院没有采纳原告的意见，认为原告没有提出具体的证据证明尼日利亚法院可能会作出危险或不公正的判决。[1]

第二，程度性标准是指，外国替代法院的审理是否会导致明显不公正的后果。普通法系国家法院一般认为，各国的法律规定不同，导致外国法院收取的诉讼费较高、判决的赔偿金额较少，或在诉讼中没有组成陪审团，不必然会造成审判不公正。[2] 例如，在1981年美国“派珀飞机有限公司诉雷诺上诉案”中，一架英国航班从英格兰飞往苏格兰，但在苏格兰高地坠毁。原告代表一名苏格兰的遇难乘客在美国法院提起诉讼，被告提起了不方便法院动议，认为本案应由苏格兰法院审理。原告认为，苏格兰法院不能公正地审理本案，因为苏格兰法律没有规定侵权之债的债务人应当承担严格责任，而且当地法律规定的赔偿金数额也较低。法院认为，苏格兰法院没有剥夺原告获得救济的权利，在没有其他证据的情况下，即使苏格兰法院判决的赔偿金较少，也不足以认为该地法院是不公正、不适当的。[3]

（二）对私人利益的审查标准

所谓私人利益，是指当事人在不同国家法院参加诉讼的便利程度，以

〔1〕 Kolawole v. Sellers, 863 F. 3d 1361 (11th Cir. 2017).

〔2〕 Magnin v. Teledyne Continental Motors, 91 F. 3d 1424 (11th Cir. 1996); Coakes v. Arabian American Oil Company, 831 F. 2d 572 (5th Cir. 1987).

〔3〕 Piper Aircraft Co. v. Reyno, 454 U. S. 235 (1981).

及获得公正审理的可能性。[1] 在对私人利益进行审查时，受案法院主要考察以下事实，包括当事人在不同国家法院获取证据的难易程度、当事人在各法院参加庭审的费用，以及各法院关于证人出庭的强制程序、查看事故现场的可能、生效判决的执行情况等。[2]

在美国的一些判例中，法院还比较重视原告的国籍因素。如果原告是美国居民，法院通常认为其在美国起诉是方便的，因而会更加尊重原告对于法院的选择。[3] 例如，在前述"多迪森斯基诉奥地利航空公司案"中，原告为美国居民，法院在审查私人利益时认为：其一，在取证方面，被告没有证明案件的关键证人和证据都在加拿大，也没有证明美国法院很难获得证据。其二，在诉讼成本方面，被告的主要业务是旅客运输，在加拿大参加诉讼较为方便，而且可以将诉讼成本最终分摊给消费者，但原告为残疾人，而且没有收入，原告前往加拿大起诉的成本很高。[4] 通过审查案件的私人利益，法院认为该案件应由美国法院继续审理。

在另外一些案件中，原告不是美国居民，受案法院虽然会在一定程度上尊重原告的选择，但也常常认为，此类原告在美国参加诉讼的成本较高，而且向法院提供证据不方便。[5] 例如，在前述"皮埃尔－路易斯诉纽瓦克公司案"中，美国法院认为，一方面，原告住所地在法属马提尼克岛，涉案的证人、物证也在当地，当地法院可以更加方便地获取证据、传唤证人；另一方面，当事人申请美国法院调取证据、传唤证人的成本较高。[6] 通过审查案件的私人利益，受案法院最终适用不方便法院原则，驳回了原

---

〔1〕 Piper Aircraft Co. v. Reyno, 454 U. S. 235 (1981).

〔2〕 See Liquidation Com'n of Banco Intercont. v. Renta, 530 F. 3d 1339 (11th Cir. 2008); King v. Cessna Aircraft Co., 562 F. 3d 1374 (11th Cir. 2009).

〔3〕 See Jessica Rapoport, "Warsaw, Montreal, and the U. S. Department of Transportation: Consumer Protection for Forum Selection", *Journal of Air Law and Commerce*, 77, 2012, p. 265.

〔4〕 Dordieski v. Austrian Airlines, AG, CAUSE NO.: 2:15 - CV - 180 - PPS - PRC (N. D. Ind. Oct. 27, 2015).

〔5〕 SME Racks, Inc. v. SistemasMecanicos Para Electronica, S. A., 382 F. 3d 1097 (11th Cir. 2004).

〔6〕 Pierre - Louis v. Newvac Corp., 584 F. 3d 1052 (11th Cir. 2009).

告的诉讼请求,要求原告在法属马提尼克岛的法院提起诉讼。[1]

(三)对公共利益的审查标准

所谓公共利益,主要指不同国家法院审理案件的司法成本,各法院与案件的利益关系,以及各法院能否以有效的方式解决纠纷。[2] 受案法院在审查案件的公共利益时,主要考察以下事实:各法院审理案件的利益、案件积压情况、适用外国法律的难度,以及组建陪审团的司法成本等。[3]

1. 法院审理案件的利益。比较不同国家法院审理案件的利益,是公共利益审查的重点问题。一些判例对"公共利益"的含义作了讨论,认为这主要指政府、社会与案件当事人的联系是否紧密,以及是否有必要对当事人实施司法保护。[4] 例如,在 2010 年美国"卡恩诉达美航空公司案"中,原告卡恩是一名加拿大居民,他在美国纽约向被告购买了飞往加拿大的机票。原告身患残疾,在购票时要求被告在起降机场提供轮椅服务,但被告没有在目的地机场提供相应的服务。原告只能步行去取行李,途中跌倒受伤。原告认为,美国纽约是《蒙特利尔公约》第 33 条规定的"承运人订立运输合同的营业机构设在地",因此在纽约的法院提起诉讼。被告提起不方便法院动议,认为案件应由加拿大法院审理。在比较两国法院的公共利益时,受案法院认为,一方面,原告是加拿大居民,被告公司的登记地、主要营业地都不在纽约州,纽约州不是任何一方当事人的住所,因此,纽约州与案件当事人的联系并不紧密。另一方面,本案涉及加拿大居民的利益,还可能涉及加拿大一些政府机构的职能问题,因此,加拿大与案件当事人的利益联系更加紧密,加拿大法院更有必要对当事人实施司法保护。综上,加拿大法院更适合审理本案。[5] 受案法院审查了案件的公共利益后,最终使用了不方便法院原则,驳回了原告的诉请,要求原告

---

〔1〕 Pierre - Louis v. Newvac Corp., 584 F.3d 1052 (11th Cir. 2009).

〔2〕 Gulf Oil Corp. v. Gilbert, 330 U.S. 501 (1947).

〔3〕 See Paul Dempsey & Michael Milde, *International Air Carrier Liability: The Montreal Convention of* 1999, McGill Press, 2005, p. 222.

〔4〕 Khan v. Delta Airlines, Inc., 10 Civ. 2080 (BMC) (E.D.N.Y. Aug. 11, 2010).

〔5〕 Khan v. Delta Airlines, Inc., 10 Civ. 2080 (BMC) (E.D.N.Y. Aug. 11, 2010).

向加拿大的法院起诉。

2. 其他考察因素。在公共利益审查中，各法院的案件积压情况、适用外国法律的难度，以及各法院组建陪审团的司法成本等因素的审查标准较为明确，受案法院可以较为准确地作出判断。例如，在上述美国“卡恩诉达美航空公司案”中，受案法院在审查公共利益时还认为，其一，在法律适用方面，如果本案最终适用了《蒙特利尔公约》，则美国、加拿大的法院都可以准确适用公约条款，但如果本案最终需要适用加拿大国内法，则加拿大法院显然可以更好地适用法律；其二，在陪审团组建方面，本案与纽约州只有一般性联系，因此如果要组建陪审团来审理案件，纽约州要支付较高的司法成本且司法收益较小。综上，加拿大与案件的联系更加密切，由该国法院来组建陪审团，并承担相应的司法成本比较合理。[1]

第三节 国际航空条约的适用

在司法实践中，法院在适用国际航空条约时，首先要解决两个法律适用冲突问题：第一，国际条约与国内法之间的冲突。这类法律冲突是指，法院在审理案件时，是否应当优先适用国际条约或国内法，特别是在适用“华沙体制”或《蒙特利尔公约》的案件中，法院应如何处理国际条约与国内法的适用关系。第二，国际条约间之间的冲突。这类法律冲突是指，法院在审理某一案件时，应当优先适用哪项国际条约。具体而言，如果国际航空运输的出发地国、目的国同时为“华沙体制”和《蒙特利尔公约》的当事方，法院应当优先适用哪项国际条约。

一、国际航空条约与国内法的适用关系

《华沙公约》和《蒙特利尔公约》规定了国际航空条约与国内法的适用关系，《蒙特利尔公约》第 29 条规定：“在旅客、行李和货物运输中，有关

---

〔1〕 Khan v. Delta Airlines, Inc., 10 Civ. 2080 (BMC) (E. D. N. Y. Aug. 11, 2010).

损害赔偿的诉讼,不论其根据如何,是根据公约、根据合同、根据侵权,还是根据其他任何理由,只能依照公约规定的条件和责任限额提起。"《华沙公约》第24条也作了类似的规定。从上述规定可以看出,其一,国际航空条约还回避了各国关于"诉因"的争论,因为各国法律对航空运输案件性质的规定不尽相同,条约没有对相关案件的"诉因"作出统一规定,而将这一问题交由各国国内法处理。其二,如果案件属于《华沙公约》《蒙特利尔公约》等国际条约的调整范围,当事人应当按照条约规定的条件提起诉讼,法院在审理案件时也应当优先适用条约条款,而非国内法规定。例如,在1997年英国"希度诉英国航空公司案"中,法院认为,缔结国际航空条约的目的,不仅在于建立一个统一的国际航空承运人责任制度,还在国际条约的适用范围内排除国内法的适用。〔1〕

(一)国际航空条约回避了诉因之争

当事人依据国际航空条约所提起的诉讼的法律性质为何,各方的观点不一,具体如下:

1. 大陆法系的观点。大陆法系国家一般认为,法院在审理案件时,应当首先区分合同之诉、侵权之诉等诉讼类型,再对不同类型的诉讼适用相应的法律规定。例如,法国法院认为,合同之诉和侵权之诉之间存在明显的区别,而当事人依据国际航空条约提起的诉讼属于合同之诉,即便旅客在涉案航空运输中遭受伤亡,也不能改变案件的性质。〔2〕 在1954年法国"劳埃德保险联盟诉法国航空公司案"中,法院认为,原告依据《华沙公约》提起诉讼,意味着本案为合同之诉。〔3〕 在1967年法国"轩尼诗诉法国航空公司案"中,一名旅客在国际航空运输中死亡,其继承人以原告的身份起诉。原告认为,本案不是合同之诉,而是"不法行为之诉",这样原告可以获得更高的赔偿。巴黎上诉法院没有采纳原告的意见,认为《华沙

---

〔1〕 Sidhu v. British Airways, [1997] 1 All E. R. 193, 204 (U. K. H. L.).

〔2〕 Hennessy c. Air France, (1954) 8 R. F. D. A. 64.

〔3〕 See Syndicat d'Assurances des Lloyds c. Sté. Aérofret, (1967) 30 R. G. A. E. 168. Georgette Miller, *Liability in International Air Transport*, Kluwer, Deventer, 1977, p. 235.

公约》不调整合同责任以外的其他责任。[1] 巴黎上诉法院的观点进一步强调，当事人依据国际航空条约提起的诉讼是合同之诉。

2. 普通法系观点的变化。在历史上，普通法系国家的观点有过几次变化：一是保管纠纷阶段。普通法国家的早期判例认为，在货物运输案件中，承运人负责保管、运输他人的物品，并有义务将货物安全地、无损地送到目的地，承运人实际上是货物的保管人。[2] 二是合同纠纷阶段。在1686年英国"鲍森诉桑德福德案"中，法院首次判决承运人对运输货物的损失承担违约责任。[3] 在1759年英国"戴尔诉豪案"中，法院进一步确认，托运人有权向承运人提起合同之诉。[4] 当然，也有学者认为，尽管当事人可以就货物运输活动提起合同之诉，但这不影响承运人作为货物保管人的法律地位。[5] 三是侵权纠纷阶段。18世纪后，普通法系国家倾向于认为，如果货物在运输中遭受损失，货物权利人有权向承运人提起保管人责任之诉、合同之诉以及侵权之诉。[6] 法院往往会综合适用保管、合同、侵权的相关规定审理案件。例如，在1967年英国"巴特诉英国西印度航空公司案"中，法院认为承运人应对货物的迟延损失承担违约责任，但同时适用了合同、侵权、保管等领域的规定审理案件。[7] 目前，普通法系国家的主要观点认为，与运输有关的案件处于"合同之诉与侵权之诉的中间地带"，[8] 区分此类案件的法律性质是一个没有意义的问题（mootquestion），因为在法律发展过程中，合同之诉与侵权之诉的大部分

---

〔1〕 Hennessy c. Air France, (1954) 8 R. F. D. A. 199.

〔2〕 See Otto Kahn - Freund, *The Law of Carriage by Inland Transport*, U. S: Stevens Press, 1956, p. 450.

〔3〕 Boson v. Sandford, [1686] Carth.

〔4〕 Dale v. Hall, [1750] 1 Wils. K. B. 281, 95 E. R. 619.

〔5〕 See Otto Kahn - Freund, *The Law of Carriage by Inland Transport*, U. S: Stevens Press, 1956, p. 450.

〔6〕 See William L. Prosser, *Law of Torts* (*4th Edition*), U. S: West Publishing Company, 1978, p. 614.

〔7〕 Bart v. British West Indian Airways, Ltd., [1967] 1 Lloyd's Rep 239.

〔8〕 See Prosser, *The Borderland of Tort and Contract*, *in Selected Topics on the Law of Torts*, Ann Arbor, 1953, p. 380.

实质性区别逐渐消失。[1] 在审理案件时,为了追求实体上的公正,普通法国家的法院还常常同时适用合同法、侵权法的规定。[2]

考虑到各国对国际航空案件性质的意见不一致,国际航空条约虽然没有明确规定相关案件的法律性质,但要求各国当事人和法院在案件中遵守条约规定的诉讼条件。这样的制度设计避免了各国关于"诉因"的争论,在实质上推动了条约的统一适用。无论索赔请求在哪里提起,当事人都能确定地适用同样的国际条约。立法者成功地创建了一套当时非常先进的法律适用规则,全面简明,注重实际,且从总体上看,对各方当事人都是公平的。[3] 在立法技术上,国际航空条约的立法者综合地吸收了各国的合同法、侵权法等制度。一方面,《华沙公约》在制定时深受法国法的影响,公约规定的承运人制度与法国法的运输合同责任非常相似。[4] "华沙体制"与《蒙特利尔公约》也明确规定了航空运输活动中当事人的合同责任,体现了合同法的思想。另一方面,国际航空条约的一些规定也体现了侵权法的思想,如《华沙公约》第 25 条规定,如果损失是承运人的有意不良行为造成的,承运人不得援用责任限额条款。这一规定表明,承运人如果有过错地侵害了旅客人身与财产权益,以及货物权利人财产权益,应当基于其过错赔偿受害人的实际损失,体现了侵权法的思想。

(二)国际条约的适用范围

《华沙公约》第 24 条和《蒙特利尔公约》第 29 条都规定,在国际航空运输中,有关损害赔偿的诉讼应当依据公约规定的条件和责任限额提起。这表明,在受国际航空条约调整的案件中,当事人提起诉讼时、法院审理案件时,应当首先适用条约规定。值得注意的是,国际航空条约调整的案

---

〔1〕 See Lawrence Collins, *Interaction between Contract and Tort in the Conflict of Laws*, The International and Comparative Law Quarterly, 16, 1967, p. 103.

〔2〕 See Lawrence Collins, *Interaction between Contract and Tort in the Conflict of Laws*, The International and Comparative Law Quarterly, 16, 1967, p. 104.

〔3〕 See Chia – Jui Cheng, *Studies in International Air Law: Selected Works of Bin Cheng*, Brill Nijhoff, 2018, p. 675.

〔4〕 See G. Nathan Calkins Jr., *Cause of Action under the Warsaw Convention*, Journal of Air Law and Commerce, 26, 1959, p. 223.

件范围是有限的，一般需要同时符合以下三个条件：一是涉案运输为国际航空运输；二是案件涉及航空承运人的赔偿责任；三是涉案旅客或货物的损失发生在航空运输期间。

1. 涉案运输是国际航空运输。在一项航空运输案件中，国际航空条约适用与否，首先取决于涉案运输是否属于国际条约意义上的"国际运输"。[1]《华沙公约》第1条第1款和《蒙特利尔公约》第1条第1款都规定，公约适用于航空器运送旅客、行李或货物以收取报酬的所有国际运输。这就是说，如果涉案运输属于公约规定的"国际运输"，而且案件满足其他的法定条件时，案件就应当优先适用国际航空条约，而非国内法。根据《华沙公约》第1条第2款和《蒙特利尔公约》第1条第2款，"国际航空运输"主要包括两种情况：其一，运输的出发地、目的地分别位于两个当事方境内；其二，运输的出发地、目的地在同一个当事方境内，但在另一国境内有约定的经停地。[2] 这意味着，承运人、托运人或收货人的国籍国是否为国际航空条约的当事方，与条约的适用并无关系。例如，在1952年美国"哥伦诉古巴航空公司案"中，法院认为，《华沙公约》的目的在于协调、统一与国际航空运输相关的规则，当事人的国籍国并非该公约适用的条件，公约的适用性完全取决于航空运输的性质和特征。[3]

国际航空条约还列举了不受该公约调整的航空运输情况。第一，国际邮件运输。《华沙公约》第2条第2款规定，国际航空条约不适用于按照国际邮政公约办理的运输。但1975年《蒙特利尔第4号议定书》第2条对上述规定作了修改，邮件在国际航空运输中遭受损失的，修订后的规定允许邮政部门作为托运人依据国际航空条约向承运人主张权利。《蒙特利尔公约》第2条第3款也有相同的规定。第二，试飞、超出正常范围的飞行。根据《华沙公约》第34条规定，公约不适用于试飞性质的运输，

[1] 参见董念清：《论国际航空私法条约适用的强制性》，载《中国法学》2020年第1期。
[2] Grein v. Imperial Airways, Ltd., [1936] 55 Ll. L. Rep, 318.
[3] Glenn v. CompaniaCubana De Aviacion, S. A., 102 F. Supp. 631 (S. D. Fla. 1952).

也不适用于非正常情况下的运输，如执行临时航空救援任务的运输等。[1] 但是，1955 年《海牙议定书》第 16 条修订了《华沙公约》第 34 条，规定只有《华沙公约》的航空货运单规则不适用于试飞、非正常范围飞行等情形，但其他规定仍可以适用于这些情形。《蒙特利尔公约》第 51 条也有相同的规定。第三，国家直接经营的民用航空运输。根据《华沙公约》第 2 条第 1 款和《蒙特利尔公约》第 2 条第 1 款，如果当事方作出保留的，公约将不适用于国家或者依公法设立的公共机构所作运输。

2. 涉诉纠纷属于国际航空条约调整范围。在航空货物运输活动中，国际航空条约主要调整承运人及其受雇人、代理人对货物损失的赔偿问题。此外，国际航空条约也规定并调整货物运输凭证制度、货物权利人的处置权利，以及货物运输保险等问题。因此，如果案件的争议属于条约规定的调整范围，应当优先适用条约规定。例如，在 2008 年美国"哈桑扎德诉扎克公司案"中，原告将一批货物交付被告，从美国得克萨斯州空运至阿联酋迪拜。在空运开始前，因为被告未遵守美国的进出口法律，货物被美国政府没收并销毁。原告认为，货物损失发生在国际航空运输开始之前，案件应当适用得克萨斯州的法律。法院认为，根据《华沙公约》的规定，航空货物运输期间从货物交付承运人掌管时开始计算，因此货物损失发生在航空运输期间。同时，本案涉及承运人对货物的赔偿责任问题，属于《华沙公约》的调整范围，公约规定应当优先适用。[2]

与此相反，如果国际航空条约没有对案件的争议问题作出规定，即便涉案运输属于国际航空运输，在案件中也可能要适用国内法。例如，在 2010 年美国"希捷物流公司诉安吉克斯公司案"中，原告作为承运人将一批裤子由越南空运至美国，并将货物完好地交付收货人，但被告始终拒绝支付运费。原告起诉被告要求支付运费，并认为涉案运输是国际航空运输，应当优先适用《蒙特利尔公约》。法院认为，虽然《蒙特利尔公约》在

---

〔1〕 参见赵维田：《国际航空法》，社会科学文献出版社 2000 年版，第 244 页。

〔2〕 Hesamzadeh v. Schenker, Inc., Civil Action No. H – 08 – 0442 (S. D. Tex. Apr. 8, 2008).

其调整的范围内有优先适用性,但其调整范围主要为公约第 17 条、第 18 条、第 19 条规定的与承运人赔偿责任相关的纠纷,《蒙特利尔公约》并不调整被告支付运费的纠纷,因此本案应当适用国内法。[1]

3. 涉案纠纷发生在航空运输期间内。根据《华沙公约》第 18 条第 1 款以及《蒙特利尔公约》第 18 条第 1 款,如果货物在航空运输期间遭受损失,承运人应当根据条约规定承担赔偿责任。换言之,如果货物损失发生在航空运输期间以外,则案件就不应当优先适用国际条约,而应适用国内法。如前文所述,《华沙公约》和《蒙特利尔公约》中关于航空运输期间的认定标准有所不同,可能导致同类案件的裁判结果有所不同。

第一,《华沙公约》采用"双要素标准",航空运输期间应同时满足两个条件:一是货物由承运人保管;二是货物应当处于机场内或航空器上,而在紧急情况下,飞机迫降在机场外的,货物应当处于由承运人保管的地方。[2] 有些案件无法同时满足上述两项要件,法院常以货物损失并非发生于航空运输期间为由,认为案件不应优先适用《华沙公约》。[3] 例如,在 1953 年印度"达布拉诉印度航空公司案"中,原告将一批黄金交付被告,从土耳其空运至印度,黄金运抵目的地后暂时存放在被告的仓库里。之后黄金被盗窃,原告遂起诉被告要求赔偿损失。被告认为,本案应当优先适用《华沙公约》,并要求援用公约规定的赔偿限额。法院认为,货物在被告仓库失窃之前,航空运输活动已经完成,被告在仓库中保管货物的期间不属于航空运输期间,因此本案不适用《华沙公约》。[4]

第二,《蒙特利尔公约》采用"单要素标准",以承运人是否"掌管货物"作为判断航空运输期间的标准。只要货物在承运人"掌管"时发生损失,《蒙特利尔公约》就可能优先适用。例如,在 2013 年美国"丹尼斯 – 丹纳诉华盛顿国际货运公司案"中,法院认为,根据运输合同,承运人为原告

---

〔1〕 Seagate Logistics, Inc. v. Angel Kiss, Inc., 699 F. Supp. 2d 499 (E. D. N. Y. 2010).

〔2〕 参见赵维田:《国际航空法》,社会科学文献出版社 2000 年版,第 341 页。

〔3〕 Victoria Sales Corp. v. Emery Air Freight, Inc., 917 F. 2d 705 (2d Cir. 1990).

〔4〕 Dabrai v. Air India, 42 A. I. R., N. U. C. 18 (High Court Bombay, 1953).

提供从出发地至目的地的“门到门”运输服务，“航空运输期间”应当在收货人受领货物后才终止。承运人交付货物时，货物处于损坏的状态，应当认为损失发生于航空运输期间发生，因此，本案应当适用《蒙特利尔公约》，承运人也有权援用责任限额条款。[1]

二、国际航空条约间的适用关系

自《蒙特利尔公约》生效后，整个国际航空条约体系愈发庞大，各条约之间的适用关系也非常复杂。各条约的签订、生效日期见表1。[2]

表1 国际航空条约列表

公约名称	订立日期	生效日期	批准国
1929年《华沙公约》	1929年10月12日（1958年7月20日）	1933年2月13日（1958年10月18日）	152个
1955年《海牙议定书》	1955年9月28日（1975年8月20日）	1963年8月1日（1975年11月18日）	137个
1961年《瓜达拉哈拉公约》	1961年9月18日（中国未加入）	1964年5月1日	86个
1966年《蒙特利尔协议》	1966年5月4日	1966年5月4日	1个（美国）
1971年《危地马拉城议定书》	1971年3月8日（1997年7月1日对中国香港特区生效）	未生效	7个
1975年《蒙特利尔第1号附加议定书》	1975年9月25日（中国未加入）	1996年2月15日	51个
1975年《蒙特利尔第2号附加议定书》	1975年9月25日（中国未加入）	1996年2月15日	52个

---

〔1〕 Danner v. International Freight System of Wash., LLC, Civil Action No. ELH-09-3139 (D. Md. 2013).

〔2〕 本表统计数据截至2022年1月15日，括号中的时间为中国签署公约时间、公约对中国生效时间。

续表

公约名称	订立日期	生效日期	批准国
1975年《蒙特利尔第3号附加议定书》	1975年9月25日（中国未加入）	未生效	21个
1975年《蒙特利尔第4号议定书》	1975年9月25日（中国未加入）	1998年6月14日	60个
1999年《蒙特利尔公约》	1999年5月28日（1999年5月28日）	2003年11月4日（2005年6月1日）	136个

（一）“华沙体制”条约的适用冲突

“华沙体制”共有9个法律文件，除了1966年《蒙特利尔协议》不是一项国际法主体间的条约外，其余8个文件均具有独立的国际条约地位，主要体现在两方面。其一，各条约均明确规定了自身的法律地位。例如，《海牙议定书》第19条规定：“在本议定书各当事方之间，《华沙公约》与议定书应当被视为，且解释为一个单一的文件……”1971年《危地马拉城议定书》第17条，1975年蒙特利尔第1号至第3号附加议定书的第4条，以及《蒙特利尔第4号议定书》第15条都有类似规定。这些条款表明，上述法律文件都是具有独立法律地位的国际法文件。又如，《瓜达拉哈拉公约》第11条至第18条详细规定了该公约的签署、批准、生效、保留等程序性事项，因此可以认为，这也是一项独立的国际条约。其二，各条约也规定了对当事方的独立的拘束力。例如，《海牙议定书》第18条规定：“经本议定书修改的公约适用于公约第1条所确定的国际运输，但以出发和目的地点须在本议定书的两个当事方的领土内，或在本议定书的一个当事方领土内，而另一方领土内有一约定的经停地点者为限。”1971年《危地马拉城议定书》第16条，1975年蒙特利尔第1号和第2号附加议定书第3条，《蒙特利尔第3号附加议定书》第4条，以及《蒙特利尔第4号议定书》第14条也有类似规定。这些规定表明，上述公约对各自的当事方生效，如果两方同为某个公约的当事方，两方应当适用公约规定。1961年《瓜达拉哈拉公约》虽无类似规定，但其第13条第1款规定了公约对当事方的生效规则:“本公约……于第五件批准书交存日之后的第90日在各该国之间生效。对于此后批准的每一国家,本公约于该方批准书交存后的第90日生效。”上述规定也表明,该公约对当事方具有独立的法律拘束力。“华沙体制”有8个法律文件具有独立的条约地位,导致条约间的适用关系非常复杂。一方面,各个条约的当事方不同,导致不同国家间的条约适用关系多样。据学者统计,“华沙体制”各条约方间的适用关系多达44种。[1] 另一方面,各条约的规定也不相同,导致了条约的适用冲突。

《蒙特利尔公约》在整合“华沙体制”的基础上,进一步统一了国际航空承运人责任制度,[2]缓解了“华沙体制”条约的适用冲突。但有观点认为,《蒙特利尔公约》没有要求缔约方退出“华沙体制”的规定,因此该公约生效后,“华沙体制”各条约还将继续有效;《蒙特利尔公约》非但没有解决“华沙体制”适用冲突的问题,反而进一步破坏了国际航空承运人责任制度的统一性。[3] 学者认为,如果各方混合适用《蒙特利尔公约》与“华沙体制”条约,将会产生109种不同的承运人责任制度。[4]

尽管《蒙特利尔公约》没有强制要求缔约方退出“华沙体制”,但国际条约的适用冲突问题也可以逐步得到解决。《蒙特利尔公约》第55条规定了该公约与“华沙体制”的关系,即“该公约应当优先于国际航空运输所适用的任何规则”,其中包括“华沙体制”的各项文件。上述条款规定,与“华沙体制”相比,《蒙特利尔公约》具有优先适用性,即如果两方同时是《蒙特利尔公约》和“华沙体制”条约的当事方,则法院应在案件中优先适用《蒙特利尔公约》。当前,世界上航空运输实力较强的国家和地区几

---

〔1〕 参见唐明毅、陈宇:《国际航空私法》,法律出版社2004年版,第24页。

〔2〕 See Bin Cheng, *A New Era in the Law of International Carriage by Air: From Warsaw (1929) to Montreal(1999)*, International Law and Commercial Law Quarterlly, 53, 2004, p. 833.

〔3〕 See I. H. Ph. Diederiks – Verschoor, *An Introduction to Air Law*, Kluwer Law International, The Netherlands, p. 122.

〔4〕 See Bin Cheng, *The Labyrinth of the Law International Carriage by Air: Has the Montreal Convention* 1999 *Slain the Minotaur*?, ZeitschriftfürLuft – und Weltraumrecht, 50, 2001, p. 172.

乎都已加入《蒙特利尔公约》,因此,大多数航空运输案件都应优先适用《蒙特利尔公约》。这极大地压缩了“华沙体制”的适用空间,“华沙体制”终将随着时间的流逝而逐渐退出历史舞台。

(二)国际航空条约适用的冲突

条约的冲突,是指几个条约的规定相互抵触的情况。[1] 事实上只要满足一个条件就可以产生条约的冲突,即一方对两个或多个条约的全部或部分义务不能同时履行。[2] 除《华沙公约》本身,“华沙体制”的其余文件均在一定程度上修正了《华沙公约》,各方间的条约适用冲突主要可以分为几种情况:一是两方加入的条约相同;二是两方加入的条约不同;三是条约本身包含关于优先地位条款。

1. 两方加入的条约相同。“华沙体制”中,如果两方加入的条约完全相同,则应当适用“后法优于前法”原则处理条约冲突。《维也纳条约法公约》第30条第3款规定:“先订条约的全体当事方也是后订条约的当事方,先订条约只在其规定与后订条约的规定相合的范围内适用”。根据上述规定,如果甲、乙两方共同加入了《华沙公约》以及若干修正条约,两方间的条约关系可分两种情况:其一,当修正条约与《华沙公约》规定不同时,因修正条约生效在后,两方间应当优先适用修正条约的规定。例如,甲、乙两方同为《华沙公约》以及《海牙议定书》当事方,当两项条约规定不一致时,两方间应当适用《海牙议定书》的规定。其二,当修正条约的规定不同时,两方应当适用在后生效的条约规定。例如,甲、乙两方同为《华沙公约》、《海牙议定书》以及1961年《瓜达拉哈拉公约》的当事方,当《海牙议定书》与《瓜达拉哈拉公约》规定不同时,两方应当适用《瓜达拉哈拉公约》的规定。

2. 两国加入的条约不同。在“华沙体制”中,两方加入条约不同的情况可以分两类讨论。

---

〔1〕 参见李浩培:《条约法概论》,法律出版社2003年版,第252页。

〔2〕 参见朱文奇、李强:《国际条约法》,中国人民大学出版社2008年版,第186页。

第一,两方共同加入《华沙公约》,但加入的修正条约不同。例如,甲、乙两方共同加入了《华沙条约》,甲加入了《海牙议定书》,而乙加入了1966年《瓜达拉哈拉公约》。《维也纳条约法公约》第40条第5款规定:凡于修正条约之协定生效后成为条约当事方之国家,倘无不同意思之表示:(甲)应视为修正后条约之当事方,并(乙)就其对不受修正条约协定拘束之条约当事方之关系言,应视为未修正条约之当事方。根据上述规定,一方面,甲、乙两方分别加入了《海牙议定书》和《瓜达拉哈拉公约》,应当分别被视为两项条约的当事方。另一方面,甲方不受《瓜达拉哈拉公约》约束,而乙方不受《海牙议定书》约束,两方互相被视为"未修正条约之当事方",因此两方应适用《华沙公约》。

第二,两方未共同加入《华沙公约》,且加入的修正条约也不同。例如,甲方加入了《华沙条约》,乙方未加入《华沙公约》,但加入了《海牙议定书》。根据《维也纳条约法公约》第40条第5款规定,因甲方不受《海牙议定书》约束,两方也应互相被视为"未修正条约之当事方",并适用《华沙公约》。例如,在1987年"韩国航空公司空难案"中,韩国航空公司的KAL007航班在从美国飞往韩国,航班因在飞行途中偏航而被苏联战斗机击落,机上269名人员遇难。部分遇难者家属在美国起诉承运人要求赔偿,并认为本案不应当适用国际航空条约,理由在于,美国加入了《华沙公约》但未批准《海牙议定书》,而韩国加入了《海牙议定书》但未批准《华沙公约》,两方并非某项条约的共同当事方。美国法院认为,从《海牙议定书》的订立目的来看,该议定书修正了《华沙公约》的部分内容,不能将两项条约割裂开来。韩国加入了经《海牙议定书》修正后的《华沙公约》,而美国加入了原有的《华沙公约》,故两方应当适用《华沙公约》的原有规定。[1]

3. 条约优先适用情形。《维也纳条约法公约》第30条第2款规定:

---

〔1〕 In re Korean Air Lines Disaster of September 1, 1983, 664 F. Supp. 1488 (D. D. C. 1987).

"如果一个条约含有该条约优先于其他条约的条款,则在该条约与其他条约相抵触的场合,该条约自应居于优先的地位。"可见,如果条约明确规定自身具有优先适用地位的,应当遵从其规定。[1]《蒙特利尔公约》第55条规定,该公约优先于国际航空运输所适用的任何规则,包括"华沙体制"各项条约。根据这一规定,如果相关国家既是"华沙体制"条约的当事方,也是《蒙特利尔公约》的当事方,则后者应当优先适用。例如,在2008年美国"威基兰保险公司诉世界速递公司案"中,原告于2006年1月将一批药物交被告由英国苏塞克斯空运往美国阿灵顿,收货人在接收货物时发现货物受损。收货人于2007年1月起诉被告,认为本案应当适用《华沙公约》。法院则认为本案应当适用《蒙特利尔公约》。其一,本案运输出发地在英国,目的地在美国,两方均为《蒙特利尔公约》的当事方,该公约于2003年11月4日起对美国生效,于2004年7月28日起对英国生效,而运输发生于2006年1月;其二,虽然英、美两方也是《华沙公约》的当事方,但《蒙特利尔公约》第55条规定该公约具有优先效力,故本案应当适用《蒙特利尔公约》审理。[2]

(三)国际航空条约适用的时际法问题

时际法问题,是解决条约在时间上适用范围的问题。[3]《维也纳条约法公约》第28条对条约的时际法问题作了规定:"除非一个条约明示或另经确定有不同的意思外,对于一个当事方在条约生效日以前所发生的行为或事实或已停止存在的任何局面,该条约的规定对该当事方无拘束力。"一般认为,该公约规定了"条约不溯及既往原则",可从以下方面理解:其一,一个条约生效后,其规定应适用于其所针对的,并在该条约有效期内发生的一切事实;其二,条约没有溯及力,即不能适用于在该条约生效前已完成的事实,但各缔约方可以明示或默示地不适用这一原则;其

〔1〕 参见李浩培:《条约法概论》,法律出版社2003年版,第252页。

〔2〕 Vigilant Insurance Company v. World Courier, Inc., 07 CV 194 (CM) (S. D. N. Y. Jun. 4, 2008).

〔3〕 参见李浩培:《条约法概论》,法律出版社2003年版,第291页。

三,条约对发生于该条约生效前但在该条约生效后继续存在的情事可以适用,这是由于条约发生即时效果的结果;其四,条约不适用于该条约终止后发生的事实。[1]

在国际航空法领域,各方对于"条约不溯及既往"原则的理解基本一致,即"华沙体制"以及《蒙特利尔公约》应当对该条约有效期内的情事发生效力,对条约生效前发生的情事没有溯及力,对条约生效后发生的情事也不产生效力。在大陆法系国家的司法实践中,法国法院在1967年"劳埃德保险公司诉埃洛菲特公司案"中认为,因涉诉纠纷发生在《海牙议定书》对法国生效之前,基于"法不溯及既往"原则,本案应适用《华沙公约》。[2]

在普通法系国家的司法实践中,美国法院也倾向于适用涉诉事由发生时有效的法律。在2004年美国"埃利希诉美国航空公司、老鹰航空公司、西蒙斯航空公司案"中,原告于1999年5月8日乘坐老鹰航空公司的航班从美国巴尔的摩飞往纽约,再换乘美国航空公司的飞机飞往英国伦敦。老鹰航空公司的航班在纽约降落时速度过快,导致原告受伤。原告于1999年9月27日提起诉讼,要求各被告根据《蒙特利尔公约》赔偿损失。法院认为,本案不应适用《蒙特利尔公约》,而应适用《华沙公约》。涉案航空事故发生于1999年5月8日,原告于同年9月27日起诉,而《蒙特利尔公约》直至2003年11月4日才对美国正式生效,该公约对于其生效前的情事不发生效力。[3] 从两大法系国家的典型案件来看,各方法院均认为,在适用国际航空条约时也应遵守"条约不溯及既往"原则。

第四节 国际航空货物运输诉讼的当事人

当事人适格,是指当事人对于作为诉讼标的之特定权利或法律关系,

---

〔1〕 参见李浩培:《条约法概论》,法律出版社2003年版,第296页。

〔2〕 Syndicatd' assurances des Lioyd c. StéAerofret, (1969) 23 R. F. D. A. 397.

〔3〕 Ehrlich v. American Airlines, Inc., 360 F. 3d 366 (2d Cir. 2004).

有权提起诉讼并请求作出判决的资格。[1] 在一项诉讼中,作为诉讼标的的民事权利或者法律关系是否存在,法院在谁与谁之间作出判决才是恰当且有意义的,这便是当事人适格的问题。[2] 国际航空条约并未对当事人适格问题出规定。《华沙公约》第24条以及《蒙特利尔公约》第29条都规定:"当事人就运输中的损害提起赔偿诉讼……只能依照公约规定的条件和责任限额提起,但是不妨碍谁是有权提起诉讼的人以及他们各自有哪些诉讼权利。"从上述规定可见,国际航空条约并未明确诉讼当事人的资格和权利,给司法实践带来了一定挑战。

一、国际航空货物运输诉讼的原告

实践中,国际航空货物运输环节较多,托运人、收货人、保险人、缔约承运人、实际承运人、承运人受雇人及代理人等多方当事人均可能参与运输,容易造成法院确定原告资格的困难。例如,是否只有航空货运单记载的托运人、收货人才能作为原告起诉,还是其他当事人也可以成为原告。[3] 在大多数案件中,各国法院尝试解释并适用国际航空条约的各项零散规定,从中寻找确定原告资格的标准。[4]

(一)托运人、收货人的原告资格

两大法系国家的法院常以航空货运单作为认定原告资格的重要依据,认为航空货运单载明的托运人、收货人具有提起诉讼的资格。在一些情况中,托运人指定的收货人虽未记载于航空货运单中,但也具有原告的资格。

1. 航空货运单记载的当事人。《华沙公约》第30条第3款规定:"货

---

〔1〕 参见[日]高桥宏志:《民事诉讼法制度与理论的深层分析》,林剑锋译,法律出版社2003年版,第206页。

〔2〕 参见李龙:《民事诉讼当事人适格刍论》,载《现代法学》2000年第4期。

〔3〕 See Georgette Miller, *Liability in International Air Transport*, Kluwer, The Netherlands, 1977, p. 249.

〔4〕 See H. Drion, *Limitation of Liabilities in International Air Law*, Springer, The Netherlands, 1954, p. 135.

物在连续运输中发生损失的,托运人有权向第一承运人提起诉讼,收货人有权向最后承运人提起诉讼,且两者都有权对发生毁灭、遗失、损坏或延误的一段运输的承运人提起诉讼。"《蒙特利尔公约》第36条第3款也作了类似规定。基于上述规定,法国法院一般认为,货物的托运人和收货人具有原告资格,有权起诉被告请求货物损失。[1] 此外,《华沙公约》第8条规定,当事人必须在航空货运单上记载托运人、收货人的姓名。法国法院根据这一规定进而认为,在确定具有原告资格的托运人、收货人时,应当以航空货运单的记载为准。[2]

美国法院一般也认为,货物的托运人和收货人具有原告资格。[3] 但是,美国法院经常以《华沙公约》第14条和《蒙特利尔公约》第14条作为法律依据,这与法国法院的做法存在差别。根据《华沙公约》第14条规定,托运人与收货人履行了运输合同的义务后,有权以本人名义行使公约规定的权利,包括向承运人主张货物损失。《蒙特利尔公约》第14条也有同样规定。美国法院基于上述规定认为,航空货运单上载明的托运人、收货人有权作为原告就货物损失起诉承运人。例如,在1957年美国"霍尔泽钟表公司诉海岸与西部航空公司案"中,法院认为,承运人应当被与其交易的当事人起诉,这才是合理的。[4] 在该案件中,法院即认定航空货运单记载的当事人具有原告资格。

2. 托运人指定的收货人。《华沙公约》第12条规定,托运人有权指示承运人在运输途中将货物交付给非航空货运单上所指定的收货人。《蒙特利尔公约》第12条也有同样的规定。法国法院认为,在这种情况下,实际的收货人也具有原告的资格,即便航空货运单上未载明该收货人的信

---

〔1〕 See Georgette Miller, *Liability in International Air Transport*, Kluwer, The Netherlands, 1977, p. 252.

〔2〕 See Georgette Miller, *Liability in International Air Transport*, Kluwer, The Netherlands, 1977, p. 252.

〔3〕 Holzer Watch Co. Inc. v. Seaboard & Western Airlines Inc, 5 Avi. 17,854 (N. Y. City Ct. 1957).

〔4〕 Holzer Watch Co. Inc. v. Seaboard & Western Airlines Inc, 5 Avi. 17,854 (N. Y. City Ct. 1957).

息;而航空货运单上载明的收货人失去了收货的权利,也将因此失去提起诉讼的权利。[1] 例如,在1975年"法国航空公司诉大西洋互助保险公司案"中,法院认为,根据《华沙公约》第30条第3款,托运人或有权提取货物的收货人,可以向承运人提起诉讼,运输合同以外的第三人不具有原告资格。而根据《华沙公约》第8条以及第12条规定,收货人一般应以航空货运单的记载为准,但托运人在运输中指示承运人向其他收货人交付的除外。[2]

(二)未记载于航空货运单的货物权利人的原告资格

一些情况中,托运人或收货人会委托代理人代为办理托运、收货事宜,此时航空货运单可能只记录代理人的信息,而不记录被代理人的信息。若货物在运输中受损,实际托运人或收货人能否以原告的身份提起诉讼,争议较大。一方面,根据司法实践的普遍观点,应当认定航空货运单记载的托运人或收货人具有原告资格,即便委托人是真正的货物权利人,但其信息没有记载在航空货运单上,因此不能成为原告。另一方面,有的法院认为,在一些情况下,航空货运单虽未载明真实货物权利人的信息,但该权利人也应具有原告资格。[3] 例如,在1979年美国"莱昂伯恩斯坦商业公司诉泛美航空公司案"中,原告购买了一批蟒蛇皮,将货物交付被告从新加坡空运至西班牙,但被告错将货物运到委内瑞拉,货物被该国海关没收。原告起诉被告要求赔偿,但被告认为其不是航空货运单上载明的托运人,无权提起诉讼。法院适用《华沙公约》审理本案,并认为:《华沙公约》限制诉讼当事人的目的,在于确保承运人指导自己将与谁交易,以提升交易的透明度;但是,如果对公约条款作过于狭窄的解释,将会损害真正权利人的利益。本案中,虽然被代理人的姓名没有被记载于航

[1] See Georgette Miller, *Liability in International Air Transport*, Kluwer, The Netherlands, 1977, p. 252.

[2] Air France c. Sté Atlantic Mutual Insurance Co., (1975) 29 R. F. D. A. 199.

[3] Parke, Davis Co. v. British Airways Corp., 11 Misc. 2d 811, 812 (N. Y. City Ct. 1958).

空货运单上，但是如果法院支持其被代理人的诉讼请求，并不会使承运人额外作出不合理的赔偿，也不会使原告不当得利。最终，法院支持了原告的诉讼请求。[1]

在一定条件下，法院确认真实货物权利人的原告资格，是具有合理性的。其一，从权利状态来看，无论真实货物权利人的信息是否记载于航空货运单上，其享有货物所有权。在货运代理人代办托运或收货事宜时，虽然航空货运单上记载了代理人的信息，但不能据此剥夺真实货物权利人的相关权利。当货物在运输中遭受损失，承运人也侵害了货物权利人的物权，货物权利人也有权主张法律救济。其二，从条约规定来看，值得注意的是，《蒙特利尔公约》取消了《华沙公约》第 8 条规定，不再要求航空货运单必须载明托运人、收货人的姓名。这意味着，航空货运单上的记载不能成为判断原告资格的唯一证据，因为航空货运单上未必记载了托运人和收货人的信息。

(三)保险人的原告资格

实践中，托运人或收货人常在货物运输前，向保险公司购买财产保险。在这一保险关系中，托运人或收货人为投保人、被保险人，货物为保险标的，保险公司为保险人。当保险事故发生时，即货物在运输中受损，保险人应当向被保险人支付保险金。而保险人理赔损失后，是否有权依据代位求偿权以及国际航空条约的规定，直接起诉承运人以追偿损失，国际条约对此没有明确规定。从司法实践来看，各方法院一般不会轻易否定保险人的代位求偿权，但也要求保险人符合一定条件。

1. 保险人取得代位诉讼的权利。《华沙公约》第 15 条规定，该公约第 12 条、第 13 条和第 14 条不影响从托运人或者收货人处获得权利的第三方之间的相互关系。《华沙公约》第 12 条、第 13 条和第 14 条主要规定了托运人、收货人的主要权利义务，因此该公约第 15 条似乎表明，《华沙公

[1] Leon Bernstein Commercial v. Pan Am. World, 72 A. D. 2d 707 (N. Y. App. Div. 1979).

约》并不限制包括保险人在内的第三方当事人从托运人、收货人处继受取得部分权利。因此，各国法院普遍认为，保险人有权在赔偿金额范围内，代位行使被保险人对承运人的求偿权利，但被保险人应当提供必要文件并说明相关情况。[1] 例如，在 1992 年美国"B. R. I. 保险公司诉加拿大航空公司案"中，古德曼公司购买了一批动物皮毛，委托埃尔贝克营销公司将货物从美国空运至加拿大，最终交给丽莱宝服装公司。被告出具了航空货运单，载明埃尔贝克公司为托运人，丽莱宝公司为收货人。收货人领取货物后，发现有 4 箱货物受潮损坏。古德曼公司在货物运输前向劳合社保险公司购买了保险。货物损失发生后，原告 B. R. I. 公司作为劳合社公司的理赔代理人，向古德曼公司赔付了损失。B. R. I. 公司认为其向货主理赔后，有权获得代位求偿权，遂依据《华沙公约》起诉被告。被告认为，航空货运单上记载的托运人、收货人均非 B. R. I. 公司，该公司不具有原告资格。法院认为 B. R. I. 公司有权作为原告起诉。保险事故发生后，B. R. I. 保险公司作为保险人的代理人，向被保险人支付了保险金，保险人与被保险人一致同意，将诉讼权利转让给 B. R. I. 公司。因此该公司对诉讼标的享有实际利益，是本案的利益相关方，应当具有原告资格。[2]

2. 保险人的诉讼权利不超过被保险人的权利范围。各方司法实践一般认为，保险人的代位求偿权来自被保险人对承运人的求偿权，因此代位求偿权不得超过被保险人的原有权利。例如，在 1972 年法国"S. A. S. 公司诉财富公司案"中，法院认为，保险人在符合一定条件下，有权依据《华沙公约》起诉承运人。其一，保险人应当在赔付货物损失后，从货物托运人或收货人处获得代位求偿的权利；其二，保险人的诉讼权利不得超过托运人或收货人的权利范围。[3] 又如，在 1968 年美国"埃佛精品进口公司诉海岸世界航空公司案"中，法院认为，一方面，享有代位求偿权的保险公司有权作为原告提起诉讼；另一方面，《华沙公约》规定，航空货运单应载

---

〔1〕 B. R. I. Coverage v. Air Canada, 725 F. Supp. 133 (E. D. N. Y. 1989).

〔2〕 B. R. I. Coverage v. Air Canada, 725 F. Supp. 133 (E. D. N. Y. 1989).

〔3〕 Sté S. A. S. c. Cie La Fortune, (1972) 26 R. F. D. A. 49 (C. A. Paris, 3 February 1971).

明托运人、收货人,目的是让承运人了解交易相对方,从而评估交易风险。因此,保险公司在行使权利时,不得超出托运人或收货人的权利范围,以免损害承运人对交易的评估。[1]

二、国际航空货物运输诉讼的被告

国际航空运输中货物受损时,货物权利人有权向承运人,包括连续承运人、缔约承运人和实际承运人提起诉讼。但在承运人的雇佣人或代理人参与运输的情形下,货物权利人能否直接起诉承运人的受雇人或代理人,各方法院的观点不一致。

(一)承运人作为被告

如果承运人自行负责运输,并造成货物损失,货物权利人有权以承运人为被告,请求该承运人赔偿损失。在这种情况下,确定被告的责任较为方便。但在连续运输情形下,或在缔约承运人与实际承运人并存的情形下,因参与运输的主体较多,划分、确定被告的责任并非易事。

1. 以连续运输承运人为被告。连续运输是指,多个承运人以同一种运输方式共同完成货物运输的运输形式。在连续运输中,托运人与一个承运人签订全程的运输合同,承运人将运输划分成几个不同的区段,由不同的承运人分别负责履行。《华沙公约》第 30 条规定了连续运输承运人的法律地位:第一,在承运人负责的区段内,将该承运人视为运输合同的当事人。第二,各承运人对其履行的区段运输负责;如果合同约定第一承运人对运输全程负责的,从其约定。第三,托运人有权起诉第一承运人,收货人有权起诉最后承运人;同时,托运人和收货人都可以起诉发生损失的区段的承运人,上述承运人应承担连带责任。《蒙特利尔公约》第 36 条也有相同的规定。

上述规定为确定连续运输案件的被告提供了法律依据,但在实践中,

---

[1] Eve. Boutique Imports, Inc, v. Seaboard Airlines, Inc., 10 Avi. 17,703 (N. Y. Sup. Ct. 1968).

法院也常会考察当事人的约定，作为确定被告、划分责任的依据。例如，在1972年法国“S. A. S公司诉财富公司案”中，托运人把一批货物交给被告，从法国空运到巴拿马，被告在航空货运单上载明其为第一承运人。瑞士航空公司实际上承担了第一区段（法国至瑞士）的运输，被告实际为第二区段的承运人。因为货物在第一运输区段受损，托运人起诉被告请求赔偿。被告抗辩认为，其实际为第二区段的承运人，托运人应当起诉第一承运人，即瑞士航空公司。法院认为，涉案航空货运单上载明被告为第一承运人，表明当事人约定被告应当对第一运输区段承担责任，故托运人有权依据《华沙公约》起诉被告。[1] 法国法院的上述判决具有一定合理性：其一，从意思表示看，第一承运人一般负责与托运人签订运输合同，托运人在订立合同时，有理由相信第一承运人将履行第一区段的运输。其二，从合同履行看，在运输过程中，托运人一般无法知晓何方当事人实际履行了第一区段运输。如果要求托运人必须以实际履行人为被告，将给托运人主张权利设置巨大的障碍。

2. 以缔约承运人、实际承运人为被告。1961年《瓜达拉哈拉公约》首次规定了国际航空运输中缔约承运人和实际承运人的法律地位。《蒙特利尔公约》吸收了《瓜达拉哈拉公约》的规定，也对缔约承运人和实际承运人的法律地位与责任作出了规定。其一，区分两者的法律地位。根据《瓜达拉哈拉公约》第1条规定，缔约承运人是指，以本人名义与托运人、代理人订立航空货物运输合同的人；而实际承运人是指，根据缔约承运人授权而实际履行运输的人，且其不属于连续承运人。《蒙特利尔公约》第39条也作了类似的规定。其二，划分两者的法律责任。《瓜达拉哈拉公约》第2条规定，缔约承运人应对合同规定的全部运输承担责任，而实际承运人对其办理的部分运输承担责任。这意味着，如果货物在某实际承运人负责的运输区段中发生损失，权利人可向实际承运人求偿，并有权请求缔约承运人承担连带责任。《蒙特利尔公约》第40条也作了类似的规

〔1〕 Sté S. A. S c. Cie La Fortune, (1972) 26 R. F. D. A. 49.

定。其三，明确共同的责任限额。《瓜达拉哈拉公约》第 6 条规定，缔约承运人与实际承运人赔偿总额不得超过公约规定的责任限额。《蒙特利尔公约》第 44 条也有类似规定。根据上述规定，货物在航空运输中受损的，货物权利人有权单独或共同起诉缔约承运人和相应区段的实际承运人，缔约承运人与实际承运人对外承担连带责任。

（二）承运人的受雇人、代理人作为被告

《华沙公约》并未规定承运人受雇人、代理人的责任，也未明确规定货物权利人是否有权起诉承运人的受雇人或代理人。《海牙议定书》第 14 条在《华沙公约》第 25 条之后，加入第 25 条甲，明确规定了承运人受雇人、代理人的责任。根据《海牙议定书》的规定，第一，如果承运人的受雇人或代理人在受雇范围内行事导致货物损失，货物权利人有权起诉承运人，也有权起诉承运人的受雇人、代理人；第二，受雇人、代理人有权援用国际航空条约规定的责任限额条款，承运人及其受雇人、代理人的赔偿总额不得超过责任限额；第三，如果受雇人、代理人的有意不良行为导致了货物损失，将无权援用责任限额规定。《蒙特利尔公约》第 30 条也作了相同的规定。

各国的司法实践也普遍强调，国际航空条约只调整承运人的受雇人、代理人的职务行为，意即受雇人、代理人在履行职务时造成货物损失的，应当根据国际航空条约承担赔偿责任；而对于履行职务以外的行为造成损失的，案件不应当适用国际航空条约。例如，在 1979 年美国“朱利叶斯 - 杨珠宝制造有限公司诉三角航空公司案”中，朱利叶斯公司将一批货物交付给三角航空公司进行国际运输，在地面辅助运输过程中，三角航空公司的地面代理人损坏了货物。朱利叶斯公司遂以三角航空公司及其地面代理人为被告，请求两被告共同赔偿货物损失。法院认为，根据《华沙公约》和《海牙议定书》的规定，地面代理人在履行其职责时造成货物损失的，应当依据国际航空条约承担赔偿责任。同时，代理人有权援用国际条约规定的赔偿限额条款。如果不对其赔偿责任加以限制，则可能变相地使承

运人承担无限责任,因为承运人最终很可能要补偿代理人的损失。〔1〕

三、国际航空货物运输诉讼的期间

为了促使当事人尽早解决纠纷,各国法律一般都要求当事人在一定期间提起诉讼,国际航空条约中也有类似的规定。《华沙公约》第29条规定:"原告必须自航空器到达目的地之日或者应该到达之日,或者自运输停止之日起,两年内提起损害赔偿诉讼,否则丧失其权利;但时限计算方法依受理案件法院地法确定。"《蒙特利尔公约》第35条也作了同样的规定。根据上述规定,货物权利人起诉承运人请求损害赔偿的,提起诉讼的时间期限为航空器到达或应当到达目的地之日,或运输停止之日起两年,否则货物权利人将丧失权利。

(一)关于"两年期间"法律性质的争议

对于上述条款规定的"两年期间"属于除斥期间还是诉讼时效期间,各国司法实践存在不同观点。其一,普通法国家认为,"两年期间"为原告行使诉讼权利的"先决条件",该期限是绝对的、不可变的。法国一些低级别的法院也持有同样观点。〔2〕 其二,法国最高法院认为,"两年期间"属于诉讼时效期间,可以根据国内法中止或中断。

1. "两年期间"是权利先决条件的观点。普通法国家的法院通常认为,国际航空条约规定的"两年期间"是权利的"先决条件",其依据主要为以下两方面。

第一,从立法历史看,根据《华沙公约》的外交记录,立法者原本拟将"两年期间"规定为可根据国内法中止、中断的诉讼时效期间,但意大利代表提出,各国的诉讼时效制度差别很大,如将"两年期间"规定为诉讼时效

---

〔1〕 Young Jewelry v. Delta Air Lines, 67 A. D. 2d 148, 414 N. Y. S. 2d 528 (N. Y. App. Div. 1979).

〔2〕 See Georgette Miller, *Liability in International Air Transport*, Kluwer, The Netherlands, 1977, p. 316 – 319.

期间,将无法有效适用该公约。[1] 立法者最终采纳了意大利代表的观点,将"两年期间"规定为不变期间。[2] 例如,在 1999 年美国"卡迪尔公司诉新加坡航空公司案"中,托运人于 1996 年 1 月 24 日将一批家居用品交付新加坡航空公司,从印度尼西亚空运至美国,货物于 1 月 28 日运抵,卡迪尔公司于 1 月 31 日提取了货物。卡迪尔公司发现货物受损后,于 1998 年 7 月 10 日起诉新加坡航空公司,请求赔偿货物损失。新加坡航空公司认为,根据《华沙公约》第 29 条,卡迪尔公司应在航空器抵达之日起两年内提起诉讼,卡迪尔公司的起诉时间已经超过"两年期间",其已失去了主张赔偿的权利。卡迪尔公司则认为,保险人的工作拖延导致原告提起诉讼的时间超过了"两年期间",因此该期间应当相应延长。法院认为,根据《华沙公约》的外交会议记录记载,立法者认为"两年期间"是不可变期间,不应根据国内法中止或中断。"两年期间"是卡迪尔公司行使诉讼权利的先决条件,因该公司的起诉时间超过了这一期间,该公司便失去了要求赔偿的权利。[3]

第二,从立法意图看,各国订立《华沙公约》的目的之一,在于建立统一的国际航空承运人责任制度,避免各方法院在相关案件中的法律适用困难。如果将《华沙公约》第 29 条规定的"两年期间"理解为诉讼时效期间,并允许该期间各国国内法的规定中止或中断,则可能导致各方对国际条约的适用不一致。[4] 同时,有学者还认为,航空运输结束两年后,货物权利人一般很难再收集与运输相关的证据以支持其诉讼请求,因此,在实

---

〔1〕 See ICAO, *Minutes of the Second International Conference on Private Aeronautical Law* (October 4 – 12, 1929), trans. by Robert C. Horner and Didier Legrez, South Hackensack, New Jersey: Fred B. Rothman & Co., 1929. p. 110.

〔2〕 Kahn v. Trans World Airlines, 82 A. D. 2d 696, 443 N. Y. S. 2d 79 (N. Y. App. Div. 1981).

〔3〕 Kadir v. Singapore Airlines, Inc., No. 98 C 4710, 1999 WL 26,1932.

〔4〕 See Georgette Miller, *Liability in International Air Transport*, Kluwer, The Netherlands, 1977, p. 316 – 319.

践中延长“两年期间”的意义不大。[1] 在2010年美国“安联公司诉EMO公司、中国航空公司案”中，法院认为，《华沙公约》第29条与《蒙特利尔公约》第35条规定的“两年期间”性质相同，均为不可变期间，是原告依据公约请求赔偿权利的先决条件；《华沙公约》与《蒙特利尔公约》并不允许法院适用国内法时效中止或中断“两年期间”，以避免不同当事方的法律适用冲突。[2]

2.“两年期间”是诉讼时效期间的观点。法国最高法院认为，国际航空条约允许各国在程序问题上适用国内法。例如，《华沙公约》第18条第2款规定，诉讼程序应根据受理法院的法律规定办理，因此“两年期间”可以根据国内法的规定发生中止或中断，该期间属于诉讼时效期间。[3] 例如，在1977年“洛朗斯诉法国航空公司案”中，法国最高法院认为，其一，国际条约订立时的历史性文件并不具有法律效力，不能成为法院裁判案件的法律依据，因此法院无须考虑此类文件中记载的各国外交代表的观点。其二，“华沙体制”中的条约数量众多，各条约参加国各异，《华沙公约》并未实现航空承运人责任制度的完全统一，因此不应该否定适用国内法的诉讼时效规则。其三，早些时候，货物权利人在经过了“两年期间”后，可能无法收集到足够的证据，但现在航空技术不断发展，在发生航空事故后，飞机上的信息记载、事故发生后的调查程序不断完善，货物权利人能够更加方便地收集相关证据。因此，允许中断或中止“两年期间”不会损害权利人的利益。[4] 又如，在1968年法国“卡马拉诉法国航空公司案”中，由于传票送达程序发生迟延，法国最高法院即裁定中断案件的诉讼时效。[5]

---

〔1〕 See Georgette Miller, *Liability in International Air Transport*, Kluwer, The Netherlands, 1977, p. 316 – 319.

〔2〕 Allianz Global Corporate & Specialty v. EMO Trans California, Inc., Air China, No. C 09 – 4893 MHP (N. D. Cal. Jun. 21, 2010).

〔3〕 Kamara c. Air France, (1968) D. J. 745.

〔4〕 Lorans c. Air France, (1977) D. S. J. 89.

〔5〕 Kamara c. Air France, (1968) D. J. 745.

（二）对两种观点的比较

前述两种观点都具有一定合理性，但也都存在一定瑕疵。“两年期间”为诉讼时效期间的观点认为，“两年期间”制度属于诉讼程序的一部分，各国可适用国内法变更具体期间。这种观点或许在一定程度上体现了“两年期间”的特征，但忽视国际航空条约的立法本意。各国订立国际航空条约的主要目的，即在于统一国际航空承运人责任制度。如果将“两年期间”视为诉讼时效，显然将会导致各方法院适用法律的冲突，进而损害国际航空条约的统一适用性。

而关于“两年期间”为权利先决条件的观点充分考虑了国际航空条约立法者的本意，但无法很好地解释“两年期间”的法律性质。从法律性质看，“两年期间”似乎更类似于“诉讼时效期间”，而非“权利先决条件”。第一，诉讼时效期间适用于受害人在权利受到侵害时请求法律救济的情形。在航空货物运输案件中货物权利人就货物损失请求赔偿，与上述情形类似。第二，诉讼时效期间经过后，权利人未行使权利的，将产生新的法律秩序。在航空运输案件中，原告本来对货物享有完整的所有权，而货物受损后，所有权将处于不完整状态。如果其怠于起诉，将导致所有权始终处于不完整的状态，这意味着产生了新的法律秩序。第三，通常情况下，诉讼时效期间从当事人能行使其请求权时开始计算。在国际航空运输中，货物权利人提起诉讼的时间，从航空器到达、应当到达或运输停止之日起计算。这样的计算方式，显然是从货物权利人能行使权利时起计算相应的期间，类似诉讼时效期间的计算方式。第四，诉讼时效期间经过后，当事人丧失胜诉权。根据《华沙公约》第 29 条与《蒙特利尔公约》第 35 条规定，货物权利人超过“两年期间”提起诉讼的，将丧失其权利，但至于具体丧失何种权利，国际条约并未明确。从实践来看，货物权利人丧失了令法院支持其诉讼请求的权利，即胜诉权。

综合上述讨论，虽然“两年期间”在法律性质上类似于诉讼时效期间，但将该期间视为权利先决条件，更加符合国际航空条约的立法者愿意，也更有利于维护国际条约的统一适用性，并减少各国法院的法律适用冲突。

因此，各方法院在适用《华沙公约》第29条和《蒙特利尔公约》第35条时，不得适用国内法规定中止或中断“两年期间”；权利人一旦逾期提起诉讼，即失去了索赔的权利。

第五节　国际航空货物运输仲裁制度

《华沙公约》和《蒙特利尔公约》都规定，国际航空货物运输合同的当事人有权约定通过仲裁解决争端，但是两项公约没有明确规定“国际航空仲裁”的含义。有学者从仲裁的基本概念出发，认为国际航空仲裁是指当事人在航空争议发生前后，订立仲裁协议，并将争议提交仲裁机关裁决的争端解决方法。[1] 有观点认为，国际航空仲裁的模式包括机构仲裁和临时仲裁，而临时仲裁是目前的主流模式，它具有以下优势：一是仲裁程序快捷高效；二是当事人可以自由地选择仲裁员，裁决结果更加专业；三是仲裁规则更新较快，符合航空实践发展需要。[2]

一、国际航空货物运输仲裁制度的演变

《华沙公约》对国际航空货物运输仲裁制度作了原则性的规定。该公约第32条规定：“货物运输可以有仲裁条款，如果这种仲裁在第28条第1款所规定的法院管辖地区进行。”根据上述条款可见，其一，国际航空仲裁的范围应当限于航空货物运输纠纷，意味着旅客运输的当事人无权选择仲裁；其二，国际航空货物仲裁应当遵守《华沙公约》第28条关于管辖权的规定，即当事人选择的仲裁地点应当位于承运人的住所地、主要营业、订立合同的营业机构所在地以及运输目的地。

《蒙特利尔公约》在《华沙公约》的基础上，对国际航空货物运输仲裁

〔1〕 参见张超汉、张宗师：《国际航空仲裁制度研究——兼评1999年〈蒙特利尔公约〉第34条》，载《北京理工大学学报（社会科学版）》，2017年第4期。

〔2〕 参见张超汉、张宗师：《国际航空仲裁制度研究——兼评1999年〈蒙特利尔公约〉第34条》，载《北京理工大学学报（社会科学版）》，2017年第4期。

制度作了进一步的规定。《蒙特利尔公约》第 34 条规定："一、在符合本条规定的条件下，货物运输合同的当事人可以约定，有关本公约中的承运人责任所发生的任何争议应当通过仲裁解决。此协议应当以书面形式订立。二、仲裁程序应当按照索赔人的选择，在第 33 条所指的其中一个管辖区内进行。三、仲裁员或者仲裁庭应当适用本公约的规定。四、本条第二款和第三款的规定应当视为每一仲裁条款或者仲裁协议的一部分，此种条款或者协议中与上述规定不一致的任何条款均属无效。"上述规定与《华沙公约》第 32 条的相同之处在于，两公约规定的国际航空仲裁的适用范围相同，即货物运输当事人有权选择仲裁，而旅客运输当事人只能通过诉讼方式解决争端。《蒙特利尔公约》第 34 条与《华沙公约》第 32 条的区别之处在于：第一，《蒙特利尔公约》明确规定了仲裁协议的形式。《华沙公约》没有规定航空仲裁协议的订立形式，而《蒙特利尔公约》第 34 条第 1 款则明确规定，仲裁协议应当以"书面形式"订立。一些学者指出，虽然《蒙特利尔公约》并没有规定"书面形式"的含义，但是根据 1958 年《承认及执行外国仲裁裁决公约》关于仲裁协议形式的规定，[1] 可以推知，《蒙特利尔公约》所称的"书面形式"是指当事人订立的或在往来函电中载明的仲裁条款或仲裁协定。[2] 第二，《蒙特利尔公约》补充规定了仲裁管辖条款。《蒙特利尔公约》第 34 条第 2 款规定，仲裁应当在该公约第 33 条规定的管辖区内进行，包括承运人住所地、承运人主要营业、承运人订立合同的营业机构所在地以及运输目的地。这一条款类似于《华沙公约》第 32 条。但是，《蒙特利尔公约》第 46 条还规定了"附加管辖权"，即如果航空货物运输由缔约承运人、实际承运人共同负责，则缔约承运人与实际承运人的住所地、主要营业地的法院，以及订立合同的营业机构所在地、运输目的地的法院也有权管辖案件。观点认为，《蒙特利尔公约》第 46 条增

---

[1] 1958 年 6 月 10 日，各国外交代表于美国纽约签署了《承认及执行外国仲裁裁决公约》，该公约于 1959 年 6 月 7 日生效，并于 1987 年 4 月 22 日对我国生效。

[2] 参见张超汉、张宗师：《国际航空仲裁制度研究——兼评 1999 年〈蒙特利尔公约〉第 34 条》，载《北京理工大学学报（社会科学版）》，2017 年第 4 期。

加了有管辖权的法院，间接地扩大了航空货物运输仲裁的管辖区，即货物运输当事人有权在《蒙特利尔公约》第 33 条规定的管辖区提起仲裁，也有权依据该公约第 46 条在缔约承运人或实际承运人的住所地、主要营业地提起仲裁。[1]

二、国际航空货物运输仲裁的制度价值

在国际航空条约制定过程中，各方外交代表就航空仲裁制度进行了广泛的讨论。根据国际航空会议的记录看，立法者设计国际航空货物运输仲裁制度，主要目的是丰富当事人的争端解决途径，并平衡当事人间的利益。

1. 丰富争端解决途径。在 1999 年 5 月的航空法国际会议上，各国代表审议了《蒙特利尔公约》草案。巴西代表认为，仲裁是解决航空运输争端的重要和理想的方式，并建议取消《蒙特利尔公约》草案中关于仲裁只适用于"货物运输"的规定。这样，在乘客与承运人发生争议时，乘客也能采用仲裁方式解决争端，而无须诉诸法院。在诉讼程序中，双方当事人都要付出巨大的时间和经济成本，因此诉讼更适合于案情复杂、法律适用困难的案件。[2] 黎巴嫩代表认为，根据《蒙特利尔公约》草案中有关仲裁制度的规定，在航空事故发生时，索赔人有权与承运人达成仲裁协议。这也符合该方的国内法。[3] 显然，外交代表们广泛同意，《蒙特利尔公约》通过规定仲裁制度，丰富了争端解决途径，有助于当事人化解纠纷。

---

〔1〕 See Elmar W. Gerharz, Ronald S. Borod, *Montreal Convention Annotation*, The Hague: Kluwer LawInternational, 2006, p. 284.

〔2〕 See ICAO, *Minutes of International Conference on Air Law* (*Convention for the Unification of Certain Rules for International Carriage by Air*, *Montreal* 10 – 28 *May*, 1999), Accessed December 20, 2021. http://www. icscc. org. cn/upload/file/20190102/Doc. 9775 – EN% 20International%20Conference% 20on% 20Air% 20Law% 20Volume% 20I% 20 – % 20Minutes. pdf.

〔3〕 See ICAO, *Minutes of International Conference on Air Law* (*Convention for the Unification of Certain Rules for International Carriage by Air*, *Montreal* 10 – 28 *May*, 1999), Accessed December 20, 2021. http://www. icscc. org. cn/upload/file/20190102/Doc. 9775 – EN% 20International%20Conference% 20on% 20Air% 20Law% 20Volume% 20I% 20 – % 20Minutes. pdf.

2. 平衡当事人的利益。就仲裁制度能否适用于"旅客运输"的问题，外交代表的观点有分歧。第一，支持仲裁适用于"旅客运输"的主要有巴西、日本、瑞士和多米尼加等国的代表。日本代表认为，《蒙特利尔公约》草案规定"货物运输"当事人有权提起仲裁，但没有禁止"旅客运输"当事人提起仲裁，因此，公约的正式文本应当明确规定"在旅客伤亡的情形中，公约不禁止当事人提起仲裁以便解决纠纷"。〔1〕第二，反对仲裁适用于"旅客运输"的主要有瑞典、德国、意大利、法国等国的代表。瑞典代表认为，当事人可以通过仲裁程序来解决纠纷，但是问题是，在争端发生之前，就要求旅客与承运人订立仲裁协议是不公平的。欧洲的仲裁费用往往十分昂贵，甚至超过了《蒙特利尔公约》草案所确定的"双梯度赔偿责任"中第一梯度的赔偿数额，因此，公约不应当规定旅客在购买机票时就订立仲裁协议。〔2〕德国代表认为，仲裁是一种为商业主体设计的特殊程序，不适合普通航空乘客。〔3〕法国代表也认为，在该方司法管辖区，只有在双方当事人的诉讼能力接近的情况下才会选择仲裁，乘客与航空公司的诉讼能力有明显的差距，因此，很难想象旅客可以用仲裁方式解决与航空公司的争端。而在一般情况下，货物托运人具有较强的诉讼能力，《蒙特利尔公约》规定仲裁适用于货物运输具有一定的合理性。〔4〕从上述的观点

---

〔1〕 See ICAO, *Minutes of International Conference on Air Law* (*Convention for the Unification of Certain Rules for International Carriage by Air*, *Montreal* 10 – 28 *May*, 1999), Accessed December 20, 2021. http://www.icscc.org.cn/upload/file/20190102/Doc.9775 – EN%20International%20Conference%20on%20Air%20Law%20Volume%20I%20 – %20Minutes.pdf.

〔2〕 See ICAO, *Minutes of International Conference on Air Law* (*Convention for the Unification of Certain Rules for International Carriage by Air*, *Montreal* 10 – 28 *May*, 1999), Accessed December 20, 2021. http://www.icscc.org.cn/upload/file/20190102/Doc.9775 – EN%20International%20Conference%20on%20Air%20Law%20Volume%20I%20 – %20Minutes.pdf.

〔3〕 See ICAO, *Minutes of International Conference on Air Law* (*Convention for the Unification of Certain Rules for International Carriage by Air*, *Montreal* 10 – 28 *May*, 1999), Accessed December 20, 2021. http://www.icscc.org.cn/upload/file/20190102/Doc.9775 – EN%20International%20Conference%20on%20Air%20Law%20Volume%20I%20 – %20Minutes.pdf.

〔4〕 See ICAO, *Minutes of International Conference on Air Law* (*Convention for the Unification of Certain Rules for International Carriage by Air*, *Montreal* 10 – 28 *May*, 1999), Accessed December 20, 2021. http://www.icscc.org.cn/upload/file/20190102/Doc.9775 – EN%20International%20Conference%20on%20Air%20Law%20Volume%20I%20 – %20Minutes.pdf.

争议中可以看出,各方代表的目的都是维护和平衡当事人的利益。支持仲裁适用于"旅客运输"的国家,其目的主要是完善争端解决途径,提升纠纷解决的效率,使当事人获得及时的法律救济。而持反对者的主要目的,是避免旅客在仲裁程序中处于弱势地位,并承担过高的仲裁费用。综合考量各项因素,"反对说"更有利于维护和平衡当事人的利益。最终,航空法国际会议主席建议,保留《蒙特利尔公约》草案关于仲裁制度的规定,并规定仲裁仅适用于航空货物运输。该意见被公约的正式文本所采纳。

但值得注意的是,国际航空货物运输仲裁制度在实践中是否发挥了应有的价值,尚需进一步研究。比如,有学者指出,仅从国际航空货物运输的司法实践来看,相关仲裁案件数量很少,大多数当事人似乎仍习惯于向法院提起诉讼;在世界各地,航空货物运输仲裁的发展前景还不明朗。[1] 造成这种情况的原因或许是多样的:一是仲裁程序具有非公开性,仲裁案件通常不对外公开,非案件当事人往往难以获得案件的信息与资料;二是国际航空条约具有统一适用性,可以使各方当事人在诉讼程序中获得相对一致的判决与救济,从而降低了当事人提起仲裁的积极性;三是有些国家的仲裁费用高昂,从而导致当事人不愿意提起仲裁。

〔1〕 See Thomas J. Whalen, *Arbitration of International Cargo Claims*, Air and Space Law, 34, 2009, p. 420.

第五章　中国的航空货物承运人责任制度

近年来，我国航空运输行业发展迅速，运输实力不断增强。2019 年，我国民航业完成运输总周转量 1,293.25 亿吨公里，完成旅客运输量 6.6 亿人次，完成货邮运输量 753.14 万吨。[1] 为促进我国稳步向民航强国转变，我国有必要为民航产业的发展持续提供优质的法治保障：一方面，我国已经参加了一些重要的国际航空条约，但我国国内法与国际法还存在冲突的情况，[2]因此，我国有必要加强对国际航空条约的理解和适用，注重国内法与国际条约的衔接和配合，促进我国航空立法的现代化，为航空业发展提供法制保障；另一方面，要加强对疑难案件的研判，使我国法院对相关案件的裁判标准与国际通行做法有机结合，为航空运输业发展提供司法保障。

---

〔1〕 参见中国民用航空局：《2019 年民航行业发展统计公报》，载中国民用航空局网站，http://www.caac.gov.cn/XXGK/XXGK/TJSJ/202006/P020200605630677965649.pdf.，最后访问日期：2022 年 2 月 1 日。

〔2〕 参见王瀚等：《国际航空法专论》，法律出版社 2017 年版，第 9 页。

第一节　《民用航空法》关于航空货物承运人责任的规定

20 世纪 80 年代以来，我国逐步开展了民用航空立法活动，目前已基本形成了以《民用航空法》为主体，以行政法规、规章制度为补充的法律体系。《民用航空法》于 1995 年 10 月 30 日经全国人民代表大会常务委员会会议通过，自 1996 年 3 月 1 日起实施，并于 2009 年、2015 年、2016 年、2017 年和 2018 年进行了四次修正。该法共有 16 章 214 条，涵盖了民用航空器国籍管理、航空器权利、适航管理、航空人员管理、民用机场管理、空中航行管理、公共航空运输企业管理、公共航空运输管理、通用航空管理、搜寻援救和事故调查、对地面第三人损害的赔偿责任、外国民用航空器管理、涉外关系的法律适用规范以及法律责任等内容，是我国民用航空管理的基本法。国务院还制定了一系列调整民用航空活动的行政法规；民用航空局也制定了部门规章和行业标准等法律文件，与《民用航空法》和民航行政规章衔接适用。

《民用航空法》第九章对“公共航空运输”作了规定，该章包括第 106 条至第 144 条共 39 条，主要规定了航空承运人对航空事故的赔偿责任，比较全面地借鉴了“华沙体制”的立法成果，在制定时是一部较为先进的法律，对促进和保障我国航空业的发展具有重要意义。

一、《民用航空法》关于国际航空运输的规定

《民用航空法》第 106 条规定：“本章适用于公共航空运输企业使用民用航空器经营的旅客、行李或者货物的运输，包括公共航空运输企业使用民用航空器办理的免费运输。……”根据这一规定，《民用航空法》第九章既调整国内运输承运人的责任，也调整国际运输承运人的责任。

《民用航空法》关于“国际航空运输”的规定与国际航空条约存在一定区别。该法第 107 条规定：“……本法所称国际航空运输，是指根据当

事人订立的航空运输合同,无论运输有无间断或者有无转运,运输的出发地点、目的地点或者约定的经停地点之一不在中华人民共和国境内的运输。”可见,上述条款对“国际航空运输”的定义较为宽泛,主要包括四种情形:其一,出发地、目的地或者经停地的一处或多处在中国,其余地点在外国,该外国与中国同为某个国际航空条约的当事方;其二,出发地、目的地或者经停地的一处或多处在中国,其余地点在外国,该外国并未与中国共同参加某个国际航空条约;其三,出发地、目的地或者经停地均在外国,该外国与中国同为某个国际航空条约的当事方;其四,出发地、目的地或者经停地均在外国,该外国并未与中国共同参加某个国际航空条约。在上述第一种和第三种情形中,运输活动属于国际条约规定的“国际航空运输”,承运人对航空事故的赔偿责任应当优先适用条约规定。而在第二种和第四种情形中,运输活动不属于国际航空条约的调整范围,承运人的赔偿责任应当依据相关国内法确定。

此外,《民用航空法》第 106 条规定,该法调整公共航空运输企业开展的运输活动。这意味着,承运人应当是公共航空运输企业,而不能是经营其他业务的企业。但是,国际航空条约中并无类似的限制性规定。在实践中,有大量货运代理人以缔约承运人的身份参与运输,不具有公共航空运输企业的资格,那么其从事的航空运输活动将不受《民用航空法》调整。这可能导致法律规定与运输实践的脱节。

二、《民用航空法》的航空货物航空货运单规则

《民用航空法》第 109 条至第 123 条规定了航空货运单的相关制度,其中涉及国际货物运输的内容包括:第一,航空货运单的法律效力。根据《民用航空法》第 118 条,航空货运单的法律效力主要表现为,首先,航空货运单可以作为初步证据,以证明当事人间订立了航空运输合同,以及承运人接收了托运货物;其次,如果航空货运单上载明了货物的外观情况,可以作为判断货物外表状况的初步证据;最后,除了未经承运人和托运人当面查对,并在航空货运单上注明经过查对或者书写关于货物的外表情

况的说明外，货运单关于货物的数量、体积和情况的记载，不能构成不利于承运人的证据。第二，航空货运单的惩罚措施。根据《民用航空法》第115条，航空货运单应当至少记载三项内容：一是出发地、目的地；二是出发地和目的地均在我国境内的，应载明约定的外国经停地；三是货物运输的最终目的地、出发地和约定经停地之一不在我国境内的，应载明所适用的国际条约。《民用航空法》第116条还规定了对国际航空运输承运人的惩罚措施："在国际航空运输中，承运人同意未经填具航空货运单而载运货物的，或者航空货运单上未依照本法第115条第3项的规定声明的，承运人无权援用本法第129条有关赔偿责任限制的规定。"可见，在《民用航空法》的框架下，国际航空承运人在两种情形下不得援用该法的责任限额规定：一是未出具航空货运单；二是未在航空货运单上载明运输所适用的国际条约。

《民用航空法》第115条规定主要参考了《海牙议定书》第6条。但是，1975年《蒙特利尔第4号议定书》第3条和《蒙特利尔公约》第5条均已修改了《海牙议定书》关于航空货运单记载事项的规定，规定航空货运单上应当记载始发地点和目的地点、约定的外国经停地点，以及货物重量，而无须记载适用国际条约的声明。《民用航空法》有必要根据国际航空条约的最新立法成果，调整航空货运单的记载事项。首先，货物重量是计算承运人赔偿责任的重要依据，航空货运单有必要载明货物重量，以便当事人确认承运人责任。其次，航空运输是否适用国际条约以及适用何种国际条约，主要根据各当事方参加条约的情况确定，与当事人的声明并无必然联系，因此，航空货运单上并无记载当事人相关声明的必要。

而《民用航空法》第116条关于航空货运单惩罚措施的规定主要参考了《华沙公约》第9条和《海牙议定书》第7条。但1975年《蒙特利尔第4号议定书》第3条和《蒙特利尔公约》第9条均取消了惩罚措施，意即承运人未出具航空货运单或出具航空货运单不符合规定的，也有权援引赔偿限额规定。《民用航空法》有必要顺应国际航空条约的立法发展，适时取消航空货运单的惩罚规则。因为承运人未出具航空货运单或出具航空货运单不符合规定的，并不必然妨碍其履行运输义务，所以，在此情况下，禁止承运人援用责任限额规定，并无充分的法理依据。

还值得注意的是，《民用航空法》没有规定电子航空货运单的法律地位，但在国际航空立法层面，1975 年《蒙特利尔第 4 号议定书》第 3 条以及《蒙特利尔公约》第 4 条均对电子航空货运单作了规定。目前，随着电子商务的不断发展，航空运输业也将越来越多地使用电子票据，以提高运输效率。在此背景下，《民用航空法》也有必要适时明确电子航空货运单的法律地位，带动航空运输企业提高运输业务的效率，并更好地走向国际市场。[1]

三、《民用航空法》的航空货物承运人责任

《民用航空法》第 124 条至第 130 条主要规定了承运人的赔偿责任，涉及货物承运人责任的内容主要包括：

1. 航空货物承运人责任的认定。《民用航空法》第 125 条和第 126 条规定，航空货物承运人应当对货物的毁灭、遗失或损坏等损失承担严格责任，并对货物的延误损失承担过错推定责任。《民用航空法》的上述规定与 1975 年《蒙特利尔第 4 号议定书》第 4 条和第 5 条，以及 1999 年《蒙特利尔公约》第 18 条和第 19 条相同。第一，航空货物承运人的严格责任。《民用航空法》第 125 条规定，发生在航空运输期间的事件造成货物毁灭、遗失或者损坏的，承运人应当承担责任；但承运人证明货物的损失是以下因素造成的，则不承担责任，包括货物本身的自然属性、质量或者缺陷；承运人或者其受雇人、代理人以外的人包装货物不良，战争或武装冲突，政府部门实施的与货物出入境、过境有关的行为等。根据上述规定，在原则上，货物在航空运输期间发生毁灭、遗失或损坏等损失的，承运人应当承担赔偿责任；在特殊情况下，承运人可以根据法定事由主张免除责任，但

---

〔1〕 参见龙翼飞、韩钧：《蒙特利尔公约对于我国航空运输合同法律制度构建之影响——兼论明确我国大陆与港澳台间航空运输合同法律制度的紧迫性和必要性》，载《法学家》2006 年第 6 期。

不能以其主观无过错为由而请求免责。也就是说,承运人要对货物的毁灭、遗失和损坏等损失承担严格责任。第二,航空货物承运人的过错推定责任。《民用航空法》第 126 条规定,货物在航空运输中因延误造成的损失,承运人应当承担责任;但承运人证明其或受雇人、代理人为了避免损失,已经采取一切必要措施或者不可能采取此种措施的,不承担责任。根据这一规定,在原则上,在航空运输期间发生延误导致货物损失的,法院可以根据索赔人提供的初步证据,推定承运人应当承担责任;另外,如果承运人提供相反证据,证明其对于货物延误没有过错,则可以免除责任。这表明,承运人对货物延误造成的损失,承担过错推定责任。

2. 航空货运承运人的免责事由。综合《民用航空法》的各项规定,货物承运人的抗辩事由主要包括以下几项:第一,货物自身缺陷和不可抗力。《民用航空法》第 125 条规定,在货物遭受毁灭、遗失或者损坏时,承运人可以主张免责的情形包括货物本身的缺陷、货物外包装缺陷,以及其他不可抗力情形。第二,承运人对运输延误没有过错。《民用航空法》第 126 条规定,在发生延误的情况下,承运人有权以其对延误不存在过错为由,请求免除赔偿责任。第三,收货人未及时提出异议。《民用航空法》第 134 条第 2 款规定,货物在运输中遭受损失的,收货人应在收货之日起 14 日内向承运人提出异议;而货物运输延误时,应在货物交付收货人之日起 21 日内提出异议。如果货物权利人没有在法定期间提出异议的,承运人将不再承担货物损失的赔偿责任,除非承运人存在欺诈行为,并导致货物损失。第四,索赔人与有过失。《民用航空法》第 127 条规定,承运人证明损失是索赔人或者代行权利人的过错造成或促成的,则应当根据过错的程度,相应免除或者减轻承运人的责任。该规定表明,如果货物权利人对货物的损失也具有过错的,则承运人有权要求减免其赔偿责任。第五,货物权利人未在"两年期间"提起诉讼。《民用航空法》第 135 条规定:"航空运输的诉讼时效期间为 2 年。"该条款将"两年期间"规定为"诉讼时效期间"。如果索赔人未能在该期间内提起诉讼的,将丧失胜诉权,那么承运人将可能因此免除赔偿责任。

3. 国际航空承运人的责任限额。《民用航空法》第 129 条第 2 款规定，承运人对货物损失的赔偿责任以每公斤 17 计算单位为限，除非托运人在交运货物时声明货物价值并支付了必要费用，则承运人将在声明价值的范围内承担赔偿责任。《民用航空法》还规定了两项突破承运人责任限额的事由：其一，航空货运单的惩罚规则。《民用航空法》第 116 条第 2 款规定，国际航空运输承运人未出具航空货运单，或未根据该法第 115 条载明必要事项，承运人不得援用责任限额条款。其二，承运人的有意不良行为。《民用航空法》第 132 条规定，如果承运人或者其受雇人、代理人的故意不良行为造成了货物损失，承运人也无权援用责任限额条款，而应当赔偿货物的实际损失。

四、《民用航空法》的争端解决机制

《民用航空法》对国际航空货物运输争端解决机制的规定较为简略。一方面，《民用航空法》对诉讼案件的法律适用、诉讼时效期间作了规定，但没有明确规定相关诉讼案件的法律性质、地域管辖，需结合国际航空条约、我国国内法规定进行明确。另一方面，《民用航空法》没有规定航空运输仲裁制度，还不能完全满足我国相关领域的实践需要。

（一）《民用航空法》关于诉讼程序的规定

在《民用航空法》的框架下，就诉讼案件的法律适用、诉讼时效期间、案件的法律性质、地域管辖等问题，可作如下分析。

1. 法院的地域管辖问题。《民用航空法》没有专门规定航空运输案件的管辖法院，因此，地域管辖问题应当适用国际航空条约或我国国内法确定。其一，如果国际航空案件属于国际条约的调整范围，原告应当向条约规定的管辖法院起诉，包括承运人住所地、承运人主要经营地、订立合同营业地或运输目的地法院等。其二，如果国际航空案件不由国际条约调整，但可由我国法院受理的，应当根据我国《民事诉讼法》确定法院的地域管辖。《民事诉讼法》第 27 条规定："因航空运输合同纠纷提起的诉讼，由运输始发地、目的地或者被告住所地人民法院管辖。"可见，对于不受国际航空条约调整的航空货物运输案件，位于运输始发地、目的地或住所地的我国法院可能享有管辖权。

2.《民用航空法》关于法律适用的规定。目前，我国已加入了《华沙公约》《海牙议定书》《蒙特利尔公约》等多个国际航空条约，我国香港特区还加入了《瓜达拉哈拉公约》。同时，我国《民法典》《民用航空法》等法律也对航空运输活动作了规定。可见，有多项国际条约、国内法共同调整着我国的航空运输活动。《民用航空法》明确了国际航空条约与我国国内法的适用关系。该法第 184 条规定："中华人民共和国缔结或者参加的国际条约同本法有不同规定的，适用国际条约的规定……"据此，如果某一航空运输案件属于国际条约调整范围，国际条约应当优先适用。

3. 关于案件的法律性质与诉讼时效期间。《民用航空法》等我国国内法没有明确规定航空货物运输案件的法律性质，因此在司法实践中，需要法院结合案情作出认定，进而选择适用的法律。《民用航空法》规定航空运输案件的诉讼时效期间为两年。该法第 135 条规定："航空运输的诉讼时效期间为二年，自民用航空器到达目的地点、应当到达目的地点或者运输终止之日起计算。"根据我国《民法典》第 188 条规定，一般的民事诉讼时效期间为 3 年，但法律另有规定的除外。鉴于《民用航空法》为特别法，应当在航空运输案件中优先适用，因此，我国航空运输案件的诉讼时效期间应当为 2 年。

（二）航空货物运输的仲裁程序

《华沙公约》和《蒙特利尔公约》都规定，货物运输合同当事人有权约定仲裁方式来解决争议，而《民用航空法》暂时没有规定航空货物运输仲裁制度。这意味着，在受国际航空条约调整的航空货物运输案件中，当事人有权选择仲裁程序，而在受《民用航空法》调整的航空货物运输案件中，当事人是否有权约定仲裁，不无疑问。

1. 在法理层面的考察。《民用航空法》并未否定仲裁协议的效力，因此，法律似乎没有理由禁止航空货运案件当事人约定仲裁。如果我国在现有的法律框架下，逐步建立完善航空运输仲裁制度，将能够给法治社会发展带来巨大推动。一是提升纠纷化解的质量和效率。与诉讼相比，仲裁制度天然地具有高效便捷的特点，当事人可以节省解决争议的时间成本。同时，仲裁制度还具有较强的私密性，相关案件信息不会向公众公开。这也有助于当事人妥善地化解纠纷。二是提升纠纷解决的专业性。在仲裁中，当事人通常倾向于选择精通航空法的专家作为仲裁员，这些专家们能够较为专业地处理纠纷。[1] 因此，我国法律可以参考《华沙公约》与《蒙特利尔公约》的规定，明确航空货物运输的仲裁制度，丰富相关争端解决途径。[2]

2. 在实践层面的考察。我国是全世界航空产业发展最迅速的国家之一。自2005年起，我国民航运输总周转量一直位居世界第二。但与我国航空实力快速增长不相适应的是，我国在处理涉外纠纷时依然缺乏话语权，航空企业及其他航空运输当事人在国际诉讼案件、仲裁案件中常陷入被动局面。[3] 我国的法律实务部门已认识到上述问题。从近年的实践看，航空运输仲裁制度已经在我国逐步发展起来。例如，2014年8月，国际航空运输协会、中国航空运输协会、上海国际仲裁中心共同签署了《国际航空仲裁战略合作协议》，设立了上海国际航空仲裁院。该仲裁院是一家专业的国际航空仲裁院，受案范围广泛，既包括航空货物运输仲裁案件，也包括飞机制造、飞机销售、飞机融资租赁、航空保险地面服务及票务代理等航空产业不同领域的仲裁案件。[4] 上海国际航空仲裁院的设立，有助于提升航空争端解决的效率，并提升我国在国际航空争议解决、规则制定等领域的话语权。[5] 至2021年，上海国际航空仲裁院已受理航空仲

---

〔1〕 See Thomas J. Whalen, *Arbitration of International Cargo Claims*, Air and Space Law, 34, 2009, p. 418 - 419.

〔2〕 参见王瀚等：《国际航空法专论》，法律出版社2017年版，第19页。

〔3〕 参见马屹、范佳煜：《唱响航空仲裁的"中国声音"——上海国际航空仲裁建设探索与实践》，载《民航管理》2021年第10期。

〔4〕 参见上海国际航空仲裁院：《上海国际航空仲裁院简介》，载上海国际航空仲裁院网站，http://www.shiac.org/Aviation/aboutus.aspx? page = 2，最后访问日期：2022年1月30日。

〔5〕 参见马屹、范佳煜：《唱响航空仲裁的"中国声音"——上海国际航空仲裁建设探索与实践》，载《民航管理》2021年第10期。

裁案件十余件。因此,我国也要加强对航空运输仲裁制度的研究,在必要时,在法律上对这项制度作出规定,回应航空业务的发展需要,指导航空仲裁规范地开展。

第二节　我国航空货物承运人的法律地位

我国《民用航空法》对航空承运人的法律地位作出了比较完整的规定。从我国的司法实践来看,在适用上述规定时常遇有的实践难题包括:一是法律对于航空承运人资质的标准较高,导致司法实践无法准确认定部分运输参与人的身份;二是缔约承运人参与运输活动的身份多变,司法实践常难以快速认定其身份;三是司法实践对运输期间制度尚有争议。

一、航空货物承运人的法律资格

根据《民用航空法》第 106 条第 1 款规定,该法第九章适用于"公共航空运输企业"执行的航空运输。《民用航空法》第 93 条规定了某一企业取得"公共航空运输"经营许可的条件:一是有符合国家规定的适应保证飞行安全要求的民用航空器;二是有必需的依法取得执照的航空人员;三是有不少于国务院规定的最低限额的注册资本。从以上规定可见,我国"公共航空运输企业"的资格条件十分严格,拥有航空器、航空人员的企业,才有可能成为"公共航空运输企业",并执行航空运输活动。在实践中,许多货运代理人都扮演着"缔约承运人"的角色。由于其通常并不拥有航空器或航空人员,因而不具备《民用航空法》所规定的"公共航空运输企业"的资格。其能否成为该法所称的"承运人",不无疑问。

1. 对立法情况的考察。《民用航空法》最初制定于 1995 年,国内航空运输业在当时尚处于发展初期,为了保证航空运输的安全与高效,我国对民用航空运输业、航空货运代理业实行了较为严格的管理,规定承运人应当拥有航空器。[1] 与《民用航空法》不同的是,国际航空条约没有规定承运人的严格资质条件。《华沙公约》第1条和《蒙特利尔公约》第1条都规定,公约适用于所有以航空器运送人员、行李或者货物而收取报酬的国际运输。由此可见,凡是从事航空运输业务的当事人,无论其是否实际拥有航空器以及航空人员,都可能被视为承运人。可见,与国际条约相比,《民用航空法》关于"承运人"的定义较为限缩,大量不具有航空器、航空人员的运输参与人都可能不被视为"承运人"。

2. 对司法实践的考察。许多货运人代理人常在运输活动中扮演"缔约承运人"的角色,但货运代理人通常不拥有航空器、航空人员,司法实践是否可认定其为"缔约承运人",不无疑问。例如,在2006年我国"重庆高标广播电视器材有限公司(以下简称高标公司》诉广州市祥鹰物流有限公司(以下简称祥鹰公司)等"案中,高标公司委托广州市中快航空服务有限公司(以下简称中快公司)将一批器材从广州空运至重庆,中快公司出具的航空货运单上载明托运人为"高标公司",承运人为"中快公司"。中快公司将货物交付祥鹰公司运输,祥鹰公司出具的航空货运单上载明托运人为"中快公司",承运人为"祥鹰公司"。祥鹰公司将货物交付案外人四川航空股份有限公司(以下简称四川航空公司)实际运输,货物运抵目的地后被他人冒领。高标公司遂起诉中快公司、祥鹰公司,要求两被告赔偿货物损失。法院认为,《民用航空法》规定,"公共航空运输企业"方可成为航空承运人,中快公司、祥鹰公司不具备相关资格,不能成为缔约承运人或实际承运人。因此,当事人间为委托合同关系,而非运输合同关系;祥鹰公司将货物转委托给四川航空公司,在选任代理人时存在过错,应当对货物损失承担责任。[2] 本案中,法院通过认定两被告系原告在运输活动中的代理人,但事实上,中快公司、祥鹰公司均以自己的名义承接了货物,并出具了航空货运单,也有可能以"缔约承运人"的身份参与运

---

〔1〕 参见陈玲刚、樊荣禧:《国际货运代理企业在国际航空货运中的缔约承运人地位》,载《人民司法·案例》2009年第20期。

〔2〕 参见(2006)渝五中民终字第497号判决书。

输。但根据《民用航空法》规定，两家公司不拥有航空器及航空人员，无法认定两家公司为“缔约承运人”。

根据上述讨论，《民用航空法》较为严格地限制了承运人的法律资格，与国际航空条约相比，《民用航空法》规定的“承运人”范围较为狭窄，并可能将扮演“缔约承运人”角色的货运代理人排除在调整范围以外。因此，《民用航空法》第106条不能完全满足我国运输实践发展的需要。

二、航空货运代理人的法律地位

基于本书第二章的讨论，航空货运代理人通常以5种方式参与运输：一是以托运人的名义或以自己的名义，将货物交给承运人运输并取得空运单；二是以承运人的名义承揽货物，代理承运人出具空运单；三是以自己的名义承揽货物并出具空运单，自行完成部分运输，将其余运输交付其他承运人；四是以自己的名义承揽货物，向发货人签发空运单，将全部运输交付其他承运人；五是以自己名义承揽货物，向发货人出具分运单，将不同发货人的货物集中起来，再以自己的名义共同交付实际承运人运输。[1]

在第一种、第二种模式中，货运代理人可能具有“传统代理人”的身份；而在其余三种模式中，其可能具有“缔约代理人”的身份。在不同运输模式中，货运代理人的权利义务也有所不同。第一，传统代理人的权利义务。在货运代理人作为托运人或承运人的代理人参与运输时，其与委托人之间是代理合同关系。[2] 在这一法律关系中，货物权利人为委托人，其主要义务为，向代理人支付代理佣金和必要费用；货运代理人为代理人，其主要义务为，根据委托人的指示代办运输并及时报告，但其本身并不亲自承担运输义务。第二，缔约承运人的权利义务。在货运代理人以

〔1〕 参见郭萍：《国际货运代理法律制度研究》，法律出版社2007年版，第91页。

〔2〕 参见(2009)沪一中民五(商)终字第26号判决书。

缔约承运人身份参与运输时，其与托运人间为运输合同关系。[1] 在这一法律关系中，货物权利人为托运人，其主要义务为，以向承运人交付托运货物，并支付运费；货运代理人为缔约承运人，其主要义务为，安全及时地将货物运抵目的地，并对运输活动负责。

在复杂多变的航空运输中，如何准确地确定货运代理人的法律地位，进而明确当事人的权利义务关系，是一个值得不断探讨和研究的问题。例如，在我国2006年“环亚（上海）国际货运公司（以下简称环亚公司）诉浙江华业物流有限公司（以下简称华业公司）货运代理合同案”中，华业公司将8本广告画册交付环亚公司，由中国空运至意大利，华业公司计划在同年9月2日的威尼斯展览会上使用画册。双方的合同约定，环亚公司向案外人意大利航空公司预定2006年8月29日的航班舱位，货物运费为每公斤188元。因意大利航空公司的运力限制，环亚公司只预定到了8月31日的舱位，货物直至9月4日方才起运。华业公司认为货物运输发生延误，拒绝支付运费，环亚公司遂起诉主张运费。法院认为，当事人间的合同为货运代理合同，货物已经实际运输，运输过程中虽然存在瑕疵，但不能完全免除华业公司支付运费的义务。[2] 本案中，法院以代理合同关系作为判决依据，但是，如果环亚公司是华业公司的代理人，其主要义务将是代理华业公司安排运输，主要权利将是请求华业公司支付佣金和必要费用，而无权主张运费。在涉案运输中，环亚公司以自己的名义收揽货物，向华业公司收取运费，其盈利的方式为赚取运费差价，其行为模式似乎更加类似于“缔约承运人”。

在一些典型案件中，法院常结合航空货运单的记载、运输合同的约定、合同履行情况、货运代理人收取报酬的方式，以及当事人的交易习惯等因素，综合判断货运代理人的法律地位，在一定程度上扩大解释了“承运人”的含义。例如，在我国2018年“上海添劲实业有限公司（以下简称

---

〔1〕 参见（2010）沪一中民四（商）终字第2436号判决书。

〔2〕 参见（2006）浦民二（商）初字第1452号判决书。

添劲公司)诉联邦快递有限公司(以下简称联邦快递公司)航空货物运输合同纠纷案"中,添劲公司于2012年与联邦快递公司签订了《联邦快递服务结算协议书》,该协议书第7条约定:"甲方(添劲公司)为托运人,即使甲方在国际空运提单或国内货物托运单上指示其他人付款,乙方(联邦快递公司)未收到付款的,甲方仍须无条件承担付款责任。"2016年,添劲公司将一批货物交付联邦快递公司,从中国空运至阿联酋。联邦快递公司出具了航空货运单,载明托运人为"添劲公司",承运人为"联邦快递公司",收货人为"钱伯斯",运费为39,888.45元。货物运抵后,添劲公司认为,货物的真实托运人为钱伯斯公司,添劲公司为该公司的货运代理人,没有支付运费的义务。联邦快递公司遂提起诉讼,要求添劲公司履行付款义务。法院认为,从运单记载来看,航空货运单载明的托运人为添劲公司;从合同履行情况看,联邦快递公司根据添劲公司的要求履行了运输义务;从交易习惯看,根据《联邦快递服务结算协议书》约定,联邦快递公司未收到付款,添劲公司应当支付运费。因此,添劲公司并非钱伯斯公司的代理人,而是货物的托运人,应当履行支付运费的义务。[1] 在这起案件中,法院结合合同约定、合同履行情况、交易惯例等因素,认定添劲公司与联邦快递公司间存在航空运输合同关系,添劲公司为托运人。基于法院的意见,似乎可以进一步推知,在添劲公司与钱伯斯公司的法律关系中,添劲公司扮演着"承运人"的角色,而在整个运输活动中,添劲公司在事实上为"缔约承运人"。因此,本案判决在一定程度上扩大解释了《民用航空法》中"承运人"与"缔约承运人"的含义,即添劲公司虽不拥有航空器和航空人员,仍可能成为"缔约承运人"。

三、我国的航空货物运输期间制度

《民用航空法》第125条规定了航空运输期间制度。该条规定:"航空运输期间,是指在机场内、民用航空器上或者机场外降落的任何地点,托

---

〔1〕 参见(2018)沪01民终字第11669号判决书。

运行李、货物处于承运人掌管之下的全部期间。”上述条款既适用于国内航空运输，也适用于国际航空运输。与国际航空条约相比，我国的航空运输期间制度具有两方面特点：一是采用了《华沙公约》的“双要素标准”；二是没有明确规定替代运输的概念。

（一）航空运输期间的判断标准

《民用航空法》第125条规定的航空运输期间应当同时满足两方面条件：一是货物应在承运人的掌管之下；二是货物应处于机场内或航空器上，遇有紧急情况飞机迫降在机场外的，则为货物处于承运人掌管之下的任何地方。可见，我国的航空运输期间制度与《华沙公约》第18条相同，均采用了“双要素标准”。[1] 这与《蒙特利尔公约》的“单要素标准”存在差别。从立法实践与司法实践看，“双要素标准”已不能完全满足我国航空业的发展需要。

1. 从立法实践考察，《蒙特利尔公约》第18条第3款仅以承运人是否掌管货物作为航空运输期间的判断标准，确立了“单要素标准”。[2] 随着越来越多的国家加入该条约，“单要素标准”已经取代《华沙公约》的“双要素标准”，成为判断国际航空运输期间的主要依据。各国的典型判例也表明，“双要素标准”关于“货物需处于机场内或航空器上”的规定，常常会引起各国司法实践的分歧。在一些案件中，法官对“双要素标准”作了严格解释，认为货物不处于机场内或飞机上，即不属于航空运输期间。[3] 而在另一些案件中，法官倾向于作出宽泛解释，认为无论货物是否在机场内或航空器上，只要承运人有条件掌管货物，货物即处于航空运输期间。[4] 持“宽泛解释”观点的法院实际上采用了“单要素标准”，突破了“双要素标准”关于货物所处地点的要求。

---

〔1〕 参见肖永平、孙玉超：《论国际航空货物承运人责任期间》，载《现代法学》2008年第4期。

〔2〕 参见肖永平、孙玉超：《论国际航空货物承运人责任期间》，载《现代法学》2008年第4期。

〔3〕 Favre v. Sabena, Belgium: CourBruxelles 10 June 1950, 1950 U. S. Av. Rep. 392.

〔4〕 Magnus Electronics, Inc v. Royal Bank of Canada. 611 F. Supp. 436 (N. D. Ill. 1985).

2. 从我国司法实践考察,“双要素标准”将导致我国在国际和国内航空案件中的判决标准存在差异。

第一,在适用《民用航空法》的国内航空运输案件中,在判断托运货物是否在“航空运输期间”遭受损失时,可区分几种情况处理:一是货物处于承运人掌管下,且在机场内或航空器上遭受损失,则属于在“航空运输期间”受损,承运人应当承担赔偿责任。二是货物处于承运人掌管下,但在机场或航空器以外遭受损失,不属于在“航空运输期间”受损,承运人不应依据《民用航空法》赔偿,但索赔人可以依据其他法律寻求救济。三是货物并非在承运人掌管期间受损,也不属于在“航空运输期间”受损,承运人无须承担赔偿责任。

第二,在适用《蒙特利尔公约》的国际航空运输案件中,我国法院适用“单要素标准”来确定航空运输期间。例如,在 2007 年我国“智傲物流有限公司(以下简称智傲公司)诉法国航空公司货物运输合同案”中,案外人甲将一台飞机引擎交付智傲公司,由英国运往中国,智傲公司出具了航空分运单,载明托运人为甲,承运人为“智傲公司”。智傲公司又以自己为托运人,将引擎交付法国航空公司实际承运,后者出具的航空主运单载明,托运人为“智傲公司”,承运人为“法国航空公司”。因为飞机引擎系精密设备,两份航空货运单均载明:“所有陆路运输必须使用气垫悬挂车。”货物运抵上海浦东机场后,法国航空公司的地面代理人浦运公司在地面运输中未按约定使用气垫悬挂车,收货人遂以货物可能在运输中受损为由拒收货物。智傲公司向甲赔偿损失后,起诉要求法国航空公司赔偿。法国航空公司抗辩认为,其已将货物安全运抵目的机场,浦运公司执行的地面运输不属于航空运输期间,承运人无须对该区段的运输负责。法院认为,浦运公司系法国航空公司的地面代理人,货物在地面运输期间仍由法国航空公司掌管,系处于航空运输期间,故法国航空公司应当赔偿运输不当造成的损失。[1] 本案中,运输出发地为英国,目的地为中国,两

[1] 参见(2007)沪一中民五(商)终字第 27 号判决书。

国均为《蒙特利尔公约》的当事方，案件受该公约调整，因此法院采用公约规定的“单要素标准”作为判断航空运输期间的标准。但如果涉案运输为国内运输，则法院应适用《民用航空法》的“双要素标准”来确定航空运输期间。货物在陆路运输中遭受损失，不在机场内或航空器上，不处于“航空运输期间”，因此智傲公司将不得依据《民用航空法》主张赔偿，而应当依据其他国内法另行主张。可见，《民用航空法》规定的“双要素标准”，导致我国法院在国际与国内运输案件中的裁判标准存在差异。

（二）辅助运输与替代运输的区分有待明确

《民用航空法》第 125 条第 6 款规定了“辅助运输”的概念，即为了履行航空运输合同而进行的陆路运输、海上运输以及内河运输为辅助运输，属于航空运输期间。上述条款与《华沙公约》第 18 条第 3 款和《蒙特利尔公约》第 18 条第 4 款前半部分的内容相同。但是，《民用航空法》目前还没有借鉴《蒙特利尔公约》第 18 条第 4 款后半部分的规定，以便进一步区分“辅助运输”与“替代运输”的概念。

《蒙特利尔公约》第 18 条第 4 款保留了《华沙公约》第 18 条第 3 款关于“辅助运输”的规定，进一步规定了“替代运输”的概念：“承运人若未经托运人同意，以其他运输方式代替当事各方在约定为航空运输的全部或者部分，则该用其他运输方式履行的运输，应视为在航空运输期间。”可见，承运人以其他运输方式替代航空运输的，该替代运输也属于航空运输期间。那么货物在替代运输期间遭受损失的，承运人也应当根据公约承担赔偿责任。根据前述规定，“替代运输”与“辅助运输”的区别主要在于：其一，替代运输为一项独立的运输，而辅助运输并非一项独立的运输，一般附属于或辅助于航空运输活动。其二，在替代运输中，如果由承运人以外的人执行替代运输，则意味着，承运人向托运人收揽货物后，将全部或部分运输任务交由替代运输人履行，承运人与替代运输人间为缔约承运人与实际承运人的关系；而在辅助运输中，辅助运输人一般是承运人的代理人，帮助承运人完成运输任务。

《蒙特利尔公约》规定“替代运输”的概念符合运输实践需要。在一些情况下，承运人可能无法按约履行航空运输，必须采用陆路、水路等替代运输方式。《蒙特利尔公约》明确了替代运输的概念，将有利于当事人厘清承运人、替代运输人的法律责任。例如，《蒙特利尔公约》第 18 条第 4 款规定，承运人采取的替代运输属于航空运输期间。这意味着货物在替代运输中遭受损失的，承运人也应当根据公约承担赔偿责任，且有权援引责任限额规定。《民用航空法》没有对“替代运输”作出明确的界定，可能导致当事人无法准确界定相关运输是否属于航空运输期间。为此，《民用航空法》有必要在适当的时候参考《蒙特利尔公约》第 18 条第 4 款，补充规定“替代运输”的概念。

第三节　我国航空货物承运人的法律责任

从立法技术来看，我国《民用航空法》关于航空运输凭证制度、承运人赔偿责任的规定，主要借鉴了“华沙体制”的立法成果，与《蒙特利尔公约》的相关规定还存在一定区别。这导致我国法院在审理国际和国内航空运输案件时，裁判标准存在差异。同时，《民用航空法》在关于货物损坏的规定中，也没有明确货物“毁灭”“遗失”“损坏”“延误”等术语的含义，需要结合国内外典型判例对相关概念进行界定，进一步厘清承运人对货物损失的赔偿责任。

一、航空货物运输凭证制度

《民用航空法》第 111 条至第 119 条规定了航空货运单制度。其中，关于航空货运单记载事项、单证形式和航空货运单罚则的规定，与《蒙特利尔公约》存在一定区别。

（一）航空货运单的记载事项

《民用航空法》第 115 条规定了国际航空货运单的记载事项，包括运输的出发地和目的地、约定的外国经停地，以及适用国际航空运输公约的声明，上述条款与《海牙 - 华沙公约》第 8 条相似。1975 年《蒙特利尔第 4

号议定书》第3条修订了《海牙－华沙公约》的规定，将国际航空货运单应载明的事项变更为：运输的始发地和目的地、约定的外国经停地，以及货物重量三项。《蒙特利尔公约》第5条也采纳了《蒙特利尔第4号议定书》第3条的规定。《民用航空法》第115条与《蒙特利尔第4号议定书》《蒙特利尔公约》的主要区别在于，《民用航空法》规定航空货运单应当载明适用国际航空条约的声明，但无须记载货物重量。就此区别，可从以下角度分析。

1. 适用国际航空条约声明的实践意义。在国际航空运输案件中，是否应适用国际航空条约，以及应适用哪一项条约，与当事人的声明无关，而是取决于有关运输国家加入国际航空条约的情况。根据《华沙公约》第1条第2款和《蒙特利尔公约》第1条第2款规定，在两种情况下应当适用上述条约：其一，国际航空运输的出发地所在国、目的地所在国为某个国际条约的当事方，应当适用各国共同加入的国际条约；其二，国际航空运输的出发地和目的地在某国际条约的当事方，但在外国有约定经停地，则应当适用该条约。同时，国际航空条约还规定，当事人不得协议变更条约的适用，如《华沙公约》第32条和《蒙特利尔公约》第49条均规定，运输合同的任何条款和在损失发生以前达成的所有特别协议，其当事人借以违反本公约规则的，无论是选择所适用的法律还是变更有关管辖权的规则，均属无效。因此，国际航空条约的适用具有强制性，只要满足《华沙公约》第1条第2款或《蒙特利尔公约》第1条第2款规定的条件，相关案件就应当适用国际条约，当事人不得通过约定来排除或变更条约的适用。根据上述分析，国际航空条约的适用与当事人的声明并无必然联系，而《民用航空法》第115条要求航空货运单载明当事人适用国际航空条约声明，在实践中的意义并不明显。

2. 货物重量对于确认承运人责任的作用。在国际航空运输中，货物重量是计算运费的重要标准，也是确定承运人对货物损失赔偿责任的重要依据。例如，《华沙公约》第22条第2款规定，在运输货物时，承运人对货物的责任以每公斤250法郎为限。《蒙特利尔公约》第22条第2款也规定，在货物运输中造成毁灭、遗失、损坏或者延误的，承运人的责任以每公斤17特别提款权为限。《民用航空法》第129条的规定与《蒙特利尔公约》第22条第2款相似。可见，如果当事人在航空货运单上真实、准确地记载货物重量，将便于当事人计算运费以及货物发生损失时承运人的赔偿金额。《民用航空法》第115条未规定航空货运单应当记载货物重量，有必要适时参考《蒙特利尔公约》第5条加以补充规定。

(二)航空货运单的形式与惩罚规则

《民用航空法》第114条规定了航空货运单的基本形式，与《蒙特利尔公约》第4条不同的是，《民用航空法》没有明确规定电子货运单的法律地位。《民用航空法》第116条规定了航空货运单的惩罚规则，而《蒙特利尔公约》第9条已取消了这一惩罚规则。

1. 电子航空货运单的法律地位。《民用航空法》第114条规定，航空货运单应当一式三份，分别由托运人、承运人签字、盖章。根据这一规定，航空货运单应以书面形式出具，以便当事人签字盖章。但《民用航空法》并未明确承运人能否以电子形式出具航空货运单，而从国际航空条约的规定以及航空实践的需求看，我国《民用航空法》有必要及早明确规定电子航空货运单的法律地位。第一，从国际条约的立法情况来看。1975年《蒙特利尔第4号议定书》第3条和《蒙特利尔公约》第4条均对电子航空货运单作出了规定，即任何保存将要履行的运输的记录的其他方法都可以用来代替出具航空货运单。上述规定所称的“其他方法”，包括电子形式。如果《民用航空法》对电子航空货运单作出规定，将有利于与国际航空条约的规定接轨。第二，从运输实践来看。电子运输凭证已在航空运输活动中广泛流行，使用电子运输凭证不仅能提高航空运输企业的工作效率，还能为企业节省大量成本。[1] 实践中，我国航空承运人也已大量使用电子货运凭证。因此，从实践需求看，《民用航空法》也有必要及时对

---

〔1〕 参见龙翼飞、韩钧:《蒙特利尔公约对于我国航空运输合同法律制度构建之影响——兼论明确我国大陆与港澳台间航空运输合同法律制度的紧迫性和必要性》，载《法学家》2006年第6期。

电子航空货运单作出规定。第三,从我国法律规定来看,已明确规定,当事人可以通过电子形式订立合同。《民法典》第469条规定:"……以电子数据交换、电子邮件等方式能够有形地表现所载内容,并可以随时调取查用的数据电文,视为书面形式。"鉴于我国法律已认可数据电文的法律效力,《民用航空法》也应及时明确电子航空货运单的地位。

2. 航空货运单惩罚规则与实践需要。《民用航空法》第116条规定,国际航空承运人在两种情形下不得援用该法的责任限额规定:一是承运人不出具航空货运单;二是航空货运单未载明关于适用国际航空运输公约的声明。这一条款与《华沙公约》第9条非常相似,均被称为对承运人的"惩罚性条款"。[1] 但是,1975年《蒙特利尔第4号议定书》第3条和《蒙特利尔公约》第9条取消了上述"惩罚性条款"。《蒙特利尔公约》第9条规定:"未遵守第4条至第8条的规定,不影响运输合同的存在或者有效,该运输合同仍应当受本公约规则的约束,包括有关责任限制规则的约束。"这意味着,即便承运人没有出具航空货运单,或航空货运单的记载事项不符合该公约规定,仍有权援引责任限额规定。在法律性质上,航空货运单为运输合同的表面证据,承运人没有妥善出具航空货运单的,并不必然妨碍承运人妥善地履行运输义务。[2] 因此,承运人没有出具航空货运单或出具货运单有瑕疵的,《民用航空法》似乎也没有必要施加过于严格的惩罚措施。

二、航空货物承运人责任的认定标准

《民用航空法》对货物承运人责任的规定主要集中在该法第9章第3节,与《蒙特利尔公约》比较,主要的异同在于:一是在货物承运人赔偿责任的归责原则方面,《民用航空法》第125条、第126条和《蒙特利尔公约》第18条第1款、第19条基本一致;二是在承运人能责任承担方面,《民用

---

〔1〕 参见黄力华:《国际航空运输法律制度研究》,法律出版社2007年版,第239-240页。
〔2〕 参见赵维田:《国际航空法》,社会科学文献出版社2000年版,第234页。

航空法》第129条第2款关于国际航空货物承运人赔偿责任限额的规定，与《蒙特利尔公约》第22条第3款基本一致；三是在赔偿责任限额方面，《民用航空法》第132条规定了突破责任限额的事由，类似于《华沙公约》第25条和1955年《海牙议定书》第14条，但《蒙特利尔公约》第22条取消了责任限额的突破事由。

（一）航空货物承运人的归责原则

《民用航空法》关于货物承运人赔偿责任归责原则的规定，与《蒙特利尔公约》基本一致，可以分两种情形进行说明。

1. 货物毁灭、遗失或损害的情形。根据《民用航空法》第125条，因发生在航空运输期间的事件，造成货物毁灭、遗失或者损坏的，承运人应当承担责任，但承运人证明货物的损失是由于以下原因导致的，不承担责任：货物本身的自然属性、质量或者缺陷，承运人或者其受雇人、代理人以外的人包装货物的，货物包装不良；战争或者武装冲突；政府有关部门实施的与货物入境、出境或者过境有关的行为。因此，在原则上，承运人应当对货物的毁灭、遗失或者遗失等损失承担严格责任，但承运人也可以主张若干法定抗辩事由，请求免除其赔偿责任。《民用航空法》第125条的规定与《蒙特利尔公约》第18条是一致的。

2. 货物延误的情形。《民用航空法》第126条规定："旅客、行李或者货物在航空运输中因延误造成的损失，承运人应当承担责任；但是，承运人证明本人或者其受雇人、代理人为了避免损失的发生，已经采取一切必要措施或者不可能采取此种措施的，不承担责任。"可见，承运人对货物运输延误产生的损失承担过错推定责任，意即其可以因为采取了"一切必要措施"或尽到必要注意义务而主张免责。《民用航空法》第126条规定与《蒙特利尔公约》第19条是一致的。

（二）航空货物承运人的责任限额

《民用航空法》第129条、第132条规定了国际航空货物承运人责任限额，这两项规定主要借鉴了"华沙体制"的立法成果，与《蒙特利尔公约》的规定存在一定区别。

1. 关于责任限额的一般规定。《民用航空法》第 129 条第 2 款规定："托运货物的赔偿责任限额，每公斤为 17 计算单位。……托运人在交付托运货物时，特别声明在目的地点交付时的利益，并在必要时支付附加费的，除承运人证明旅客或者托运人声明的金额高于托运货物在目的地点交付时的实际利益外，承运人应当在声明金额范围内承担责任。"根据这一条款，原则上，货物承运人对货物损失承担的责任应当被限制为每公斤 17 特别提款权。在例外情况下，托运人在托运时声明了货物价值并支付附加运费的，承运人应当根据声明价值赔偿货物损失，而不得援引责任限额规定。上述条款与 1975 年《蒙特利尔第 4 号议定书》第 7 条和《蒙特利尔公约》第 22 条第 3 款保持一致。

但是，与《蒙特利尔公约》相比，《民用航空法》没有规定责任限额复审机制。《蒙特利尔公约》的责任限额复审机制使国际社会能够根据时代的发展与变迁，灵活地调整承运人责任限额，使责任限额与运输实践需要保持一致，这一制度值得《民用航空法》参考借鉴。有学者认为，鉴于我国社会经济飞速发展，我国每 3 年对承运人责任限额进行一次复审，较为适当。[1]

2. 责任限额的突破事由。根据《民用航空法》第 132 条前半部分规定，如果航空运输中的损失是由于承运人或者其受雇人、代理人的故意或者明知可能造成损失而轻率地作为或者不作为造成的，承运人不得援引赔偿责任限额规定。因此，在《民用航空法》的框架下，如果承运人及其受雇人、代理人实施了"有意不法行为"，并导致货物在航空运输期间遭受损失的，索赔人有权要求承运人赔偿货物的实际损失。《民用航空法》第 132 条后半部分还规定，证明承运人的受雇人、代理人有此种作为或者不作为的，还应当证明该受雇人、代理人是在受雇、代理范围内行事。这意味着，在受雇人、代理人实施"有意不法行为"时，还要分两种情形讨论：一是如果其行为属于工作权限或代理权限范围的，则应由承运人依据《民用

〔1〕 参见王瀚等：《国际航空法专论》，法律出版社 2017 年版，第 19 页。

航空法》承担赔偿责任；二是如果受雇人、代理人的行为超出其正常授权的，承运人不再依据《民用航空法》承担责任，但索赔人有权依据其他法律寻求救济。

总体看来，《民用航空法》第132条类似于《华沙公约》第25条和《海牙议定书》第14条，均规定承运人及其受雇人、代理人实施"有意不法行为"的，将导致承运人失去赔偿责任限额规定的保护。例如，在2014年我国"孟凡斗与上海吉祥航空股份有限公司（以下简称吉祥航空公司）等航空货物运输合同纠纷案"中，2013年6月15日，孟某斗将45箱蟹苗交付吉祥航空公司，从我国启东市空运至沈阳市，孟凡斗并未在航空货运单上载明货物声明价值。吉祥航空公司以HO1181号航班运输货物，原定于当日早上8:15起飞，但由于天气原因，航班发生延误。吉祥航空公司遂将货物拆分为两批，分别由HO1181号航班、HO1285号航班运输，前一航班于当日中午12:57起飞，后一航班于当日下午16:00开始装机。货物运抵沈阳后，吉祥航空公司的地面代理人出具了《货物运输事故记录》，载明蟹苗已全部死亡。孟某斗遂提起诉讼，请求吉祥航空公司赔偿蟹苗的实际损失。吉祥航空公司的抗辩认为，其仅承担限额赔偿责任。法院认为，其一，关于HO1181号航班的运输延误，孟凡斗没有事先说明在运输延误时承运人应采取的特别保护措施，承运人对该航班上蟹苗的死亡不存在"有意不法行为"，因此承担限额赔偿责任；其二，关于HO1285号航班的运输延误，该航班于2013年6月15日下午16:00才开始装机，明显晚于HO1181号航班的装机时间，承运人理应采取合理的措施保管蟹苗，以免蟹苗死亡。对于HO1285号航班所载蟹苗的死亡，承运人具有"有意不法行为"，应赔偿这部分货物的实际损失。[1]《蒙特利尔公约》第22条第5款的立法意旨值得我国进一步研究与借鉴。

---

〔1〕参见（2014）长民二（商）初字第202号判决书。

三、航空货物损失的认定标准

根据《民用航空法》第125条、第126条规定，承运人对货物在航空运输期间的“毁灭”、“遗失”和“损坏”承担严格赔偿责任，并对货物运输“延误”造成的损失承担过错推定责任。但《民用航空法》并未明确“毁灭”、“遗失”、“损坏”及“延误”的含义，需要通过考察国内外典型判例来明确这些术语的含义，完善司法实践的判断标准。

（一）货物损坏的判断标准

一般认为，如果货物在托运人交付承运人时状态完好，而在承运人交付收货人时状态受损，但货物没有完全失去经济价值的，可以认定货物发生“损坏”。[1] 从司法实践看，我国法院在认定货物“损坏”时，主要有两方面挑战：一是如何确定“损坏”的含义；二是如何分配当事人间的举证责任。

1. 认定“损坏”状态的司法标准。外国法院常适用“三步测试法”来确认货物的“损坏”：一是货物交付承运人时状态良好；二是货物到达目的地时状态受损；三是货物遭受了一定价值的损失。[2] 在符合“三步测试法”的案件中，法院有理由认定货物被“损坏”，除非被告提供相反证据。在我国的典型判例中，法院的裁判方法也体现了“三步测试法”的思想。例如，在我国2009年“中国货运航空有限公司（以下简称货运航空公司）与美亚财产保险有限公司上海分公司（以下简称美亚公司）案”中，案外人德利多富信息系统（上海）有限公司（以下简称德利多富公司）于2007年11月9日将一台自动柜员机交付原告货运航空公司，自德国运至上海，货运航空公司出具的主运单未载明货物损坏。在货物运输前，德利多富公司向被告美亚公司购买了货物运输保险。同年11月11日，收货人提取货物时发现货物损坏，承运人地面代理人出具的《货物运输事故记

---

〔1〕 Missouri Pacific Road Co. v. Elmore Stahl, 377 U.S. 134, 84 S. Ct. 1142 (1964).

〔2〕 Missouri Pacific Road Co. v. Elmore Stahl, 377 U.S. 134, 84 S. Ct. 1142 (1964).

录》载明:“货物破损,内物状况不可见。”北京华大保险公估有限公司出具的《公估报告》记载,涉案自动柜员机在运输或搬运中遭遇外力撞击受损,价格为美元21,142.13元,处理残值得款为人民币66,173.44元。美亚公司向德利多富公司赔偿了货物损失后,依据保险人的代位求偿权起诉货运航空公司,请求赔付损失。法院认为,根据货运航空公司的主运单,货物在托运时状态良好;而根据《货物运输事故记录》和《公估报告》,货物运抵目的地时已经受损,可以确认货物在运输期间发生损坏,承运人应当承担赔偿责任。[1] 在上述案件中,法院确认了货物托运时的状态、到运后的状态,经过比较后认为,货物在运输期间的价值发生贬损,因此确认承运人对货物损失承担责任。

2.举证责任分配规则。在审查货物托运、运抵的状态时,如何在当事人间合理地分配举证责任,各国法院作了有益的探索,可分为两种情况讨论。

第一,货物托运状态的证明。外国法院一般根据货物的包装情况,在托运人或承运人间分配举证责任。首先,如果货物在托运时处于密封状态,承运人一般只能检查包装的表面状态,无法检查包装内的货物情况,此时,法院通常要求托运人提供证据以证明托运时货物的状态。其次,如果货物在托运时处于非密封状态,承运人有条件检查货物的实际状态并记载于航空货运单上的,法院通常将举证责任分配给承运人,并根据航空货运单的记载来确定货物托运时的状态。[2]

第二,货物运输后状态的证明。收货人提取货物时,如果从外表即可以发现货物受损,收货人通常会要求承运人出具一份《货物运输事故记录》,载明货物的受损情况,法院通常会将举证责任分配给索赔人,并根据《事故记录》来确定货物到达目的地时的状态。在一些典型案例中,如果货物的表面状况良好,但运输过程中可能造成货物内部损坏时,当事人还

---

〔1〕 参见(2009)沪一中民三(商)终字第725号判决书。

〔2〕 Spartus Corp. v. The S/S Yafo, 590 F.2d 1310 (5th Cir. 1979).

会委托鉴定机构对货物状态进行鉴定,法院也可以根据鉴定报告来确定货物经运输后的状态。在 2013 年我国"美亚公司与捷达国际运输公司(以下简称捷达公司)保险人代位求偿权案"中,2010 年 11 月,案外人甲公司将一台倒片机交付被告捷达公司,从法国空运至中国。在法国布拉尼亚克机场,捷达公司的地面代理人在运输倒片机时,不慎摔落货物。甲公司委托了鉴定机构对货物状态进行鉴定。根据鉴定报告,外包装箱上,有明显的碰撞损伤;在包装箱内,货物上的多处金属板弯曲,四个模块移位,内部电子元件脱开,变压器支架以及电脑支架发生弯曲。鉴定报告最终认定,地面代理人不恰当的运输行为导致了货物损失,损失金额为 240,852 欧元。在货物托运前,甲公司向原告美亚公司投保货物运输险。保险事故发生后,美亚公司向甲公司支付了保险赔偿金,并基于代位求偿权向捷达公司索赔。法院依据鉴定报告确认了货物状态,认为货物在运输中遭受了损失,捷达公司应当承担赔偿责任。[1]

(二)货物毁灭的判断标准

货物"毁灭",一般指货物明显地失去了经济价值。[2] 美国法院提出了"两步测试法"来判断货物的"毁灭"状态:一是确定托运人期待的货物经济价值。二是确定货物运抵目的地时的实际经济价值,如果货物实际价值完全不符合托运人的期待,则认定货物"毁灭";如果货物实际价值有减损,但部分地符合托运人的期待,则认定货物"损坏"[3]。

在确定货物"毁灭"状态时,我国法院所采用的裁判方法与上述"两步测试法"十分相似。例如,在 2015 年我国"郑某与广州市盈润运输公司(以下简称盈润公司)等航空货物运输合同纠纷案"中,郑某将一条宠物犬交付盈润公司,以空运方式从广州运往哈尔滨,盈润公司收取货物后出具了航空分运单,但并未记载宠物犬存在异常状态。盈润公司将宠物犬交付海南航空股份有限公司(以下简称海南航空公司)实际承运,海南航

[1] 参见(2013)浦民六(商)初字第 3090 号判决书。
[2] Hughes - Gibb Co., Ltd. v. Flying Tiger Line, 504 F. Supp. 1239 (N. D. Ill. 1981).
[3] Hughes - Gibb Co., Ltd. v. Flying Tiger Line, 504 F. Supp. 1239 (N. D. Ill. 1981).

空公司出具了航空主运单,也未载明货物存在异常状态。运输航班抵达目的地后,收货人发现宠物犬已经死亡。郑某遂起诉盈润公司、海南航空公司,请求赔偿损失。法院认为,宠物犬在托运时状态良好,在运抵时已死亡,丧失了全部经济价值,属于"毁灭",缔约承运人盈润公司、实际承运人海航公司应当承担连带赔偿责任。[1] 在上述案件中,我国法院的裁判方法与"两步测试法"非常类似。首先,法院考察了货物托运时的状态,以及托运人对货物价值的期待。本案中,根据主运单和分运单的记载,可以认定宠物犬在托运时的状态良好,且郑某期待承运人能够安全地将宠物犬运抵目的地。其次,法院考察了货物运抵时剩余的经济价值。宠物犬在运输中死亡,完全丧失了作为宠物的价值,与托运人的期待不符,因此认定货物已经"毁灭"。

(三)货物遗失的损害赔偿

货物"遗失",主要指货物的方位、存在状态不为人知或无法合理查明。[2] "遗失"与"毁灭"的相同点在于,货物权利人无法有效利用货物。两者也存在明显区别:"毁灭"一般指该货物彻底失去了经济价值,而"遗失"并不意味着货物已经在现实中彻底失去价值。从我国的典型案例来看,司法实践的主要难点在于:一是货物"遗失"的认定标准;二是货物权利人索赔的时间限制。

1. 货物"遗失"的认定标准。司法实践中,如果当事人对于货物"遗失"的事实发生争议,我国法院一般通过分配举证责任,最终认定案件事实。同时,也要注意国际航空条约、《民用航空法》关于认定货物"遗失"的特别规定。例如,《华沙公约》第 13 条第 3 款规定,如果承运人承认货物已经遗失,或者货物在应该到达的日期 7 日后仍未到达,收货人有权向承运人行使运输合同的权利。《蒙特利尔公约》第 13 条第 3 款、《民用航空法》第 120 条第 3 款也有相同规定。基于上述规定,一方面,经承运人

---

〔1〕 参见(2015)里农商初字第 310 号判决书。

〔2〕 Dalton v. Delta Airlines, Inc., 570 F. 2d 1244 (5th Cir. 1978).

承认,法院可以直接认定货物"遗失";另一方面,如果当事人对货物"遗失"发生争议,但货物在预定时间 7 日后仍未运抵的,法院也可以认定货物"遗失"。例如,在 2014 年我国"美亚公司诉俄罗斯航空公司代位求偿权纠纷案"中,2011 年 11 月 9 日,案外人某电梯公司作为托运人,将一批零部件交付承运人俄罗斯航空公司,从爱沙尼亚空运至中国,俄罗斯航空公司出具了航空货运单。根据约定,货物应当于2011 年 11 月 12 日运抵,但收货人始终未收到货物。2011 年 12 月 14 日,收货人要求承运人的地面代理人上海东方远航物流有限公司(以下简称东方公司)出具《不正常运输情况说明》,载明托运货物已经遗失,货物价值为 10,130 元。在货物托运前,托运人向美亚公司投保了货物运输险。保险事故发生后,美亚公司向托运人赔偿了损失,并依据保险人代位求偿权向承运人索赔。[1] 在涉案国际航空运输中,爱沙尼亚与中国均为《蒙特利尔公约》的当事方,[2]本案适用该公约处理。一方面,承运人的地面代理人东方公司还出具了《不正常运输情况说明》,承认货物已经"遗失";另一方面,涉案货物应于2011 年 11 月 12 日运抵,但在超过该日期7 日后仍未运抵,法院也有权根据《蒙特利尔公约》第 13 条第3 款直接认定货物"遗失"。[3]

2. 货物"遗失"情形的索赔期间。货物遗失后,承运人能否与索赔人约定索赔期间,司法实践中常有争议。例如,在上述"美亚公司诉俄罗斯航空公司代位求偿权纠纷案"中,俄罗斯航空公司出具的航空货运单中载明:"如果货物在运输过程中丢失或损失的,索赔时间应当为在运单打印之日起 120 日内,未打印运单的,应为收到货物通知的 120 日内。"俄罗斯航空公司据此抗辩认为,涉案航空货运单于 2011 年 11 月 9 日打印完成,权利人的索赔期限应当于2012 年3 月8 日截止,托运人、保险人提出索赔

---

〔1〕 参见(2014)浦民六(商)初字第 S2934 号判决书。

〔2〕《蒙特利尔公约》于 2003 年 11 月 4 日对爱沙尼亚生效,于 2005 年 7 月 31 日对中国生效。

〔3〕 参见(2014)浦民六(商)初字第 S2934 号判决书。

的日期超过了上述期限，因此，托运人、保险人已经丧失了索赔权利。[1]

结合国际条约与我国《民用航空法》的规定，就当事人约定货物"遗失"索赔期间的问题，可从如下角度分析：第一，异议期间制度不应类推适用于货物"遗失情形"。《华沙公约》第 26 条第 2 款规定："如果有损坏情况，收件人应该在发现损坏后，立即向承运人提出异议……如果是货物，最迟应该在货物收到后 7 日提出。如果有延误，最迟应该在行李或货物交由收件人支配之日起 14 日内提出异议。"根据这一规定，在货物发生损失或延误的情形下，收货人应当在收到货物后的一定期间内提出异议。《蒙特利尔公约》第 31 条第 2 款修改了《华沙公约》的规定，将货物损失的索赔期限由 7 日延长为 14 日，将货物延误的索赔期限由 14 日延长为 21 日。《民用航空法》第 134 条第 2 款的规定与《蒙特利尔公约》的规定相同。但是，上述法律关于异议期间的规定不能当然适用于货物"遗失"情形，因为货物"遗失"后，收货人无法收到货物，也自然不可能在收货后的一定期限提出异议。第二，索赔期间原则上为两年。《华沙公约》第 29 条规定："诉讼应该在航空器到达目的地之日起，或应该到达之日起，或从运输停止之日起两年内提出，否则就丧失追诉权。"《蒙特利尔公约》第 35 条也有相同的规定，而《民用航空法》第 135 条则将"两年期间"明确规定为"诉讼时效期间"。根据上述法律，货物"遗失"时，索赔人也应当在"两年期间"内提出索赔诉讼。第三，当事人的约定不得违反国际条约规定。《华沙公约》第 33 条规定："本公约并不妨碍承运人拒绝签订任何运输合同或制订同本公约条款不相抵触的规章。"《蒙特利尔公约》第 27 条也有相同规定。上述规定表明，在国际航空运输中，当事人享有有限的意思自治权利，即其约定不得违反国际航空条约的规定。而本案中，承运人在航空货物运单上载明的索赔期间为 120 日，明显短于《蒙特利尔公约》规定的"两年期间"，因此，承运人规定的索赔期间无效。

---

〔1〕 参见（2014）浦民六（商）初字第 S2934 号判决书。

(四)货物运输延误的判断标准

货物运输"延误",一般是指运输时间晚于当事人约定的时间,且这种迟延是不合理的。[1] 各国法院判断"延误"的司法标准主要有:第一,法国法院通常采用"当事人意志标准",即以托运人订立运输合同时的预期为标准,如果运输时间明显超过了托运人的预期,即构成"延误"。[2] 第二,普通法国家的法院通常采用"合理时间标准",即根据案情确定"合理运输时间",如果运输时间超过"合理运输实践",即构成"延误"。[3]

我国法院认定运输"延误"的标准更加类似于普通法国家的"合理时间标准"。例如,在1995年我国"上海振华港口机械有限公司(以下简称振华公司)诉美国联合包裹运送服务公司(以下简称联合公司)国际航空货物运输合同纠纷案"中,振华公司于1993年7月21日将一份投标文件交付联合公司,从中国空运至也门共和国,以便参加同年7月26日的投标活动。联合公司收到标书后,未在当天及时将标书送往机场报关,直到7月23日才完成货物出境手续的办理。标书最终于7月27日运抵目的地,但是振华公司已经无法参加投标。在往来函件中,联合公司承认其未严格按时揽收标书,未仔细检查货物性质,未详细了解客户对运输时间的要求。振华公司起诉认为,错失投标机会造成该公司直接经济损失10,360美元,要求联合公司赔偿损失。本案中,法院在判断运输"延误"时,考察了当事人的约定、运输行业惯常做法,认为联合公司收到标书后,应当按照行业惯例于当天到机场报关,但联合公司直至23日晚上才将标书报关出境,导致运输不合理的"延误",并造成了振华公司的损失,故联合公司应当赔偿。[4]

---

〔1〕 参见[荷]迪德里克斯-弗斯霍尔:《航空法简介》,赵维田译,中国对外翻译出版公司1987年版,第92页。

〔2〕 See Georgette Miller, *Liability in International Air Transport*, Kluwer, Netherlands, 1977, p. 154-156.

〔3〕 Mohammed S. Jahangerv. Purolator Sky Courier, 615 F. Supp. 29, 32 (E. D. Pa. 1985).

〔4〕 参见《中华人民共和国最高人民法院公报》1996年第1期。

第四节　我国航空货物运输纠纷的争议解决机制

法院在对民事案件进行实体审理之前,首先要解决管辖权、当事人资格、案件性质、法律适用以及诉讼期间等程序性问题。在国际法上,国际航空条约对处理国际航空运输纠纷的处理程序作了框架性规定,而各国在司法实践对框架性规定作了进一步的补充和解释。在我国国内法上,《民用航空法》也对航空运输争议解决机制作了规定,而对于《民用航空法》未明确规定的部分程序性问题,还需要适用其他国内法来处理。

一、航空运输案件的管辖

《民用航空法》没有明确规定航空运输案件的管辖法院,我国司法实践一般将相关案件区分为国际航空运输案件、国内航空运输案件,然后分别适用国际航空条约或国内法,来确定案件的地域管辖。

(一)国际航空运输案件的地域管辖

在国际航空运输案件中,我国法院优先适用国际航空条约来确定地域管辖。根据《华沙公约》第 28 条第 1 款和《蒙特利尔公约》第 33 条第 1 款规定,如果一起国际航空货物运输属于国际航空条约的调整范围,案件的管辖法院包括四类:一是承运人住所地法院;二是承运人主要营业地法院;三是承运人订立合同的营业机构所在地法院;四是运输目的地法院。例如,在 2015 年我国“新时代国际运输服务有限公司诉 National Air Cargo Middle East FZE 公司等航空货物运输合同纠纷案”中,新时代公司与被告公司于 2015 年 9 月签订运输合同,合同签订地以及被告的住所地、营业地均为阿联酋迪拜。合同签订后,新时代公司将一批货物交付被告,从中国上海空运至美国芝加哥。后因运输纠纷,新时代公司在我国法院起诉,要求被告赔偿损失。法院认为,第一,涉案运输的出发地为中国,目的地为美国,两国均为《蒙特利尔公约》的当事方,本案运输应由该公约调整;第二,根据《蒙特利尔公约》第 33 条第 1 款规定,货物索赔人应当在承运人住所地、承运人主要营业地、承运人订立合同的营业机构所在地，以及运输目的地的法院提起诉讼。涉案运输中，上述场所均不在中国境内，因此中国法院对本案没有管辖权。[1]

但是，就国际航空条约规定的“法院”的含义，不同国家的理解不一致。普通法国家一般认为，国际条约规定的“法院”是指某当事方领土内的所有法院，而具体审理法院应再根据该国的国内法确定。[2] 而大陆法系国家一般认为，国际条约所称的“管辖法院”是指当事方内审理案件的具体法院，而不是指在该国的所有法院。[3] 关于这一问题，我国法律并未明确规定，但从法律传统以及司法实践情况看，我国采取大陆法系国家的做法更为妥当。第一，从法律传统看，普通法系国家与大陆法系国家观点发生分歧的主要原因在于，普通法系国家往往将国内法院视为一个整体，有时会将一个案件在不同阶段提交给不同的法院审理，因此，这些国家一般不倾向于根据国际条约确定一个具体的管辖法院。[4] 而在大陆法系国家中，一起案件通常由某个具体法院审理，且地理位置通常是判断法院是否具有地域管辖权的重要依据，因此，大陆法系国家更倾向于依据国际条约来确定具体的管辖法院。[5] 在法律传统上，我国属于大陆法系，诉讼案件一般由某一具体法院审理，各法院间很少像普通法系国家的法院那样协同审理案件。因此，我国宜采纳大陆法系国家的观点，将国际条约规定的“法院”视为审理案件的某一具体法院。第二，从司法实践来看，我国法院的观点与普通法系国家法院更相近。例如，在 2015 年我国“李某与中国国际航空股份有限公司（以下简称国航公司）航空旅客运输合同纠纷案”中，李某于 2015 年 1 月 7 日乘坐国航公司的航班，从意大利

---

〔1〕 参见（2015）浦民二（商）初字第 S5130 号判决书。

〔2〕 See Hans. Smit, *The Terms Jurisdiction and Competence in Comparative Law*, American Journal of Comparative Law, 10, 1961, p. 164.

〔3〕 Liberator c. Cie Air France, (1974) 28 R. F. D. A. 287.

〔4〕 See P. Herzog, *Civil Procedure in France*, MartinusNijhoff, The Hague, 1967, p. 174.

〔5〕 See Georgette Miller, *Liability in International Air Transport*, Kluwer, The Netherlands, 1977, p. 285 – 286.

罗马飞往中国北京，其电子客票行程单载明目的地为中国北京。李某抵达北京首都机场后，发现其托运的行李发生运输延误。应李某要求，国航公司同意将行李直接转运至温州机场。李某在温州机场提取行李时发现，有部分物品遗失。李某认为，涉案运输的目的地为温州市，遂向位于其住所地的温州市龙湾区人民法院提起诉讼，请求国航公司赔偿物品损失。国航公司抗辩认为，本案应由北京首都机场所在地法院管辖。法院认为，一方面，涉案运输出发地为意大利，目的地为中国，两国均为《蒙特利尔公约》当事方，本案应当优先适用该公约；另一方面，李某的电子客票行程单上载明，运输目的地为北京市，那么根据《蒙特利尔公约》第33条规定，本案应由目的地法院，即位于首都机场所在地的北京市顺义区人民法院审理。[1] 在这一案件中，我国法院直接根据《蒙特利尔公约》第33条确定了具体的管辖法院。这样的裁判方法与大陆法国家法院的做法相似。

（二）其他航空运输案件的地域管辖

如果航空运输案件不受国际航空条约的调整，则我国法院应当适用国内法规定来确定案件的地域管辖。《中华人民共和国民事诉讼法》第28条规定："因铁路、公路、水上、航空运输和联合运输合同纠纷提起的诉讼，由运输始发地、目的地或者被告住所地人民法院管辖。"根据这一规定，当事人在不受国际航空条约调整的国际航空运输、国内航空运输中发生合同纠纷的，应由运输出发地、目的地以及被告住所地法院管辖。例如，在2016年我国"陈某诉中国东方航空股份有限公司（以下简称东方航空公司）等航空运输合同纠纷案"中，陈某乘坐涉案航班从湖南省长沙市飞往上海市，并将一个行李箱交付托运，涉案运输的缔约承运人为东方航空公司，实际承运人为上海航空有限公司（以下简称上海航空公司）。陈某提取行李箱后，发现箱中两件瓷器损坏，因东方航空公司的住所地为上海市浦东新区，陈某遂向当地人民法院提起诉讼，要求东方航空公司、上海

[1] 参见（2015）温龙民初字第338号裁定书。

航空公司共同赔偿损失。东方航空公司抗辩称,上海航空公司住所地为上海市长宁区,因此本案应由长宁区法院管辖。法院认为,根据《民事诉讼法》规定,运输合同纠纷由始发地、目的地或者被告住所地人民法院管辖,东方航空公司的住所地为浦东新区,故该地法院具有管辖权。[1]

综上所述,由于《民用航空法》并未对法院的地域管辖作出明确规定,原告在起诉时,首先要区分航空运输的性质,再选择案件应当适用的国际条约或国内法,最后确定具有管辖权的法院。具体来说,其一,如果运输受国际航空条约调整,案件的管辖法院包括承运人住所地、承运人主要营业地、当事人订立合同的营业地、运输目的地的法院。其二,如果涉案运输不受国际航空条约调整,根据我国《民事诉讼法》规定,管辖法院应包括运输始发地、目的地或者被告住所地法院。这样的制度安排在某种程度上加大了当事人的诉讼负担,也给当事人正确选择管辖法院增加了难度。因此,建议《民用航空法》适时参照《华沙公约》第 28 条和《蒙特利尔公约》第 33 条,明确规定法院的管辖权,以提升相关诉讼的便利度。

二、航空货物运输诉讼的法律性质

当事人提起的航空运输诉讼的法律性质为何,不同国家对这一问题的观点并不一致。大陆法系国家一般认为,当事人提起的航空运输诉讼属于合同之诉,即便是涉及旅客伤亡的案件也是如此。[2] 而普通法系国家一般认为,航空运输诉讼处于"合同之诉与侵权之诉的中间地带",[3] 区分诉讼的法律性质是一个没有意义的问题,因为合同之诉与侵权之诉之间的大多数实质性区别已经逐步消失。[4] 考虑到各国法律制度存在区别,国际航空条约的立法者虽并未明确规定航空运输诉讼的法律性质,

---

〔1〕 参见(2016)沪 01 民辖终字第 246 号裁定书。

〔2〕 See Hennessy c. Air France, (1954) 8 R. F. D. A. p. 64.

〔3〕 See Prosser, *The Borderland of Tort and Contract*, in *Selected Topics on the Law of Torts*, Ann Arbor, 1953, p. 380.

〔4〕 See Lawrence Collins, *Interaction between Contract and Tort in the Conflict of Laws*, The International and Comparative Law Quarterly, 16, 1967, p. 103.

但强制性地规定各国应当适用公约规定处理相关案件，以期增强公约的统一适用性。例如，《华沙公约》第24条规定："……一切有关责任的诉讼只能按照本公约所列条件和限额提出。"又如，《蒙特利尔公约》第29条规定："……有关损害赔偿的诉讼，无论其根据如何……只能依照本公约规定的条件和责任限额提起……"我国国内法也没有明确规定航空运输纠纷的法律性质，在司法实践中，法院主要分以下情况来处理。

1. 运输合同案件。旅客乘坐承运人的航班或托运人将货物交付承运人空运时，当事人间即存在航空运输合同关系。如果当事人因为航空运输合同发生争议，我国法院一般将此类案件认定为"航空运输合同纠纷"。例如，在2012年我国"朗力（武汉）注塑系统有限公司（以下简称朗力公司）与天地国际运输代理（中国）有限公司（以下简称天地公司）等航空货物运输合同纠纷案"中，朗力公司于2011年8月4日与一家法国公司签订了买卖合同，约定朗力公司于同年9月10日前向法国公司交付5批货物。朗力公司于2011年8月30日将5批货物交付天地公司，由中国空运至法国，要求天地公司于同年9月10日前向法国公司交付货物。在运输中，一批货物被错误地发往丹麦，直至2011年9月23日方才运抵法国，但法国公司以货物交付迟延为由拒绝受领。朗力公司遂起诉要求天地公司赔偿损失71,160.18元。[1] 本案中，朗力公司与天地公司订立了航空货物运输合同，当事人就合同的履行发生争议，故法院将本案案由确定为"航空货物运输合同纠纷"。其一，涉案运输的出发地为中国，目的地为法国，两国均为《蒙特利尔公约》的当事方，本案应当优先适用该公约。其二，天地公司运输迟延，违反了航空货物运输合同约定，导致了朗力公司的损失，应当承担赔偿责任。《蒙特利尔公约》第22条规定，货物运输发生延误的，承运人的赔偿责任以每公斤17特别提款权为限。本案运输延误的货物重量为1,300公斤，朗力公司主张的赔偿金额未超过承运人的

---

〔1〕 参见(2012)鄂武汉中民商外初字第00012号判决书。

责任限额,应当予以支持。[1]

2. 合同请求权与侵权赔偿请求权的竞合。请求权竞合,是指以同一给付目的的数个请求权并存,当事人得选择行使之,其中一个请求权因目的达到而消灭时,其他请求权亦因目的达到而消灭。[2] 我国《民法典》第186条规定,"因当事人一方的违约行为,损害对方人身权益、财产权益的,受损害方有权选择请求其承担违约责任或者侵权责任"。基于上述规定,如果合同一方当事人的违约行为也符合侵权行为构成要件,对于合同相对人而言,即构成请求权竞合,相对人可以选择行使契约上请求权或侵权行为损害赔偿请求权。在航空运输案件中,如果承运人不履行或未能充分履行运输合同义务,其行为构成违约。同时,如果承运人的违约行为造成旅客或货物托运人固有利益损失的,其行为还可能构成侵权。在这种情况下,旅客或货物托运人的请求权将发生竞合,有权选择行使契约上请求权或侵权行为损害赔偿请求权。

值得注意的是,基于《华沙公约》第24条和《蒙特利尔公约》第29条规定,在国际航空条约调整的案件中,无论原告选择的请求权为何,法院均优先适用国际条约审理案件。例如,在2002年我国"陆某诉美国联合航空公司(以下简称联合航空公司)国际航空旅客运输损害赔偿纠纷案"中,陆某于1998年5月12日乘坐美国联合航空公司的航班,从美国夏威夷飞往中国香港特区,途中经停日本成田机场。美国联合航空公司出具的机票载明:"对于旅客死亡或人身伤害的责任,在大多数情况下对已探明的损失赔偿责任限度为每位乘客不超过7.5万美元。"航班从成田机场起飞时发生故障,机上乘客紧急撤离飞机,陆某在撤离过程中右脚踝骨折。事故发生后,美国联合航空公司向陆某致函,表示该公司负事故责任。陆某提起诉讼,要求美国联合航空公司赔偿人身伤害损失。[3] 在本案中,承运人履行运输合同义务不当并造成旅客的人身伤害,陆某的请求

[1] 参见(2012)鄂武汉中民商外初字第00012号判决书。

[2] 参见王泽鉴:《民法思维:请求权基础理论体系》,北京大学出版社2009年版,第131页。

[3] 参见《中华人民共和国最高人民法院公报》2002年第4期。

权发生竞合,有权选择要求承运人承担违约责任或侵权责任。经法院释明,陆某最终选择行使侵权损害赔偿请求权。法院在审理中认为,涉案运输出发地为美国,目的地为中国,两国均为《华沙公约》以及《海牙议定书》的当事方,本案应当优先适用这两项国际条约。《海牙－华沙公约》第22条第1款规定,承运人对每一旅客所负的责任以25万金法郎为限,但旅客可以与承运人约定较高的责任限额。美国联合航空公司与旅客约定的赔偿限额为7.5万美元,高于国际条约规定的25万金法郎,该约定合法有效。而陆某的损失总金额为人民币377,275.1元,未超过7.5万美元的赔偿限额。最终,法院支持了陆某的诉讼请求。[1] 从本案可以看出,在适用国际航空条约调整的案件中,无论当事人选择何种诉由以及请求权,均不影响法院优先适用国际条约。本案也再次体现了国际航空条约的立法意旨,即回避案件法律性质的争议,但推动各国在司法实践中统一适用国际条约。

3. 保险人代位求偿权案件。保险代位求偿权,是指在损害填补保险中,如果被保险人对于同一损害,除了可以向保险人请求保险金给付之外,也可以对第三人行使损害赔偿请求权的,在保险人先为保险给付之后,保险人可以在给付范围内取得被保险人对第三人的权利。[2] 在我国,保险人代位求偿权的主要法律依据为《保险法》第60条。该条第1款规定:"因第三者对保险标的的损害而造成保险事故的,保险人自向被保险人赔偿保险金之日起,在赔偿金额范围内代位行使被保险人对第三者请求赔偿的权利。"此外,《最高人民法院关于适用〈中华人民共和国保险法〉若干问题的解释(四)》第7条进一步规定:"保险人依照保险法第六十条的规定,主张代位行使被保险人因第三者侵权或者违约等享有的请求赔偿的权利的,人民法院应予支持。"基于上述规定,保险人行使代位求偿权的条件主要包括:一是保险事故系第三人对保险标的的损害所致,第

〔1〕 参见《中华人民共和国最高人民法院公报》2002年第4期。

〔2〕 参见汪信君、廖世昌:《保险法理论与实务》,台北,元照图书出版公司2006年版,第124页。

三人造成损害的行为属于违约行为还是侵权行为，在此不论；二是保险人向被保险人赔偿了保险金；三是保险人应在赔偿范围内行使保险人对第三人的求偿权。

在航空货物运输中，托运人或收货人通常会为托运货物购买运输保险。货物在运输中遭受损失时，投保人一般依据保险合同请求保险人赔偿保险金；保险人赔付后，即取得投保人对货物承运人的求偿权。我国法院一般将此类案件的诉由确定为“保险代位求偿权纠纷”。在这类案件中，保险人代位行使的是投保人（货物权利人）对承运人的权利，因此，如果涉案运输由国际航空条约调整，法院在案件中也应优先适用条约规定。例如，在2009年我国“华泰财产保险股份有限公司（以下简称华泰公司）与中国东方航空股份有限公司（以下简称东方航空公司）保险代位求偿权纠纷案”中，甲公司将一台小动物呼吸机交付国泰航空有限公司（以下简称国泰航空公司），从英国伦敦空运至中国西安。在运输中，国泰航空公司为第一承运人，将货物从伦敦空运至我国香港特区；港龙航空有限公司（以下简称港龙航空公司）为第二承运人，将货物从我国香港特区运至西安；东方航空公司为港龙航空公司的机场代理人，将货物存放在机场仓库内。运输前，甲公司为托运货物向华泰公司购买了运输保险。因为货物在仓库内丢失，华泰公司向甲公司支付了保险金，行使代位求偿权向东方航空公司追偿损失。[1] 法院认为，华泰公司代位行使的是甲公司在国际航空运输中的索赔权利，而涉案运输出发地为英国，目的地为中国，两国均为《蒙特利尔公约》当事方，本案应当优先适用该公约。最终，法院依据《蒙特利尔公约》第18条，判令东方航空公司就货物的遗失向华泰公司赔偿损失。[2]

三、航空货物运输案件的法律适用

在国际法层面，我国已加入了多个国际航空条约：一是《华沙公约》，

---

〔1〕 参见（2009）沪一中民三（商）终字第44号判决书。

〔2〕 参见（2009）沪一中民三（商）终字第44号判决书。

我国于1958年7月20日批准了该公约,该公约于同年10月18日对中国生效;二是《海牙议定书》,我国于1975年8月20日批准了议定书,该议定书于同年11月18日起对中国生效;三是1966年《瓜达拉哈拉公约》,我国于1997年6月2日向国际民用航空组织发出通知,同意《瓜达拉哈拉公约》自同年7月1日对我国香港地区生效;四是《蒙特利尔公约》,我国于2005年6月1日批准该公约,该公约于同年7月31日对我国生效。而在国内法层面,我国《民法典》《民用航空法》等国内法也对航空运输活动作了规定。当前,有多项条约、国内法共同调整着我国的航空运输活动。因此,我国司法实践面临的一项挑战在于,如何处理国际航空条约与国内法的适用冲突,以及不同国际航空条约之间的适用关系。

(一)国际航空条约的优先适用

《华沙公约》第24条和《蒙特利尔公约》第29条规定了国际航空条约与国内法的适用关系,即在旅客、行李和货物运输中,有关损害赔偿的诉讼,不论其根据如何,只能依照上述条约规定的条件和责任限额提起。这表明,国际航空条约相对于各国国内法具有优先适用性;也就是说,如果航空运输由国际航空条约调整,相关案件应当首先优先适用条约规定,而非本国国内法。根据本书第四章的分析,受国际航空条约调整的运输要同时满足三项条件:一是涉案运输为国际航空运输;二是案件涉及航空承运人的赔偿责任;三是涉案旅客或货物的损失发生在航空运输期间。因此,在符合上述3项条件的国际航空运输案件中,我国法院均应优先适用国际航空条约,无论条约规定与我国国内法是否一致。同时,在我国《民事诉讼法》第四编"涉外民事诉讼程序的特别规定"中,第267条规定:"中华人民共和国缔结或者参加的国际条约同本法有不同规定的,适用该国际条约的规定,但中华人民共和国声明保留的条款除外。"上述规定也进一步表明,国际条约,包括国际航空条约在涉外民事诉讼中具有优先于我国国内法的效力。

在我国2006年"东方国际集团上海利泰进出口有限公司(以下简称利泰公司)诉天津航都长兴国际货运代理有限公司(以下简称长兴公司)

货运代理合同纠纷案”中，利泰公司于2006年3月将35箱货物交付长兴公司，由中国空运至美国。双方约定，货物运抵目的地后，长兴公司应当根据利泰公司的书面通知办理放货手续。利泰公司自2006年6月9日起，多次书面通知长兴公司停止放货并将货物运回中国，但长兴公司仍将货物交付了收货人，利泰公司遂起诉要求长兴公司赔偿损失。在本案中，法院适用了我国国内法审理案件。[1] 而根据在案事实，本案适用《蒙特利尔公约》似乎更为妥当。其一，涉案运输发生于2006年，起运地为中国，目的地为美国，中、美两国在涉案运输时均为《蒙特利尔公约》的当事方，涉案运输属于《蒙特利尔公约》调整的国际航空运输，那么，与我国国内法相比，该公约具有优先适用性。其二，《蒙特利尔公约》第12条规定，托运人有权对货物进行处置，包括要求将货物运回出发地机场，但造成承运人损失的，应当赔偿相应费用；如果承运人不能执行托运人指示的，应当立即通知托运人。根据上述规定，利泰公司有权在运输中要求长兴公司运回货物，而长兴公司擅自放货造成货物遗失的，应当依据《蒙特利尔公约》承担赔偿责任。

（二）国际航空条约间的适用关系

我国已经加入了多项国际航空条约，在司法实践中可能发生条约适用的冲突。基于我国加入国际航空条约的实际情况，可以对条约冲突问题做如下讨论。

1.《蒙特利尔公约》的优先适用性。《蒙特利尔公约》第55条规定，该公约优先于国际航空运输所适用的任何规则，包括“华沙体制”各项条约。因此，如果某国既是“华沙体制”条约的当事方，也是《蒙特利尔公约》的当事方，则后者应当优先适用。例如，在2009年我国“北京宝狮视讯科技有限公司（以下简称宝狮公司）诉优比速包裹运送（广东）有限公司北京分公司（以下简称优比速公司）货物运输合同纠纷案”中，宝狮公司于2008年4月将一批视频采集卡交付优比速公司，由中国北京空运至

---

〔1〕 参见（2006）浦民二（商）初字第4598号判决书。

美国华盛顿。因货物在运输中遗失,宝狮公司遂提起诉讼,请求优比速公司赔偿。一审法院适用了我国原《合同法》审理本案,认为优比速公司未适当履行运输义务,其行为构成违约,应当依据原《合同法》赔偿宝狮公司损失。二审法院则适用了《华沙公约》审理本案,认为涉案运输为国际航空运输,承运人应当根据《华沙公约》与《民用航空法》承担限额赔偿责任。[1] 事实上,涉案运输出发地为中国,目的地为美国,《蒙特利尔公约》于2003年11月4日对美国生效,于2005年7月31日对中国生效,而涉案货物损失发生于2009年4月,根据《蒙特利尔公约》第55条规定,本案应当优先适用《蒙特利尔公约》而非《华沙公约》。

2."华沙体制"条约间的适用关系。我国加入的"华沙体制"条约主要为《华沙公约》和《海牙议定书》。就这两项条约的适用关系,可分情况讨论:第一,共同加入规则。根据《维也纳条约法公约》第30条第4款规定,如两国家分别加入了若干国际条约,应适用两国共同加入的条约。因此,如果中国与某外国共同加入了《华沙公约》或《海牙议定书》,则两国的国际航空运输应当适用该两国共同加入的条约。第二,后法优于前法规则。根据《维也纳条约法公约》第30条第3款,如果两国共同加入了多个国际条约,当条约规定发生冲突时,一般应适用生效在后的条约。因此,如果中国与某外国共同加入了《华沙公约》和《海牙议定书》,应当优先适用生效在后的《海牙议定书》。

(三)国内法的适用范围

在一些不属于国际航空条约调整的案件中,我国法院应当适用国内法处理,此种案件主要包括三类。

1.涉案运输不属于国际条约规定的"国际航空运输"。根据《华沙公约》第1条第2款和《蒙特利尔公约》第1条第2款,国际条约所称的"国际航空运输"包括两种情形,一是运输的出发地和目的地分别位于两个当事方境内;二是运输的出发地和目的地都在同一个当事方境内,但约定的

[1] 参见(2009)京二中民终字第01478号判决书。

经停地却在另一国境内,无论经停地所在国是否为公约的当事方。因此,不符合上述条件的国际或国内航空运输,均不受国际航空条约的调整。当事人就运输活动发生争议的,应当适用国内法处理。

2. 国际条约对相关问题未作规定。在货物运输活动中,国际航空条约主要调整承运人及其受雇人、代理人对托运货物损失的赔偿责任问题、货物运输凭证制度、货物权利人的处置权以及货物运输保险等问题。在国际航空运输纠纷中,如果当事人争议的法律问题属于上述调整范围,则应当优先适用国际航空条约;但是,如果国际航空条约对案件所涉的法律问题未作规定,便需要适用国内法处理相关问题。例如,在我国 2010 年"中外运空运发展有限公司(以下简称中外运公司)诉江苏天行健国际物流有限公司(以下简称天行健公司)等货运代理合同纠纷案"中,中外运公司与案外人中天公司签订了《包租合同》,约定中外运公司向中天公司租用货机一架,由中国上海飞往德国,包机费用为 306.5 万元(其中包机费 283 万元、拆箱费 8.5 万元、卡车运输费 15 万元)。合同签订后,中外运公司支付了全部款项。中外运公司又与天行健公司签订了《国际航空运输货物代理协议》和《包机业务合作协议》,将涉案包机转包给天行健公司,包机费用也为 306.5 万元,但天行健公司应根据货物重量,另行向中外运公司支付操作费 41,706 元。2006 年 11 月 28 日,包机在起飞后不久即坠,中天公司向中外运公司退还了拆箱费 8.5 元,卡车运输费 15 万元,但没有退还包机费。中外运公司遂提起诉讼,要求天行健公司继续支付包机费 283 万元、操作费 41,706 元。[1] 本案中,法院适用了我国原《合同法》而非国际航空条约来审理案件,这是合理的:涉案运输出发地为中国,目的地为德国,两国均为《蒙特利尔公约》当事方,涉案运输为该公约所称的国际航空运输,对于该公约作出规定的法律问题,应当优先适用公约规定;但是,本案的主要争议在于,托运人在包机坠毁后是否应当继续支付运费,而《蒙特利尔公约》并未对这一问题作出规定,因此,法院应当

---

〔1〕 参见(2010)沪一中民四(商)终字第 2436 号判决书。

适用我国国内法处理案件。

3. 货物损失发生在航空运输期间以外。《华沙公约》第 18 条第 1 款和《蒙特利尔公约》第 18 条第 1 款都规定,货物损失发生在航空运输期间的,承运人应当承担责任。因此,国际航空条约仅调整发生在航空运输期间内的货物损失纠纷,如果货物损失发生在航空运输期间以外,国际航空条约就不再适用。例如,国际航空运输承运人将货物交付收货人后,第三人的行为造成了货物损失,因为此时货物不处于"航空运输期间",国际航空条约就不再适用,收货人应当依据我国国内法主张救济。

四、航空运输案件的"两年期间"

根据《华沙公约》第 29 条和《蒙特利尔公约》第 35 条,货物权利人起诉承运人请求损害赔偿的,提起诉讼的期限为航空器到达或应当到达目的地,或运输停止之日起两年,否则货物权利人将丧失权利。关于该"两年期间"属于诉讼时效期间还是权利除斥期间的问题,各国观点不一致。普通法系国家往往认为,"两年期间"为原告行使诉讼权利的"先决条件",该期限是绝对的、不可变的,法国一些低级别的法院也持有这样观点。[1] 而法国最高法院则认为,"两年期间"属于诉讼时效期间,可以根据国内法中止或中断。[2]

我国《民用航空法》第 135 条将"两年期间"明确规定为"诉讼时效期间"。该条规定:"航空运输的诉讼时效期间为二年,自民用航空器到达目的地点、应当到达目的地点或者运输终止之日起计算。"一方面,该"两年期间"是可变期间,可以根据《民法典》第 194 条和第 195 条的法定事由,发生中止或中断。另一方面,"两年期间"届满后,原告丧失胜诉权而非实体性权利,其对被告享有的债权转变为"自然之债"。在司法实践中,我国法院也明确将"两年期间"理解为诉讼时效期间。例如,在 1993 年我国

---

〔1〕 See Georgette Miller, *Liability in International Air Transport*, Kluwer, The Netherlands, 1977, p. 316 - 319.

〔2〕 Kamara c. Air France, (1968) D. 1968. J. 745.

“中国人民保险公司河南省分公司(以下简称人保公司)诉中国外运－敦豪国际航空快件有限公司广东分公司(以下简称敦豪公司)国际航空运输合同损失赔偿案”中,案外人磨具出口公司于1991年1月将一批货物交付敦豪公司,由中国运往美国,磨具出口公司向人保公司购买了货物保险。同年4月,敦豪公司告知磨具出口公司,货物在运输中丢失。人保公司向磨具出口公司赔偿货物损失后,于同年10月主张行使代位求偿权,请求敦豪公司赔偿货物损失。人保公司于1992年7月、1993年1月多次以传真、洽谈等方式,请求敦豪公司履行赔偿责任,均未果。人保公司遂于1993年2月起诉要求敦豪公司赔偿损失,但敦豪公司抗辩称,人保公司提起诉讼已超过《华沙公约》第29条规定的两年期间,人保公司已丧失诉讼权利。法院认为,涉案运输出发地为中国,目的地为美国,两国均为《华沙公约》当事方,本案应当优先适用《华沙公约》规定。而《华沙公约》第29条规定的两年期间,实为诉讼时效期间,可以中断或中止。本案中,人保公司取得代位求偿权后,于1991年10月、1992年7月、1993年1月多次向敦豪公司索赔,其行为引起诉讼时效中断,故人保公司的起诉时间并未超过诉讼时效。[1]

应当注意到,我国将“两年期间”规定为“诉讼时效期间”也有一定的局限性。在订立《华沙公约》时,各国代表曾就“两年期间”的性质进行过激烈讨论,立法者倾向于将该期间规定为不可变期间。[2] 同时,《华沙公约》第29条和《蒙特利尔公约》第35条均未使用“诉讼时效期间”的字样。《蒙特利尔公约》第35条还以“诉讼限制”(Limitation of Actions)作为该条款的标题。《民用航空法》将“两年期间”规定为“诉讼时效期间”,似乎与国际航空条约的立法本意存在差别。

---

〔1〕 参见(1993)郑法经初字第47号判决书。

〔2〕 See ICAO, *Minutes of the Second International Conference on Private Aeronautical Law* (*October* 4－12, 1929), trans. by Robert C. Horner and Didier Legrez, South Hackensack, New Jersey: Fred B. Rothman & Co., 1929, p. 198.